Caza al hombre

Caza al hombre

Cómo atrapamos a Pablo Escobar

Steve Murphy
y Javier F. Peña

Traducción de María Eugenia Santa Coloma

 Planeta

Obra editada en colaboración con Editorial Planeta – España

Título original: *Manhunters: How We Took Down Pablo Escobar*

© 2019, Steve Murphy and Javier F. Peña
Published by arrangement with St. Martin's Publishing Group
in association with International

© 2020, Traducción del inglés: María Eugenia Santa Coloma Costea

© 2020, Edicions 62, S.A.- Barcelona, España

Derechos reservados

© 2021, Editorial Planeta Mexicana, S.A. de C.V.
Bajo el sello editorial PLANETA M.R.
Avenida Presidente Masarik núm. 111,
Piso 2, Polanco V Sección, Miguel Hidalgo
C.P. 11560, Ciudad de México
www.planetadelibros.com.mx

Primera edición impresa en España: noviembre de 2020
ISBN: 978-84-9942-921-2

Primera edición en formato epub en México: enero de 2021
ISBN: 978-607-07-7431-7

Primera edición impresa en México: enero de 2021
ISBN: 978-607-07-7444-7

Impreso en los talleres de Litográfica Ingramex, S.A. de C.V.
Centeno núm. 162-1, colonia Granjas Esmeralda, Ciudad de México
Impreso en México – *Printed in Mexico*

Este libro no plasma los puntos de vista de la DEA, no está refrendado por la DEA ni tampoco refleja los hechos o las opiniones de la DEA ni del Departamento de Justicia.

Nota de los autores: Esta es una historia real, si bien se han cambiado algunos nombres.

Bienaventurados los pacificadores, porque ellos serán llamados hijos de Dios.

Mateo 5, 9

Para Connie, por su amor infinito y su apoyo.

Steve Murphy

Para los verdaderos héroes: la Policía Nacional de Colombia y nuestros compañeros de la DEA. Y en memoria de todos los inocentes asesinados por Pablo Escobar.

Javier F. Peña

ÍNDICE

INTRODUCCIÓN

JAVIER

Sabía que algo iba muy mal cuando tomé el teléfono en mi nuevo departamento de Bogotá.

—¿Javier?

Reconocí la voz de mi supervisor de grupo, Bruce Stock, al otro lado de la línea, pero había un ligero temblor, una cierta incertidumbre en el modo en que pronunció mi nombre.

Bruce tenía poco más de cincuenta años y había trabajado como agente en la Agencia Antidrogas de Estados Unidos (DEA) en todo el mundo durante la mayor parte de su carrera. Era un hombrezote, con su metro noventa y tres de altura, y una de las personas más encantadoras que haya conocido jamás, un gigante amable. También era imperturbable. Tenía que serlo: estaba al frente de una de las misiones más peligrosas en la historia de la DEA. La prioridad de Bruce era capturar a Pablo Escobar, el multimillonario jefe del Cártel de Medellín, responsable de un sinfín de coches bomba que explotaron en Colombia, por no hablar de las toneladas de cocaína que pasó de contrabando hacia América del Norte y Europa. Escobar y sus brutales sicarios —la mayoría de ellos asesinos adolescentes sacados de los barrios de chabolas que rodean Medellín— mataban a todo aquel que se interponía en su camino. Ya habían acribillado a tiros al ministro de Justicia colombiano, masacrado a la mayoría de los jueces de la Corte Suprema del país y asesinado a un conocido editor de un periódico que se atrevió a denunciar el poder del cártel. Todos estos asesinatos se produjeron antes de mi llegada a Colombia, pero la tensión se podía sentir en todas partes. En el aeropuerto había tanques y en las calles, soldados de aspecto feroz armados con ametralladoras.

A comienzos de 1989, cuando Bruce me llamó a casa, ya llevaba ocho meses en Colombia, y, al igual que todos los demás en el cuartel general de la DEA en la embajada de Estados Unidos, estaba totalmente obsesionado con mi nuevo cometido: atrapar a Escobar. Mi trabajo consistía en ayudar a capturarlo y meterlo en un avión rumbo a Estados Unidos, donde sería juzgado por todos sus delitos. Fue la amenaza de extradición lo que llevó a la guerra de Escobar —su reino del terror— contra el Gobierno colombiano y contra nosotros, agentes estadounidenses encargados de hacer cumplir la ley.

Llegué a Bogotá procedente de mi primer destino en la DEA en Austin, Texas, donde me centré en traficantes mexicanos de poca monta de coca y metanfetamina. Sabía que Colombia sería el mayor reto de mi carrera y pensé que estaba preparado. Ya me había metido en el Bloque de Búsqueda, compuesto por policías de élite colombianos y agentes de inteligencia, que contaba con seiscientos hombres que buscaban a Escobar casi las veinticuatro horas del día. El Bloque de Búsqueda trabajaba desde un cuartel de policía en Medellín y ahí pasé buena parte de mi tiempo todas las semanas, con la Policía Nacional de Colombia (PNC) mientras iban a la caza del sanguinario capo de la droga en su ciudad natal. Me contaron que algunos miembros del cuerpo eran corruptos y que recibían dinero de Escobar, por lo que fui muy cauto sobre con quién salía y con quién hablaba.

Los fines de semana, si no estaba trabajando, me sentaba durante horas en mi departamento de Bogotá. Me encantaba mi enorme casa de trescientos setenta metros cuadrados, situada en un concurrido cruce en el centro. Tenía unas vistas espectaculares, con la ciudad a mis pies y los imponentes Andes a un costado. Desde la ventana de la sala, que medía doce metros de ancho, tenía la sensación de poder alcanzar y tocar esas montañas majestuosas. Porque la verdad es que me sentía en el techo del mundo en aquel palacio de cuatro dormitorios, con sus cuartos de servicio aparte, en el corazón de la vida nocturna de Bogotá. Era demasiado grande y lujoso para un soltero de Texas, pero era un lugar estupendo para llevar a mis citas. Siempre se quedaban anonadadas con las vistas, lo que francamente facilitaba mucho la seducción. Distaba mucho de mi cuchitril de una habitación en Austin, que no impresionaba a nadie, y mucho menos a mí.

Poco imaginaba yo que mi lujosa vida estaba a punto de terminar aquella tarde de sábado cuando oí la voz trémula de Bruce al teléfono.

No dijo mucho, y pude adivinar por su respiración que estaba intentando hablar con voz tranquila y permanecer sereno todo lo posible. En ese momento supe que mi vida corría grave peligro.

—Javier, escúchame: ve por tu arma, deja todo y sal de ahí ya —dijo—. Lo siento, no hay tiempo para explicaciones. Se trata de Escobar. Sabe dónde estás.

Se trata de Escobar. Sabe dónde estás.

Fui por mi arma —una pistola semiautomática de 9 mm— y me dirigí al elevador, escrutando los pasillos como un fugitivo atemorizado y observando si había alguien al acecho en los rincones o detrás de una puerta. Me temblaban las manos cuando apreté el botón del elevador y, cada pocos segundos, me palpaba la pistolera en la cintura para asegurarme de que seguía en su sitio. En cierto modo, era tranquilizador rozar el frío metal con la punta de los dedos.

Calma, calma, Javier. Tranquilo, hombre.

Oí la voz de mi abuela, la persona más fuerte que he conocido. Una vez se enfrentó a unos supuestos ladrones en nuestra casa de Laredo, y también me ha sacado de un sinfín de situaciones complicadas.

¡Tranquilo, tranquilo!

Fui deprisa y corriendo al garage, mirando de forma furtiva alrededor para cerciorarme de que nadie me seguía. Sentí el arma y abrí la puerta de mi vehículo oficial, que en mi caso era un Ford Bronco blindado. Mientras arrancaba el coche con un rugido, me percaté de inmediato de que no me había molestado en comprobar si había explosivos bajo el chasis. Por suerte, la camioneta no salió volando por los aires; chirrió en el estacionamiento subterráneo y pisé el acelerador en dirección a la embajada de Estados Unidos, que se hallaba a tan solo unos pocos kilómetros de distancia.

Pensé en mi abuela y me armé de valor para respirar hondo mientras me encontraba en lo que parecía ser un tráfico interminable en Bogotá. Decidí ir por la ruta más congestionada hacia la embajada, porque supuse que así me podría camuflar fácilmente en el embotellamiento y pasar desapercibido. Suspiré de alivio cuando vi las rejas de acero de la embajada, que se construyó como una fortaleza. Al llegar, Bruce me recibió en las oficinas de la DEA, que estaban junto al garaje del edificio.

Nunca llegué a saber si Escobar tenía planeado matarme o solo secuestrarme, un títere estadounidense importante en su batalla contra la extradición. La información que teníamos era que había ordenado a sus sicarios encontrar al tipo «mexicano» de la DEA, que solo podía ser yo, puesto que era el único estadounidense de origen mexicano en la plantilla. Los hombres de Escobar no tenían la dirección exacta, pero sabían que vivía en la esquina de la Séptima con la Setenta y Dos, y sería cuestión de unos días o incluso unas horas antes de que me siguieran hasta mi edificio, donde yo era uno de los pocos gringos que residía ahí. Entre la PNC y los expertos en inteligencia de la DEA, hicimos todo lo posible por llegar al fondo de la amenaza, pero no logramos encontrar nada.

Aquella noche me trasladé a una casa segura que la embajada tenía reservada para situaciones de emergencia como la mía. Pasadas algunas semanas sin que hubiera nuevas amenazas por parte de la gente de Escobar, Bruce me encontró un departamento en Los Rosales, cerca de donde vivía el embajador de Estados Unidos. Era una zona más elegante de la ciudad, con setos bien cuidados, suntuosas mansiones y fornidos guardias de seguridad vestidos de negro, armados hasta los dientes, y con *walkie-talkies*.

Echaba de menos mi nido en el centro, aunque tampoco tanto. Saber que el mayor narcotraficante del mundo te está buscando seriamente es inquietante, por no decir otra cosa. Semanas después de la amenaza y la huida de mi adorado departamento, no conseguía relajarme. Dormir era casi imposible.

Pero, a decir verdad, mi mayor temor era que la DEA me enviara a casa. Para mi propia protección.

Así que resté importancia a la amenaza y me olvidé de ella cada vez que salía a tomar una copa con mis compañeros. No obstante, comprobaba una y otra vez nuestra información para saber si el cártel aún seguía buscándome. Fingía que todo iba bien. Ahora puedo admitirlo: estaba muerto de miedo.

Pero ¿sabes qué? Estaba condenado si dejaba que ganara Escobar. Y estaba condenado si tenía que regresar a casa, cuando estaba trabajando en el caso de mi vida.

Pensé de nuevo en mi abuelita y seguí adelante.

El Renault azul se cruzó delante de nosotros y nos sacó de la carretera; para Connie y para mí comenzó nuestra peor pesadilla.

Estaba al volante de uno de los modelos antiguos todoterreno de la embajada. Era un vehículo grande con unos espejos inmensos al estilo de la costa oeste que sobresalían por los laterales. Si estuviéramos en California, podría parecer que éramos surferos camino a una playa desierta. Pero estábamos en Colombia, y el todoterreno estaba equipado como un tanque por un motivo. Bromeé con Connie y le dije que podría sobrevivir a un tiroteo e incluso al apocalipsis. Aun así, su blindaje me hacía sentir seguro. Había placas de acero en todas las puertas, bajo el vehículo e integradas en el techo. Todas las ventanas eran antibalas, con un cristal tan sumamente grueso que era imposible abrirlas. La parte frontal y la trasera estaban equipadas con barras de acero cromadas conocidas como tumbaburros. Con todos estos dispositivos de seguridad integrados, pesaba el doble de un coche normal.

Connie y yo nos dirigíamos a casa desde la embajada y habíamos decidido ir por calles secundarias, cerca de una base militar, para evitar el tráfico y detenernos en nuestro restaurante favorito a comprar pollo asado para cenar en casa. Ambos habíamos tenido una jornada larga y estábamos deseando relajarnos delante de la televisión con un pollo picante, papas asadas y un vaso de merlot. Al estar en Medellín la mayor parte de las semanas, rara vez teníamos una noche para nosotros, y no veíamos la hora de estar juntos en nuestro departamento del norte de la ciudad.

Cuando el Renault se cruzó de repente delante de mí, frené y pisé el clutch, tratando de detenerme antes de chocar con el diminuto coche. Con todo el peso del todoterreno, no era muy difícil perder el control, y sabía que si chocaba con el Renault, los pasajeros resultarían gravemente heridos. Tal vez incluso muertos. Conseguí que el vehículo derrapara hasta detenerse a pocos centímetros del coche más pequeño.

Tras comprobar que Connie estaba bien, me entró la furia y me dispuse a salir del coche y reprenderlos. Salvo que, cuando levanté la vista, vi que los tres ocupantes del coche venían con aire amenazador hacia nosotros. Vestían chamarras ligeras y jeans, y, a medida que se acercaban, pude ver que cada uno de ellos llevaba una pistola enfundada en los pantalones.

Después de llegar a Colombia para trabajar en el caso de Pablo Escobar hacía más de un año, tenía muchos enemigos. El criminal más buscado del mundo sabía mi nombre y el de mi compañero, Javier Peña. Lo sabíamos porque la inteligencia colombiana había interceptado al capo de la droga hablando por teléfono con uno de sus matones sobre los «dos gringos» en la base Carlos Holguín de Medellín. Durante una conversación, incluso hizo referencia a «Peña y Murphy».

Así que cuando los tres hombres se aproximaron a la puerta del conductor de nuestro vehículo y empezaron a gritar en español que saliéramos del coche, me preocupó que no se tratase de un caso corriente de agresividad al volante. Era una trampa, y nosotros éramos minoría. Además, la persona a la que más quería en este mundo estaba sentada a mi lado. Tenía que proteger a Connie, al margen de lo que me ocurriera a mí.

Al principio no quise abrir la puerta y les mostré rápidamente mi placa de la policía colombiana, con la esperanza de que los ahuyentara. Pero se negaron a moverse, momento en que traté desesperadamente de llamar por radio para pedir refuerzos a la embajada. Cada coche oficial iba equipado con radios de emergencia portátiles para poder llamar a los marines si nos metíamos en problemas. Tenía la esperanza de que los marines enviaran a una patrulla itinerante y ahuyentaran a los payasos que nos estaban reteniendo dentro del coche.

Pero llamé una vez. Llamé dos. Llamé tres veces. No contestó nadie.

Para entonces, los tres hombres estaban pateando los neumáticos e intentando abrir las puertas. Miré a Connie, que procuraba mantener la calma, pero pude ver que estaba muy asustada. La verdad es que yo también.

Poco después de intentar ponerme en contacto con la embajada, la mujer de un agente de la DEA nos llamó desde su radio portátil para cerciorarse de que estábamos bien. Le dije dónde nos encontrábamos y le pedí que solicitara ayuda por radio inmediatamente. Pocos minutos más tarde, nuestro supervisor de la DEA estaba al habla. Le dije que se diera prisa y que trajera con él la «margarita», nuestro nombre en clave para la miniuzi que guardábamos en la oficina para ocasiones como esta.

Mientras esperábamos, impotentes, y los hombres seguían provocándonos y dando patadas a las puertas del coche, mi adorada esposa me sorprendió, como siempre hacía cuando nos enfrentábamos a lo que parecía misión imposible.

—No son tan altos —dijo señalando a los hombres—. Puedo deshacerme de uno si tú te encargas de los otros dos.

Podría haber dicho que sí, excepto que todos iban armados, y si abría la puerta del coche, estaría exponiendo a Connie a que le dispararan o algo peor.

Cuando el supervisor de la DEA se situó detrás de nosotros con la margarita, me dispuse a salir del coche y enfrentarme a los tres hombres. Ambos éramos buenos tiradores, y, si intentaban algo raro, sabía que podíamos acabar con ellos fácilmente. Pero ninguno de los dos quería matar a nadie. Tan solo queríamos ir a casa y comernos el pollo.

Justo cuando estaba abriendo mi puerta, se acercó una patrulla motorizada de la Policía Nacional de Colombia. Vi que nos observaban, pero no mostraron signos de detenerse. Empecé a tocar el claxon con el fin de llamar su atención, lo que hizo que la patrulla diera la vuelta para ver qué pasaba. Por el rabillo del ojo vi a nuestro supervisor, que aferraba con fuerza la margarita.

Sujetando la pistola y metiéndola en la funda, caminé hacia la policía y les mostré mi placa; les dije quién era: un agente de la DEA que trabajaba en la captura del criminal más buscado de Colombia. Les conté que el Renault de los tres hombres se nos había cruzado delante y que temía que pudieran ser sicarios que trabajaban para Escobar. Después de todo, tan solo unos años antes, un compañero, el agente especial de la DEA Enrique «Kiki» Camarena Salazar, había sido secuestrado por policías corruptos en México y torturado y asesinado por orden del narcotraficante Miguel Ángel Félix Gallardo. Tras la muerte de Kiki, todos los agentes de la DEA que trabajaban en Latinoamérica estaban preocupados por que pudiera ocurrirles lo mismo.

Les dije a los policías que todos los hombres del Renault azul iban armados.

En cuanto mencioné las pistolas, la policía rodeó a los hombres y apuntó sus armas hacia ellos.

Pasó un rato hasta que lo entendieron, pero cuando los policías se dieron cuenta de quién era y de que tenía contactos en las altas esferas de la policía colombiana, empezaron a pedirnos disculpas a Connie y a mí. En lo que respecta a los tres hombres que a punto estuvieron de provocar un grave accidente, eran miembros de bajo rango de las fuerzas armadas colombianas que estaban dando una vuelta. Al final, no fue más que un caso de furia al volante y los tres jóvenes querían intimidarnos. Aún no saben lo cerca que estuvieron de morir esa noche.

Los maldije en mi mejor español de la calle y amenacé con llamar a su oficial al mando. Todos se mostraron muy arrepentidos y me rogaron que no llamara a nadie. Creo que sabían que acabarían en el calabozo por lo que habían hecho y lo único que querían era alejarse de nosotros lo más rápido posible.

Después de dar las gracias a la policía, Connie y yo condujimos a casa, convulsos por la experiencia. Mientras nos sentábamos en el salón con nuestras cajas de poliestireno que contenían el pollo y las papas asadas, y Connie servía una copa de vino para cada uno, temí la siguiente decisión difícil.

Y, esta vez, sabía que un vehículo blindado de la embajada no podría protegerme. No contra el apocalipsis, y desde luego no contra Pablo Escobar.

PRIMERA PARTE

STEVE

Cuando era pequeño estaba obsesionado con la policía. Envidiaba sus uniformes almidonados de estilo militar y sus coches patrulla a toda velocidad con las luces centelleantes y el aullido de las sirenas.

Soñaba con ser policía, atrapar a los malhechores, sobre todo cuando se aprovechaban de personas inocentes. Para mí, los agentes de policía eran superhéroes. Sabía que mi vocación me impulsaba a los cuerpos policiales, incluso desde muy pequeño y pese a haberme criado en Tennessee.

Nací en Memphis, pero cuando tenía tres años, nosotros —mis padres, mi hermana mayor y yo— nos mudamos a Murfreesboro, un pequeño municipio con amplias zonas verdes y haciendas decadentes de antes de la guerra justo al sur de Nashville, en la parte central, profunda y húmeda, del estado. No ha pasado gran cosa ahí desde la guerra civil. En el colegio estudié la batalla de Stones River, que tuvo lugar en Murfreesboro y duró tres días a finales de 1862 y principios de 1863, uno de los enfrentamientos más sangrientos que causó más de veintitrés mil víctimas en ambos bandos, los confederados y la Unión.

A los once años tuve mi propia batalla histórica en un jardín de las afueras. Al mirar atrás, no fue tanto una batalla, sino más bien el momento decisivo de mi corta existencia. Fue cuando me vi atrapado *in fraganti*, con los ojos entrecerrados ante

25

el resplandor de los reflectores de la policía: mi primer encuentro con la ley.

En verano, mis amigos y yo acampábamos en los jardines de unos y otros, tumbados con nuestros sacos de dormir sobre la hierba recién cortada, contemplando las estrellas, o apiñados en una tienda de campaña y asustándonos mutuamente con nuestras historias inventadas de fantasmas, zombis y horripilantes asesinatos, y caíamos dormidos con el sonido de los grillos y los sapos. Los veranos en Tennessee eran calurosos y por las noches no refrescaba demasiado, así que la mayoría de ellas sacábamos los sacos de dormir de las tiendas y nos despertábamos por la mañana cubiertos de rocío.

Una noche de verano, hacía tanto calor y estábamos tan sudorosos que ninguno podíamos dormir; por eso algunos de nosotros decidimos colarnos en la casa de uno de nuestros compañeros de acampada. No sé muy bien por qué lo hicimos, aunque me parece recordar que queríamos recuperar algo que en ese momento pensamos que era importante. Mientras cuchicheábamos en voz alta e intentábamos forzar la ventana de una habitación, de repente oímos las llantas de una patrulla que se acercaba en la oscuridad y supimos que nos habíamos metido en un lío. Era un coche de policía. Alguien debía de haber llamado a los policías cuando nos oyeron armando alboroto. Nos quedamos helados, demasiado atemorizados para darnos incluso la vuelta. Apenas pude distinguir a los dos agentes que salieron de la patrulla porque las luces me cegaban. Nos dijeron que estuviéramos quietos, aunque no era necesario que dijeran nada, ya que estábamos demasiado asustados para movernos. Las gotas de sudor me caían por las mejillas mientras mantenía las manos en alto. A medida que mis ojos se adaptaban al resplandor, pude ver que los policías eran altos y musculosos. Me parecieron imponentes con sus uniformes negros pulcramente planchados y sus lustrosas botas negras. Cuando nos preguntaron si queríamos que nos llevaran a la oficina del sheriff del condado de Rutherford y nos metieran en la cárcel o ir a ver a nuestros padres, todos respondimos a la vez. Sabíamos qué pasaría si nuestros progenitores se veían envueltos, así que elegimos por unanimidad ir a la cárcel, lo que provocó las carcajadas de los agentes. Estábamos abochornados y permanecimos firmes, incómodos, mientras tomaban nota de nuestros nombres y direcciones y nos acompañaban hasta nuestras casas, donde despertaron a nuestros padres. En cierto modo, todos sobrevivimos a aquella noche terrible, pero se nos quitaron las ganas de acampar. Al menos durante ese verano.

Con el paso de los años, he pensado a menudo en aquel primer encuentro con la justicia y en cuánto admiré a aquellos agentes por usar el sentido común con un grupo de niños traviesos.

Por encima de todo, quería ser agente de policía, pero no fue hasta años después cuando descubrí que mis padres tenían otros planes para mí.

Crecí en una familia baptista estricta; era el pequeño de tres hermanos. O debería decir el pequeño de dos. Un hermano mayor murió con solo tres años, antes de que yo naciera. Mi hermana era ocho años mayor que yo, y pasamos buena parte de nuestra infancia peleándonos.

Mi padre medía uno noventa y tres y era la persona más fuerte e inteligente que he conocido jamás. A mis tíos les gustaba contarme que cuando mi padre era joven, le encantaba pelear y nunca perdió un combate. No le tenía miedo a nada ni a nadie. En una ocasión le pidieron que hiciera una prueba para los Washington Redskins, oportunidad que rechazó educadamente porque no consideraba que el futbol fuera una sólida trayectoria profesional.

Cuando mi padre tuvo edad suficiente, se ofreció como voluntario para el ejército de Estados Unidos, aunque para entrar tuvo que hacer trampa en la exploración física. Mi padre veía mal del ojo izquierdo. Durante la visita, el médico le pidió que se tapara el ojo izquierdo con la mano izquierda y leyera la tabla. Sin problemas. Cuando le pidió que hiciera lo mismo con el ojo derecho, sencillamente usó la mano derecha para taparse el ojo izquierdo y ¡superó la prueba de visión!

Mi padre empezó en infantería y lo enviaron a Europa después de que el ataque a Pearl Harbor sumiera a Estados Unidos en la Segunda Guerra Mundial en 1941. Debido a su talla y su fuerza, trabajó con los médicos del ejército en Francia y Bélgica poniendo a salvo a los soldados heridos y sujetándolos cuando era necesario realizar tratamientos médicos.

A su regreso de Europa, mi padre decidió inscribirse en la Universidad Bob Jones de Greenville, Carolina del Sur, para ser pastor. Fue el primero de su familia en asistir a la universidad y, tras graduarse, se trasladó con mi madre y mi hermana a su primera iglesia en Memphis, donde nací yo. Más tarde, en Murfreesboro, pasó por varias iglesias pequeñas y realizó trabajos esporádicos para ganarse un dinero extra. Recuerdo verlo ir de puerta en puerta vendiendo aspiradoras. Era muy bueno en eso, y a menudo decía que Dios dirigía sus pasos y le decía adónde ir y qué decir para hacer su trabajo.

Al final, Dios alejó a mi padre de su labor como pastor y lo acercó a las alfombras. Después de obtener un empleo en una tienda de pavimentos en Nashville, animó a su hermano menor, que se había retirado de la fuerza aérea, a poner un negocio con él. Les fue bien con su nueva tienda de alfombras en Nashville, pero había demasiada competencia en esa ciudad para expandirse a gran escala y decidieron mirar en otro sitio.

Dos años después de mi encuentro con la policía, dejamos Tennessee y nos mudamos al norte, al estado de Virginia Occidental, donde nacieron mis padres. Allí, mi padre y mi tío estaban dispuestos a crear su imperio de las alfombras. Nos instalamos en Princeton, un tranquilo pueblo ferroviario de seis mil habitantes rodeado de cuencas mineras y enclavado en los Apalaches. Teníamos unas sólidas raíces familiares en el estado, donde mis abuelos maternos se habían instalado después de emigrar de Inglaterra. Mi abuelo había trabajado en las minas de carbón durante toda su edad adulta.

Yo no estaba contento con el traslado. Como adolescente, me fastidiaba dejar a mis amigos en un lugar donde era un chico popular. Cuando comenzó la escuela en Princeton, fui al instituto local, pero no lo recuerdo como una experiencia muy agradable. Los chicos se burlaban de mi acento de Tennessee, que me identificaba como alguien del Profundo Sur. Intenté de todo con tal de pasar desapercibido y al final aprendí a reprimir mi acento para que coincidiera con la forma de hablar de los chicos de Princeton. Aparte del deporte y la iglesia, mi nuevo pueblo no parecía tener mucho que ofrecer a los muchachos, pese a que los dirigentes locales abrieron después un centro juvenil en un antiguo boliche e instalaron mesas de ping-pong, una cafetería y una pista de baile, donde dancé por primera vez con una chica.

En Princeton, mi padre y mi tío empezaron a convertir su tienda en un próspero negocio familiar, y nos enviaron a todos allí para que los ayudáramos. Mi madre era la contadora y atendía a los clientes que entraban en el establecimiento, programaba los trabajos de instalación y hacía los pedidos para la tienda, mientras mi padre y mi tío vendían linóleo y alfombras a sus clientes. A decir verdad, mi madre era en realidad el corazón y el alma del negocio, que hubiera podido fracasar de no ser por su entusiasmo y esfuerzo. Mi hermana estaba asimismo empleada de medio tiempo en la tienda. Cuando cumplí los catorce, también yo empecé a trabajar ahí. Mi padre confiaba en que me hiciera cargo del negocio y pensó que debía comenzar por abajo. Mis primeras tareas consistían en barrer, fregar, limpiar los baños y sacar la basura. Por fin me gradué en atender a los clientes y aconsejarlos sobre centenares de muestras de alfombras y linóleos.

Hasta el día de hoy, las alfombras me producen claustrofobia.

A finales de los años sesenta y principios de los setenta, mientras otros adolescentes se dejaban el pelo largo, fumaban marihuana, protestaban contra la guerra de Vietnam y lloraban por la separación de los Beatles, yo llevaba una vida bastante protegida en un pueblo conservador de los Apalaches. Y a pesar de que hacía tiempo que había dejado de ser pastor, mi padre seguía siendo muy disciplinado. No me dejaron ir al cine hasta que cumplí los dieciocho y no nos permitían jugar a las cartas —tampoco a la mona— en casa. Mis padres prohibieron a mi hermana llevar pantalones o shorts, y los vestidos tenían que ir bastante por debajo de la rodilla. Mi padre nos azotaba con un cinturón cuando nos sorprendía haciendo algo malo. Para algunos, esto quizá sonará más bien duro, y en la sociedad permisiva de hoy en día, es probable que se acusara a nuestros padres de maltrato infantil. Pero así fue como crecimos, con unos límites muy estrictos. Sabíamos qué podíamos hacer y qué no y qué se esperaba de nosotros.

Al igual que en Tennessee, nuestra familia asistió a la primera iglesia baptista de Princeton. En esa época no tenía mucho interés en nada que tuviera que ver con la religión o las reuniones de la iglesia, hasta el día en que vi actuar al coro infantil de la parroquia. El coro se llamaba Sonidos de Convicción, conocido como Sonidos, para abreviar. Y después de esa primera interpretación, me quedé tan impresionado por la puesta en escena, la iluminación y los cantos que me uní al grupo y no lo abandoné hasta después del último curso del instituto. No era el mejor cantante, pero me gustaba mucho la diversidad de chicos y formar parte de un equipo. Viajamos por todo Virginia Occidental y Virginia, donde actuábamos en colegios e iglesias. El espectáculo era tan popular que el coro pasó de los cuarenta chicos que había cuando me uní a él a más de cuatrocientos cuando lo dejé.

Cuando acabé el instituto, me marché a la Universidad de Virginia Occidental en Morgantown, entusiasmado por estar solo y vivir en una residencia de estudiantes con otros chicos de mi edad. Siguiendo las instrucciones de mis padres, me especialicé en administración de empresas, pero no tenía ningún interés en aprender economía y finanzas. Si miro hacia atrás, tengo la sensación de que pasé mi primer semestre en una gran fiesta. Cuando salieron las calificaciones, mis padres decidieron que no iban a tirar el dinero por una causa perdida. ¿Quién podía reprochárselos? En las vacaciones de Navidad recogí mis cosas de mala gana, abandoné la Universidad de Virginia Occidental y volví a casa.

El muestrario de alfombras se convirtió en mi futuro.

Aun así, deseoso de dedicarme a los cuerpos policiales, me inscribí en la Universidad Estatal de Bluefield. Sin que lo supieran mis padres, me anoté en el programa recientemente creado de Administración de Justicia Penal. Y, vaya, ¡me encantó! Durante el semestre de primavera, en 1975, me ofrecí como voluntario para ser el primer estudiante de la Universidad Estatal de Bluefield en participar en un nuevo programa de prácticas en verano en la oficina del sheriff del condado de Mercer y el Departamento de Policía de Bluefield. Conocí a ayudantes del sheriff y a agentes de ambos organismos, quienes me animaron a que hiciera oposiciones a la función pública para poder convertirme en policía. Estudié en secreto e hice el examen sin que mis padres se enteraran. Cuando anunciaron los resultados, obtuve la calificación máxima, y mi nombre apareció en primer lugar de una posible lista de contratación, tanto para la oficina del sheriff como para el Departamento de Policía.

El Departamento de Policía de Bluefield fue la primera institución que me llamó y me ofreció hacer una entrevista de trabajo. Fue entonces cuando tuve que confesarles a mis padres lo de mi carrera universitaria y que había hecho en secreto el examen para ingresar en la policía. Mis padres eran mucho más inteligentes de lo que yo creía y ya se habían imaginado qué estaba tramando. Una vez superada la exploración física y la investigación de los antecedentes, presté juramento como agente en el Departamento de Policía de Bluefield en noviembre de 1975. Tenía diecinueve años.

El día en que fui a probarme mi nuevo uniforme estaba exultante, a pesar de que me dijeron que era demasiado joven para adquirir un arma. La edad mínima para comprar un arma en el estado era de veintiún años, lo que implicaba que iba a tener que convencer a uno de los agentes más mayores de que me consiguiera mi primera pistola, un revólver Colt Python calibre 357 con cañón de cuatro pulgadas y de acero azul.

No esperaba que mi padre se alegrara de mis logros, pero, en cierto modo, se sentía orgulloso de mí, porque salió y compró la munición.

Como agente novato, patrullaba por una parte de la localidad y hacía mi parte correspondiente de trabajo administrativo, pero me sentía atraído por los traficantes de drogas. Era 1976, y tenía la impresión de que las drogas ilegales estaban por doquier. Incluso entonces veía lo dañinas que eran para la sociedad y cómo traficar con ellas y la adicción estaban arruinando la vida de los jóvenes. A mediados de los años setenta, la cocaína resurgió y se convirtió en la droga recreativa preferida por los famosos en las discotecas y fiestas exclusivas de todo el país, sobre todo en Studio 54 en Nueva York. En cualquier otro lugar, fumar crack o inhalar los vapores de la cocaína en su punto de fusión proporcionaba a los yonquis increíbles viajes. Farmacéuticos clandestinos experimentaban con cocaína en polvo que mezclaban con bicarbonato de sodio y otras sustancias para elaborar crack, algo que tendría unas consecuencias desastrosas en los barrios marginados de Estados Unidos en los años ochenta. Y con el fin de la guerra de Vietnam en 1975, cientos de soldados regresaban a casa tremendamente enganchados a la heroína.

Pero la marihuana era suficiente flagelo para mí como joven policía, y en mi tiempo libre me vi persiguiendo a *dealers*. En 1976 conocí a un soplón que me habló de un traficante que estaba vendiendo muchos kilos de hierba. En esa época, medio kilo de marihuana alcanzaba un precio de más de mil trescientos dólares. Llamé a Jack Walters, otro agente novato que era mi mejor amigo en el cuerpo, y trazamos un plan para trincar al maleante en nuestro día libre. En colaboración con nuestro informante, le pedimos que llamara al objetivo.

Esa tarde el soplón lo llamó para preguntarle el precio de medio kilo de marihuana. Menos de veinte minutos después, quedamos en vernos en una gasolinera de la zona a fin de efectuar la compra. Jack y yo nos escondimos en la parte trasera de la estación de servicio mientras el soplón hacía la transacción con el objetivo.

En cuanto lo divisamos sacando una bolsita de su coche, nos abalanzamos para detenerlo. El culpable resultó ser un estudiante de último año de instituto, de diecisiete años, de clase media-alta. No necesitaba el dinero, pero había visto demasiadas películas de malos y pensó que podría salirse con la suya con esta actividad delictiva de poca monta en un pueblo pequeño donde la policía, eso creía él, no se enteraba de nada.

Jack y yo esposamos al asustado muchacho y pedimos que acudiera un inspector, que se quedó atónito al ver a dos policías novatos participando en una exitosa redada antidroga en su día libre.

El adolescente fue acusado y finalmente entregado a sus padres. Por suerte para él, se alcanzó un acuerdo en los tribunales y fue puesto en libertad condicional. Como era un menor, sus antecedentes penales se eliminaron cuando llegó a la mayoría de edad y terminó su libertad condicional.

A pesar de mis logros, sentía que mi padre no estaba contento con mi elección, claramente decepcionado por no haber seguido sus pasos en el negocio familiar. Después de haber estado en el Departamento de Policía durante dieciocho meses, la culpa se apoderó de mí y, en 1977, pedí un permiso de noventa días para regresar a la tienda de mi padre y volver a probar con los pavimentos. Pero duré menos de dos meses entre muestras de alfombras y linóleos. Era muy infeliz y regresé al Departamento de Policía antes de que mi permiso llegara a su fin.

Tuvieron que pasar cinco años como policía hasta que mi padre al final me dijo lo orgulloso que se sentía de mí. Eso lo cambió todo y me dio la fuerza necesaria para seguir adelante.

Nunca volví la vista atrás.

JAVIER

Lloré durante las cinco horas de trayecto en coche desde Hebbronville hasta Huntsville, que se suponía que iba a ser el primer gran paso en mi carrera en la policía.

Estudiaba sociología en la Universidad A & I de Texas, en Kingsville, y había logrado una beca de tres meses en la penitenciaría estatal. Obtendría créditos universitarios y un pequeño sueldo por trabajar en la prisión donde se hallaban los prisioneros más famosos del estado, todos ellos en el corredor de la muerte.

Estaba emocionado.

Pero a mis padres les preocupaba mi seguridad e intentaron convencerme de que no fuera. A decir verdad, había otras

34

cosas que me retenían en mi pueblo del sur de Texas. Mi familia estaba pasando por un mal momento porque a mi madre, Alicia, le acababan de diagnosticar cáncer de mama. Fue un destino cruel para una mujer que temía a Dios y no tenía vicios, pues nunca había bebido o fumado un cigarrillo en su vida. Iba a misa todos los domingos y siempre se las arreglaba para tener la comida preparada para mi hermano mayor, Jorge, para mi padre y para mí. Era difícil llegar a fin de mes en Hebbronville. Teníamos un pequeño rancho familiar que no daba mucho dinero, y mi hermano y yo ayudábamos a mi padre a reparar las cercas y trabajar con el ganado cada verano. Durante los años de mayor austeridad, mi madre siguió siendo muy optimista, a pesar de que al final le quitarían los dos pechos debido al cáncer. Le encantaba ir al bingo en la iglesia los viernes por la noche. Siempre volvía diciendo que le había faltado solo un número para ganar el bote, si bien jamás ganó un centavo.

Conteniendo los sollozos, me suplicó que me quedara. Mi padre, que se llamaba Jesús, pero al que todos conocían como Chucho, me advirtió que estaba cometiendo un error. Le preocupaba que mi beca para trabajar entre los presos más despiadados del estado no fuera sencillamente una buena idea. Demasiado peligro, decía. ¡Él, que era un vaquero y había dejado su huella en la capital vaquera de Texas! No le temía a nadie. Pero yo quería algo más que el rancho familiar, que mi padre heredó de mi abuelo y que a duras penas nos daba para vivir. Tenía que abandonar los confines de mi pequeño pueblo ferroviario de Texas. No podía dejar pasar la oportunidad de vivir mi primera experiencia laboral de verdad en la justicia penal.

Metí en la maleta solo un poco de ropa para el viaje, como para demostrar a mis padres que pronto estaría de vuelta, que no era algo definitivo. Mantendría mi promesa de estar al lado de mi madre para ayudarla durante los tratamientos de qui-

35

mioterapia a los que se iba a someter en Laredo. Pero mis padres me dieron la espalda y se negaron a hablarme.

Así fue como me marché de mi casa de la infancia a los dieciocho, con el corazón en un puño y preguntándome si volvería a ver a mi madre con vida. Al mirar ahora hacia atrás, a través del prisma que dan los años, sé que debían de estar tan tristes como yo.

Las lágrimas asomaron en cuanto puse la llave en el switch y agarré el volante de mi Chevy Nova 1974. Me compré el deportivo de dos puertas, marrón y de líneas elegantes, con el dinero que había ahorrado recogiendo sandías durante mis vacaciones de verano en Hebbronville, que es probablemente la capital mundial de la sandía, rodeado de campos verdes de fruta en apariencia infinitos. Había estado haciendo aquel agotador trabajo desde que tenía quince años, acuclillado entre cepas polvorientas cada verano bajo un sol abrasador a treinta y siete grados. La camioneta que transportaba a los trabajadores me recogía en mi casa a las seis de la mañana y nos dejaba a mí y a nuestro grupo de migrantes, la mayoría mexicanos, en los campos cercanos, y volvíamos a casa a las ocho de la noche. Las sandías pesaban entre cuatro kilos y medio y siete kilos, y a finales de verano tenía los brazos como Popeye. En muchas ocasiones me encontré con serpientes cascabel a las que les gustaba esconderse debajo de las sandías, donde se refrescaban y protegían del sol. Nunca me mordieron, pero poco me faltó. Una de ellas intentó atacarme, pero le lancé una sandía y murió aplastada. Hasta el día de hoy, no puedo comer sandía y tengo una verdadera fobia a las serpientes.

Cuando tenía diecisiete años me había vuelto tan bueno que ascendí de recolector a cortador: parte de un equipo de reconocimiento avanzado compuesto normalmente por trabajadores más mayores que rastreaban los campos en busca de las frutas más maduras. Luego pasé a ser apilador y ayudaba a cargar las sandías en un tráiler; es una forma de arte, ya que cada pila debía tener una capa perfecta de sandías, alineadas en horizontal, desde el suelo hasta dos metros y medio de altura. Ganaba trescientos dólares por cada tráiler que cargaba y podía hacer dos al día, así que mi paga era enorme. Le daba una buena parte de mi sueldo a mi madre y el resto lo ahorré para comprarme un coche.

En aquel largo viaje desde un lugar que conocía tan bien, lloré porque, en cierto modo, sabía que estaba dejando atrás mi juventud al pasar por los campos de sandías, el colegio y el instituto donde jugué futbol y beisbol, y el bar de mala muerte donde bebí mi primera cerveza. Mientras conducía a toda velocidad por la ruta 59, las lágrimas me caían a raudales por las mejillas y me nublaban la visión. Los kilómetros de ranchos con vaqueros cubiertos de polvo en sus caballos y los rebaños de ganado que pasaban a través de mi ventanilla parecían escenas de una película repetida y lejana.

Atravesé Houston y fui hacia el norte hasta Huntsville, la sede del Departamento de Justicia Penal de Texas, de la que dependen todos los centros penitenciarios para adultos del estado. Alguien, no recuerdo quién, lo llamó en una ocasión una ciudad industrial a prueba de recesiones porque su principal actividad económica es albergar a delincuentes.

De hecho, de los treinta y ocho mil residentes de la ciudad, unos siete mil trabajaban en su sistema penitenciario. Otros miles lo hacían en la universidad local. Hay siete prisiones en Huntsville, que acogen a más de trece mil reclusos. A los lugareños les gusta bromear diciendo que «la mitad de la población de Huntsville está encerrada y la otra mitad cobra por su tiempo». Todo esto forma parte de su humor negro, pero también es la base de un orgullo que nace de vivir y trabajar en un lugar que se ha convertido en una especie de monumento nacional a la justicia penal, sin importar en qué lado estés en el debate sobre la pena de muerte. Ahí está el Museo de la Prisión de Texas, donde se exhibe la pistola que sostenía Bonnie Parker cuando los hombres del sheriff la asesinaron a tiros en Luisiana en 1934. Pero el principal atractivo es Old Sparky, la silla eléctrica en la que fueron ejecutados trescientos sesenta y un prisioneros entre 1924 y 1964. Antes de Old Sparky, los condenados a muerte fueron ahorcados en distintos condados del estado de Texas.

No sabía qué esperar cuando fui hacia Huntsville, y aún tenía los ojos enrojecidos e irritados por mi salida de Hebbronville mientras recorría en coche las principales calles de la localidad. Era una ciudad texana bastante agradable, parecida a otras muchas por las que había pasado cuando era un niño: llana y extensa, con camionetas oxidadas estacionadas frente a la ferretería y la fuente de soda. Me detuve a estirar las piernas y pasé por delante de lo que parecía ser el teatro del casco antiguo, cerrado desde hacía mucho tiempo, en la calle Doce, cerca de la estación de autobuses Greyhound, donde más tarde vería a presos que acababan de ser liberados mientras esperaban dubitativos el autobús y agarraban latas de cerveza envueltas en bolsas de papel de estraza: su primer contacto con la libertad después de cumplir condena.

El domingo por la tarde en que llegué, unas cuantas cafeterías estaban atestadas de estudiantes de la Universidad Estatal Sam Houston. A través de las ventanas vi a algunos entretenidos con un pastel y un café, enfrascados en sus deberes o en animadas conversaciones. Pero supe que me encontraba en el lugar más siniestro en el que jamás había estado cuando alcé la vista hacia mi nuevo lugar de trabajo, un imponente edificio de ladrillo rojo que dominaba el centro de la ciudad. Construido en 1849, la Unidad de Huntsville, con sus doscientas veinticinco celdas, se distinguía por ser la prisión más antigua del estado. Y desde 1982, cuando Texas restableció la pena de muerte, la prisión, más conocida por su apodo, Unidad Walls, ha albergado la cámara de ejecución más activa del país.

No tenía donde quedarme y me registré en el hotel más barato que encontré. A la mañana siguiente me incorporé muy temprano a mis prácticas y me asignaron a la Unidad Ellis, una prisión situada a diecinueve kilómetros al norte de Huntsville, donde se hallaban los reclusos más peligrosos del corredor de la muerte. Mientras caminaba de regreso a mi hotel después de cumplimentar el papeleo necesario, encontré una pequeña y destartalada caravana estacionada a una manzana de la Unidad Walls. Apenas medía seis metros de longitud y se caía a pedazos. Parecía como si no la hubieran lavado en años. Pero se la alquilé sobre la marcha a su anciana propietaria. Tal vez se percató de mis ojos enrojecidos. ¿Tenía aún rastros de lágrimas en las mejillas? No sé por qué pareció confiar en mí en el acto y me pidió con timidez solo cien dólares al mes. En mis días libres podía ir andando desde la minúscula caravana hasta la prisión principal y usar mis bonos para comer y cenar gratis.

Mi primer día de trabajo fui en coche hasta la Unidad Ellis y me asignaron pasar lista en el corredor de la muerte. No había recibido formación alguna ni advertencias sobre qué supondría eso, y mientras caminaba vacilante por el pasillo metálico de un metro de ancho que separaba las celdas de los reclusos a ambos lados, no me avergüenza admitir que estaba muerto de miedo. Me sudaban las manos y el corazón me latía a mil por hora en el pecho a medida que avanzaba por el pasillo, sin atreverme a mirar a ninguna de las celdas. Mantuve la mirada fija en la lista de nombres a los que tenía que llamar en la tablilla. Estaba seguro de que los presos podían oler mi miedo y reconocer la vacilación en mi voz en cuanto empecé a pasar lista, atento a pronunciar correctamente todos los nombres. Debían de saber que era el tipo nuevo y que todo esto me

39

superaba, ya que cuando pronuncié el tercer nombre y no oí más que un silencio atronador, alguien gritó de repente un fuerte «¡Bu!».

Ese «¡Bu!» me sacó de mis casillas y salí corriendo. Me di la vuelta y regresé por la pasarela lo más rápido que pude.

Cuando entré en razón, todos, los guardias y los demás prisioneros, parecían estar muriéndose de risa a mi costa.

Suspiré de alivio, aunque no pude evitar sentirme incómodo. Después de todo, la brutalidad de los delitos cometidos por estos reclusos no tenía ninguna gracia.

Y en la prisión los peligros acechaban por todas partes. Llegué a Huntsville unos años después de la toma de rehenes de julio de 1974 —el asedio más largo en la historia penitenciaria de Estados Unidos—, cuando Fred Gómez Carrasco, un célebre narcotraficante de San Antonio conocido como el Señor, tomó dieciséis rehenes en la biblioteca de la Unidad Walls. Carrasco, que por aquel entonces tenía treinta y cuatro años, era uno de los capos de la heroína más famosos, responsable de la muerte de al menos cincuenta y siete personas en todo Texas y parte de México. Carrasco y sus compañeros reclusos Rodolfo Domínguez e Ignacio Cuevas habían sobornado a los trabajadores penitenciarios para pasar de contrabando tres pistolas Magnum calibre 357 al interior de la prisión en una lata de jamón podrido. Escondieron más de trescientos cartuchos de munición en latas de duraznos.

Los secuestradores negociaron con los funcionarios de prisiones durante once días y amenazaron con matar a los rehenes, entre los que se encontraban desde otros reclusos y bibliotecarios hasta un capellán de la cárcel. Carrasco pidió a las autoridades que les dieran a él y a sus dos cómplices chalecos antibalas, trajes y, curiosamente, zapatos de vestir para su temeraria fuga. El 3 de agosto abandonaron la prisión protegidos por un escudo improvisado hecho con dos pizarras rodantes, reforzado con unos gruesos libros jurídicos y cartón pegado en la parte externa, para mayor protección. Bautizaron a su artilugio «la Piñata» y «el Taco Troyano». Los convictos se esposaron a tres mujeres —la bibliotecaria Julia Standley y las profesoras Yvonne «Von» Beseda y Novella Pollard— y las metieron junto con el capellán de la prisión, el padre O'Brien, en la fortificación hecha con la pizarra. Alrededor de la Piñata enrollaron con una cuerda y esposaron a otros cuatro rehenes, a modo de parachoques, por si las autoridades de Texas decidían disparar. El plan era llegar hasta el patio, donde estaba esperando un coche blindado que había pedido Carrasco.

Pero cuando la caravana de pizarra bajaba por una rampa desde la biblioteca del tercer piso al amparo de la oscuridad, la policía conectó una manguera de alta presión que hizo que los rehenes se dispersaran en el exterior. De inmediato comenzó un tiroteo desde el interior del escudo mientras la policía pedía a los reclusos que se rindieran. Durante quince intensos minutos siguieron los disparos. En el caos que siguió, Domínguez disparó a Standley cuatro veces por la espalda. Murió en el acto, antes de que las autoridades asesinaran a tiros a Domínguez. Carrasco mató a Beseda y luego se apuntó con la pistola a sí mismo. Cuevas disparó e hirió al padre O'Brien antes de desmayarse y caer encima de Pollard. Cuevas, el hijo analfabeto de un campesino mexicano que estaba cumpliendo una condena de cuarenta y cinco años por asesinato, fue el único secuestrador que sobrevivió a la dramática fuga de la cárcel. Fue declarado culpable tres veces por homicidio premeditado por la muerte de Standley, una madre de cuarenta y tres años y con cinco hijos. A pesar de que dos de las condenas fueron revocadas en la fase de apelación, Cuevas fue juzgado por el asesinato de Standley, en virtud de una ley de Texas que hace que un cómplice sea responsable de los delitos cometidos en el mismo suceso. El 23 de mayo de 1991, Cuevas fue ejecutado con una inyección letal a tan solo unos metros de donde tuvo lugar la espectacular fuga de la prisión.

Mis prácticas también coincidieron con el encarcelamiento de un tipo blanco y gordo a quien todos en el corredor de la muerte llamaban Candyman. Pronto supe que la prensa lo había apodado «el hombre que mató a Halloween» porque envenenó a su propio hijo pequeño con un caramelo con cianuro para poder cobrar la importante indemnización del seguro.

Se llamaba Ronald Clark O'Bryan y era un óptico de Deer Park, una zona residencial de las afueras de Houston. Tras su condena por asesinato, los padres de todo el país estaban aterrorizados y se lo pensaban dos veces antes de dejar que sus hijos aceptaran en Halloween un caramelo de nadie, tanto de desconocidos como de familiares.

En una noche lluviosa de Halloween en 1974, O'Bryan y otro padre del barrio llevaron a sus hijos a pedir caramelos de casa en casa en las afueras de Pasadena. O'Bryan, que por aquel entonces tenía treinta años, se quedó rezagado respecto a su amigo y los niños y volvió con varias golosinas que, según dijo, provenían de una casa a su paso que estaba a oscuras y cerrada cuando habían intentado llamar al timbre. O'Bryan repartió las golosinas, unos dulces en polvo en forma de popote, a sus dos hijos —Timothy, de ocho años, y Elizabeth, de cinco— y a los otros tres que los acompañaban. Cuando llegaron a casa, O'Bryan instó a su hijo a que probara el dulce envenenado. Pero cuando el pequeño Timothy tragó un bocado del polvo tóxico, se quejó de que sabía amargo y empezó a vomitar. Murió poco después.

O'Bryan le contó a la policía que el caramelo provenía de la casa a oscuras que había en su ruta mientras iban a pedir dulces. Afirmó que, después de llamar al timbre, solo vio un brazo peludo que le tendía los caramelos. Enseguida se demostró que la coartada era falsa cuando el propietario de la casa presentó las planillas de asistencia de su trabajo como controlador aéreo. Estuvo de servicio la noche de Halloween y había varios testigos para demostrarlo.

La policía detuvo a O'Bryan unos días después, cuando hallaron que había contratado incontables pólizas de seguros para sus hijos. Tenía una deuda de cien mil dólares y estaba a punto de perder su casa y su coche. También iban a despedirlo del trabajo después de que sus jefes lo sorprendieron robando. Solo la muerte de Timothy valía treinta y un mil dólares en dinero del seguro.

No estuve ahí cuando ejecutaron a O'Bryan. Tras obtener previamente dos suspensiones de la ejecución, O'Bryan fue condenado a muerte en 1984, siete años después de mis prácticas en Huntsville. Mantuvo su inocencia incluso cuando lo estaban atando a la camilla, justo antes de recibir la inyección letal. Tenía treinta y nueve años.

«Como seres humanos, cometemos errores y nos equivocamos», dijo en su declaración final. «Esta ejecución es uno de esos errores. Pero no significa que todo el sistema judicial vaya mal. Por tanto, perdono a todos —y me refiero a todos— aquellos que han participado en mi muerte».

Por mucho que deplore sus crímenes, salí de aquella experiencia pensando que O'Bryan tenía razón en una cosa: todos los reclusos, incluso los delincuentes convictos más despiadados, siguen siendo seres humanos. Esta es una de las lecciones más valiosas que he sacado de los cuerpos policiales, y la aprendí de un administrador penitenciario, un preso al que le asignaron la tarea de ayudar a los guardias a cambio de un trato especial, como usar el teléfono o disponer de más comida. Hay que ser estrictos con ellos, sí, pero también compasivos, me dijo.

Al final, no obstante, esa misma compasión no caló en mí en Huntsville. Poco antes de que terminaran mis tres meses y pensara en regresar a la universidad, salí mal parado de un feo comentario racista que casi pone fin a mi carrera incluso antes de empezar. Fue tan desagradable e inesperado que todavía me obsesiona después de todos estos años.

Cuando regresé a casa a Hebbronville, se casaba mi único primo y su boda caía en el último día de mi turno. Me armé de valor y le pedí un día libre al alcaide de la prisión. El Capitán, como era conocido, era un hombre blanco corpulento y de aspecto intimidatorio. En Huntsville era una rareza, ya que la mayoría de las personas con las que trabajé eran amables y comprensivas, muchas de ellas alumnos de justicia penal que obtenían sus títulos en la Universidad Sam Houston. Mientras estaba sentado en la oficina ejecutiva de la prisión contando balbuciente mi situación familiar y le pedía que me dejara recuperar el tiempo haciendo horas extraordinarias —le propuse trabajar nueve días seguidos en lugar de nuestros turnos habituales de siete y así compensar el día libre—, perdió los estribos. Empezó a gritarme y a llamarme «mexicano vago», entre otras cosas que he borrado de mi memoria. Me ordenó que saliera de su despacho y me dijo que iba a escribirme una recomendación negativa, que podría echar por tierra mis oportunidades en los cuerpos policiales en el futuro.

¡Eso era todo! Tres meses de duro trabajo, en los que sentí que había aprendido mucho para avanzar en mi carrera en la justicia penal, y mi destino parecía estar en manos de un racista incapaz de controlar su temperamento. Pensé que estaba haciendo lo correcto y apropiado al contarle mi situación personal, pero salí de su despacho hecho polvo. Trabajé el turno de siete días, y luego, sin decirle nada a nadie, me subí a mi Chevy y conduje hasta Hebbronville. Logré llegar a la boda de mi primo y después regresé a la universidad.

Tenía apenas diecinueve años y la sensación de que mi carrera en la policía había llegado a su fin. Más tarde, cuando pedí trabajo en la oficina del sheriff en Laredo e intenté convertirme en agente especial de la DEA, estaba demasiado asustado como para incluir Huntsville en mi currículo.

STEVE

Vi los faros del coche que venía cuando invadió mi carril. Todavía era un policía novato en el Departamento de Policía de Bluefield. Aquella noche me encontraba patrullando por las calles arboladas y residenciales del histórico pueblo ferroviario en el centro de los Apalaches, a unos veinte minutos de Princeton, donde aún vivía con mis padres.

Con una población de poco más de veinte mil habitantes, Bluefield era la mayor ciudad del sur de Virginia Occidental y el oeste de Virginia. La principal industria era la empresa ferroviaria Norfolk and Western, que al final pasó a ser la Norfolk Southern Railway. El principal cargamento que atravesaba el pueblo en el ferrocarril era carbón en dirección a Norfolk, Virginia, que se enviaba a distintos lugares del mundo. Los habitantes de los pueblos vecinos y otras ciudades iban a Bluefield a comprar y divertirse, y cada sábado por la noche había baile con una banda de country y música del oeste en el auditorio de la ciudad de Bluefield.

Solía haber de tres a cinco agentes de policía fuera de servicio que trabajaban en estos actos, y no era infrecuente que detuviéramos a unas cuantas personas cada semana, la mayoría de ellas por buscar pelea o forzar coches estacionados cuando estaban borrachos. Ahí es cuando las cosas en Bluefield podían ponerse feas. Muchos de los que aterrizaban en la ciudad procedían de zonas donde no había mucha presencia policial, si es que había alguna. No estaban acostumbrados a tener que acatar las normas o a que un agente de policía les dijera lo que podían

45

o no hacer. En esa época, la mayoría de estos forasteros trabajaba mucho durante la semana y quería divertirse a tope los fines de semana. Y para muchos de ellos, pelear formaba parte de la vida, así que no era raro que opusieran resistencia cuando se encontraban frente a un agente de policía. A la mañana siguiente, después de que se les pasara la embriaguez en la celda de los borrachos de la comisaría, o se disculpaban por su conducta, o decían algo del tipo «Amigo, fue una gran pelea, ¿no? No veo el momento de volver el próximo fin de semana a probar otra vez».

Cuando no estaba patrullando en el estacionamiento del auditorio, la mayoría de mis funciones consistían en conducir por las calles principales de Bluefield en busca de delitos que se estuvieran cometiendo y comprobar si habían forzado las puertas y ventanas de los comercios.

Me encantaba mi trabajo y tenía la sensación de estar aportando algo importante a la comunidad. Una noche fría de invierno, estaba seguro de haber salvado a tres niños pequeños de morir congelados en la parte trasera de una camioneta. Sus padres los habían dejado en el vehículo, que estaba destrozado y no tenía ventanas, a fin de poder echarse unos bailes en el auditorio. Me quedé horrorizado al contemplar a los temblorosos críos. Después de que mi compañero y yo los metiéramos en la parte de atrás de nuestra patrulla con calefacción, entré en el auditorio. Me abrí paso hasta el escenario, le quité el micrófono al cantante en mitad de canción y pedí que los padres de los niños dieran la cara o me vería obligado a llevar a los pequeños a los Servicios de Protección del Menor. Tras unos breves momentos de tensión, aparecieron los padres y la multitud los abucheó. Eran muy pobres y dijeron que tan solo querían disfrutar de unos cuantos bailes. Cuando se reunieron con sus hijos, me di cuenta de que eran unos buenos padres que acababan de meter la pata por querer disfrutar de un rato a solas en la pista de baile. Así que los dejamos marchar con la firme advertencia de que si volvíamos a sorprenderlos haciendo lo mismo otra vez, nos aseguraríamos de llamar a las autoridades competentes para que les quitaran a los niños.

En otra tempestuosa noche de invierno, mientras un periodista que me seguía en mis rondas esperaba fuera, el agente Dave Gaither y yo irrumpimos en una casa en llamas y fuimos desesperadamente de habitación en habitación, hasta que vimos a una madre y a su hija pequeña. Dave ayudó a escapar a la madre, y yo tomé a la niña y salí corriendo de la casa incendiada como un loco.

Por aquel entonces creía, y lo sigo creyendo, que un agente de policía es un servidor público, un título que llevo como una medalla de honor. Como tal, se espera que un agente sirva y ayude a los ciudadanos. No se trata siempre de perseguir a los malos, poner multas de tráfico e intervenir en los accidentes.

Pero una vez hechas las buenas obras, volvimos a nuestra rutina y a las con frecuencia monótonas patrullas durante el turno de noche.

Fue en una guardia nocturna rutinaria cuando vi venir el Cadillac a toda velocidad hacia mí; casi un accidente que contribuyó mucho a tener mi propia opinión sobre el mantenimiento del orden público en un pueblucho que navegaba hacia su propio rumbo de colisión.

El malhumorado superior, que había visto de todo y que iba a mi lado en el asiento del pasajero, agarró el volante de forma instintiva y maldijo en voz alta mientras yo giraba bruscamente la patrulla hacia la banqueta para evitar así un choque frontal. El conductor que iba detrás de nosotros no tuvo tanta suerte. Desde el retrovisor pude ver que el Cadillac, que iba a toda velocidad, golpeó de refilón al coche que nos seguía antes de salir disparado y adentrarse en la noche.

Encendí la sirena, hice un brusco cambio de sentido y lo perseguí.

Cuando por fin se detuvo el vehículo, me sorprendí al ver que el conductor era una mujer elegante de mediana edad. También estaba borracha como una cuba. La detuvimos y nos llevamos su coche. Con sus tacones altos y su chamarra de piel, se tambaleaba y tenía problemas para mantenerse en pie. No tenía ni idea de por qué la habíamos parado y dijo que no recordaba haber dado un golpe a otro coche. No era peleonera ni discutía, pero se daba unos aires de importancia y riqueza tan sutiles como el olor ligeramente dulce de alcohol mezclado con su intenso perfume francés. Cuando le comuniqué que la estábamos deteniendo por conducir ebria y haberse dado a la fuga, pareció enderezarse y nos miró desde arriba a mi compañero y a mí.

—¿Saben quién es mi marido? —preguntó arrastrando las palabras.

De camino a la comisaría para hacerla soplar, mi colega me dijo que llevaría el caso yo solo, a ver cómo lo hacía. Me pareció extraño, pero no me di cuenta de lo que significaba ese gesto hasta mucho después. Y entonces, bajando la voz hasta convertirse en un susurro, me informó que la detenida sentada en la parte de atrás de nuestro vehículo era muy rica y estaba casada con un importante abogado de la ciudad. Un miembro de su familia también era un juez local. Luego empezó a reírse para sus adentros.

Era tan ingenuo e inexperto que no me di cuenta de estas pistas. Para mí, nadie estaba por encima de la ley.

Cuando llegamos a la comisaría, empecé a cumplimentar la ficha policial, como hacíamos con cualquier otro detenido. Pero todo era distinto: el jefe de turno, un teniente, llegó a la comisaría para presenciar el proceso, y noté que el sargento de servicio también se comportaba de forma muy diferente con esta detenida. Me miraban en silencio mientras hacía la prueba de alcoholemia. Los resultados mostraron que su tasa de alcohol en sangre era de 0.20, el doble permitido para conducir bajo los efectos del alcohol en esa época.

Cuando me disponía a acompañar a la detenida a la trena, el teniente y el sargento me dijeron que esperara con ella en el área de custodia. Al mismo tiempo llegó el jefe de policía, algo sumamente infrecuente. Iba acompañado de un conocido abogado. Tras una breve charla, la detenida se fue con el abogado. No podía creer lo que estaba viendo.

Varios días más tarde, durante el juicio, expuse mi caso. Por lo general, dado que se trataba del juzgado municipal, el jefe se hallaba presente en todas las vistas y observaba cómo nos desenvolvíamos en el tribunal. Pero, en esta ocasión, no se encontraba allí y había designado a uno de los inspectores para que lo sustituyera. Cuando le pregunté al inspector qué estaba pasando, se limitó a reírse y me preguntó si estaba preparado para aprender lo que de verdad ocurría en el juzgado. Sin saber muy bien qué esperar, fui hacia la mesa donde solía sentarse el fiscal de nuestro municipio, pero aún no había aparecido en la sala. Cuando miré hacia la mesa de los acusados, vi al abogado que había visto la noche de la detención. Pero estaba solo, sin la imputada.

En cuanto llegó el juez, la acusada seguía sin estar presente. El juez, otro abogado local, pasó al caso y luego me pidió que presentara las pruebas. Nervioso, describí cómo la mujer había invadido nuestro carril y me había obligado a meterme en la banqueta. Después chocó con el coche que venía detrás y siguió la marcha y se dio a la fuga, hasta que di la vuelta y la detuve. Hablé al tribunal de su conducta y su incapacidad para hacer la prueba de alcoholemia. Leí los resultados del alcoholímetro y le dije al juez que esa era toda la información de que disponía.

Esperé a que el abogado de la defensa refutara las pruebas o me hiciera preguntas, pero no pasó nada. El juez dictaminó que las evidencias eran insuficientes para acusarla de conducir bajo los efectos del alcohol. Luego rebajó los cargos a «embriaguez en la vía pública y conducción temeraria» y declaró culpable a la acusada. El abogado defensor cerró su laptop en lo que pareció un único aplauso de felicitación y sonrió al juez sin decir palabra. Se levantó la sesión.

La expresión de mi rostro debió de ser de total incredulidad, porque el juez se acercó a mí y se empeñó en darme la mano, me dijo que había hecho un buen trabajo y que tenía por delante un futuro muy prometedor. Me presentó al abogado defensor.

Después de que todos salieran de la sala de audiencias, me encontré solo con mi compañero, el curtido policía que iba sentado a mi lado en la patrulla la noche en que creí estar haciendo algo noble y bueno: sacar de las calles de Bluefield a un conductor peligroso.

Vaya, me sentía como un bobo.

—Bienvenido al mundo de la política provinciana —dijo mi compañero mientras salía delante de mí de la sala.

JAVIER

Trasladamos a mi madre desde el rancho de Hebbronville a la casa de mi abuela, a una hora de Laredo, después de que consiguiera mi primer trabajo en la oficina del sheriff allí. El cáncer había vuelto con más fuerza y le había extendido por todo el cuerpo, y ella necesitaba estar cerca del hospital donde la trataban.

La acompañaba a sus citas con el oncólogo y a las sesiones de quimio siempre que podía, y mi abuela y yo nos turnábamos para cuidarla.

Pero de nada sirvió. Mi madre falleció con tan solo cincuenta años. Me alegré de que hubiera podido estar presente en mi graduación y me viera conseguir mi primer trabajo en la oficina del sheriff de Laredo. Me dijo que se sentía muy orgullosa de todo lo que había logrado.

Su muerte fue el golpe más duro que jamás he sufrido, en parte porque estábamos muy unidos y porque siempre he visto a las mujeres de mi familia como fuentes de una fortaleza increíble.

Me sentía muy cerca de mi madre y de mi abuela, quienes nunca se perdieron ninguno de los partidos de beisbol o de futbol cuando estaba en el instituto. Mi abuela era la mujer más fuerte que he conocido jamás, el pilar de nuestra familia. Solo hablaba español y sabía unas pocas palabras en inglés, pero siempre se las arreglaba. Se llamaba Petra, aunque todos la llamaban Pete, incluso mi abuelo. Fumadora empedernida, medía uno setenta y tres y pesaba más de ochenta kilos. Nunca la vi sin un paquete de Winston, ni siquiera cuando tuvo problemas respiratorios y su médico le dijo que el tabaco iba a acabar con ella. Aseguró que jamás se tragaba el humo, pero todos sabíamos que no era cierto. Toda mi familia me rogó que no le comprara cigarrillos, pero ella me suplicaba y yo siempre claudicaba. Nunca pude decirle que no a mi abuelita.

Por eso mi hermano y yo la llamábamos así. Y cuando se trataba de nosotros, era la más bondadosa y comprensiva. Los mejores regalos de Navidad eran siempre los suyos. Cuando tenía siete años me compró mi primera bicicleta, una Texas Ranger roja con dos faros.

También estábamos muy unidos a mi abuelo, que tenía unos profundos ojos azules y era de constitución débil, la antítesis de mi fiera abuelita. Mi abuelo se llamaba Francisco, pero todos lo llamaban Pancho. A diferencia de mi abuela, era un intelectual, un buscador de títulos de propiedad que trabajaba para una empresa local encargada del catastro de inmuebles. Nunca bebió ni fumó, y era un maniático de la salud antes de que se pusiera de moda serlo. Su cena preferida solía ser una manzana hervida en un tazón de leche con muesli. Me preguntaba cómo y por qué se enamoraron, pues tenían personalidades muy opuestas. Cuando entraron a robar en su casa de Laredo, mi abuelo fue a cerrar todas las puertas y ventanas y luego buscó un sitio donde esconderse. Mi abuela se enfrentó a los bandidos con un martillo.

En Laredo, mi abuela, profundamente religiosa, abrió su casa a las reuniones de la iglesia y se convirtió en confidente del párroco local, que era español. Cada domingo por la tarde iba derecho a su casa a probar sus tamales, una especie de empanadas de masa suave rellenas de cerdo y una carne delicada, humeantes cuando se sacaban de sus envoltorios a base de maíz.

Mi abuela era una cocinera magnífica y jamás empleó un libro de recetas. Cada domingo, cuando era pequeño, hacíamos un trayecto de una hora en coche desde Hebbronville hasta Laredo para visitar a mis abuelos y deleitarnos con su cocina. Mi madre apreciaba sobremanera esas visitas y pasaba horas en la cocina preparando la comida con mi abuela. Su especialidad era el cabrito en su sangre. Mi madre, mi tía y mi abuela solían cruzar la frontera hasta Nuevo Laredo y traían una cabra recién sacrificada. Insistían en ver cómo mataban al animal y asegurarse así de que la sangre se envolvía en una bolsa de plástico aparte de modo que no pudiera contaminar la carne de la cabra, o mezclarse con la sangre de otra cabra que también podría haber salpicado la carne. Luego, la sangre se mezclaba con una salsa aromática a base de chiles anchos y verdes, ajo, comino y orégano. El aroma de la comida llenaba la cocina de mi abuela, y, tras horas de cocerse a fuego lento, el guiso ennegrecido colmaba los platos de loza encima de un humeante arroz mexicano. La comida siempre se acompañaba de tortillas de maíz caseras.

Me trasladé de buena gana a casa de mis abuelos cuando conseguí mi primer empleo en los cuerpos policiales de Laredo, en la oficina del sheriff del condado de Webb. Estaban tan contentos de que me mudara con ellos que me construyeron un anexo independiente en su casa, donde tenía mi propia habitación y mi baño.

Mi abuela les hablaba a todos con orgullo acerca de mi primer trabajo en la oficina del sheriff, pese a que no pasaba mucho tiempo persiguiendo a tipos malos en una de las regiones fronterizas más permeables y transitadas del país, donde en esa época los traficantes pasaban drogas de contrabando fácilmente desde México en los tráileres que obstruían los puentes a través del río Grande. En mi primer empleo de verdad en la policía, mis tareas principales eran limitadas y consistían básicamente en vigilar a los presos en la cárcel local. Había desde ladronzuelos hasta traficantes de drogas y políticos, que estaban acostumbrados a obtener todo lo que querían.

Los hermanos Aranda eran lo peor. Arturo Daniel Aranda y su hermano Juan José fueron probablemente los primeros narcotraficantes que conocí, y siempre me las hacían pasar negras. Eran muy violentos y no les importaba nada, quizá porque buscaban pasar el resto de sus días en prisión. He de admitir que casi todos los que trabajaban en la oficina del sheriff del condado de Webb los odiaban por haber matado a tiros a un joven agente del Departamento de Policía de Laredo. Pablo Albidrez Jr. respondió a una llamada, poco después de la medianoche del 31 de julio de 1976, de Candelario Viera, agente de narcóticos infiltrado que estaba siguiendo una vagoneta con placa de otra ciudad que se dirigía hacia las orillas del río Grande, un famoso punto de paso de drogas procedentes de México. A Viera le habían encomendado ayudar al grupo operativo de la DEA y vio cómo los hermanos Aranda cargaban costales de arpillera en la cajuela del coche. Los costales contenían más de doscientos veinte kilos de marihuana.

Viera, que conducía un coche camuflado, siguió a la vagoneta y llamó por radio para pedir ayuda. En un cruce de calles, la patrulla de Albidrez se detuvo con un chirrido frente a la vagoneta. Viera se detuvo detrás.

—¡Policía! ¡Bajen del vehículo! ¡Salgan del coche! —gritó Viera aferrando su Browning de 9 mm.

Pero no salía ningún sonido de la vagoneta y los dos agentes decidieron acercarse con cautela. Fue entonces cuando los Aranda empezaron a disparar a mansalva. Las balas silbaron en todas direcciones y superficies.

Cuando acabó el tiroteo y los agentes que llegaron al lugar de los hechos detuvieron a los hermanos —Arturo resultó herido en el hombro derecho y en la mano—, Viera miró hacia donde Albidrez estaba agachado delante de la patrulla, aferrándose el corazón. Le habían disparado directamente a su placa. Albidrez, de veintiocho años, murió camino del Hospital Mercy. Dejó una esposa joven y dos niñas pequeñas.

Otro hombre encarcelado mientras trabajaba por vez primera en la oficina del sheriff era el poderoso cacique de Laredo, J. C. «Pepe» Martin. Pepe Martin era una leyenda en Laredo. Su padre, J. C. Martin Sr., era un rico terrateniente que había sido elegido sheriff del condado de Webb. J. C. Jr. siguió los pasos de su padre en la vida pública y llegó a ser el principal «patrono», un jefe político demócrata que prometió empleo a cambio de votos y ejerció una autoridad casi absoluta. Ganó seis mandatos de cuatro años como alcalde y gobernó la ciudad entre 1954 y 1978, cuando decidió que ya estaba harto de la política y se negó a presentarse a otra legislatura. Pepe tenía grandes extensiones de tierra y no dudó en emplear trabajadores y maquinaria municipales para ocuparse de ellas. Un mes después de que el candidato reformista, Aldo Tatangelo, fuera elegido alcalde, Martin fue acusado por un gran jurado federal de fraude postal. Se declaró culpable y pagó una multa de mil dólares, además de doscientos dólares a la ciudad. También tuvo que cumplir una «pena de cárcel», durante la cual estuvo treinta fines de semana pasando el rato en la prisión.

A pesar de su condena, Pepe Martin siguió ejerciendo gran parte del poder en el sur de Texas. Mi trabajo consistía en llevarlo a una celda de la planta baja cada fin de semana después de que lo dejaran a las seis de la tarde los viernes. Pero tenía órdenes estrictas de dejarlo estar solo en la celda y no encerrarlo nunca. Era un hombre mayor, agradable y carismático, y salía y charlaba con nosotros durante el día. De hecho, conocía bastante bien el funcionamiento de la cárcel, y nos hacía la plática y se comportaba como un tipo normal. Cada domingo por la mañana, a las siete, un Suburban negro esperaba con el motor encendido fuera de la cárcel y yo se lo entregaba a su chofer. ¡Políticos en estado puro!

Cuando no estaba trabajando, cruzaba el río Grande hasta Nuevo Laredo e iba de bar en bar, donde no había límite de edad para beber y todo era mucho más barato que en el lado estadounidense. En los años setenta y ochenta no hacía falta pasaporte para cruzar la frontera, y la ciudad aún era relativamente segura. Una década después, la violencia a causa de las guerras contra el narcotráfico haría que muchos de los bares y restaurantes de Nuevo Laredo cerraran. La violencia fue impulsada por Los Zetas, una banda criminal compuesta en sus orígenes por desertores de las unidades de las fuerzas especiales del ejército mexicano. El grupo al final se convirtió en el brazo armado del Cártel del Golfo en los años noventa; asesinaban brutalmente a los rivales del grupo en una lucha territorial sangrienta y participaban en el tráfico sexual y los secuestros. Años después convirtieron Nuevo Laredo en casi una zona de guerra a medida que el grupo ganaba poder y luchaba por controlar las lucrativas rutas del narcotráfico. A mediados de los noventa, Los Zetas se hicieron con el control de numerosos negocios mexicanos. Muchos más tuvieron que cerrar a causa del «impuesto» que establecieron Los Zetas. Tras una serie de masacres en la ciudad, muchas empresas mexicanas acabaron trasladándose al otro lado de la frontera, a Laredo y San Antonio.

Pero mientras trabajaba en la oficina del sheriff, casi todos nosotros íbamos al lado mexicano por cerveza y fajitas, y pasé buena parte de mi tiempo en los bares y las discotecas. Estaba el Lion's Den, donde los removedores de bebidas de color dorado tenían una cabeza de león imperial. La discoteca estaba dirigida a chicos ricos del sur de Texas. Cerca, el Cadillac Bar ofrecía música en vivo y un menú más exclusivo. Fundado originalmente en Nueva Orleans, sus dueños trasladaron el restaurante a Nuevo Laredo durante los primeros días de la ley seca de 1920. Los adinerados narcotraficantes y los políticos de Laredo que frecuentaban el antro tenían una famosa porra del Super Bowl. Para participar había que pagar un mínimo de mil dólares por cabeza. Incluso a este precio, las participaciones en la porra siempre se agotaban enseguida. El lugar era demasiado opulento para mí, y la mayor parte de las veces mis colegas y yo nos íbamos a Boy's Town, el barrio chino, donde en las cantinas y en los burdeles cercanos servían la cerveza más barata.

Años después, cuando un maleante me apuntó a la cabeza con un arma, acabé salvando la vida gracias a los conocimientos adquiridos en los burdeles y bares de Boy's Town.

Cuando aún trabajaba en la oficina del sheriff, mi mejor amigo era Poncho Mendiola. Era mayor y se había jubilado del Departamento de Seguridad Pública de Texas. Al igual que yo, enseñó en la Universidad de Laredo, donde fue presidente del Departamento de Policía. Pasamos mucho tiempo juntos bebiendo cerveza y haciendo barbacoas. Los habitantes de Laredo se lamentaban de que tenían poco dinero, pero siempre parecían tener un refrigerador lleno de cervezas y un montón de fajitas en la parrilla. De hecho, la cerveza y la carne solían ser moneda de cambio en la frontera, donde existía un auténtico sentido de comunidad. Cuando abollé mi patrulla en más de una ocasión, Poncho me ayudó a arreglarla sin que mis supervisores llegaran siquiera a saberlo. Poncho y yo nos dirigimos a un antiguo taller, un lugar también frecuentado por la policía de Laredo. El propietario, Nando, arreglaba los coches oficiales y los de la policía a cambio de cerveza y filetes, que preparaban en la barbacoa allí mismo, incluso mientras reparaban el coche. Nando también hacía negocios con clientes habituales al cobrar de más a sus aseguradoras por el trabajo y luego le devolvía parte del dinero al cliente. El taller ya no existe; cerró tras la muerte de Nando.

Al menos durante un tiempo, sentí que había encontrado mi sitio en Laredo. Tenía mi propia casa, sin pagar renta. Entraba y salía cuando quería, y mi abuela me mimaba y me hacía mis comidas favoritas. También era mi guardiana, y cuando rompí con mi novia, mi abuelita demostró ser una ejecutora competente. Ahora me doy cuenta de que era un modo cobarde de tratar a las mujeres, pero en la cultura vaquera y machista del sur de Texas, no me lo pensé dos veces.

Aun así, mi abuela no podía solucionar todo en mi vida romántica. Y tal vez si lo hubiera hecho, nunca habría acabado presentándome a la DEA.

De hecho, acabé en la DEA por una mujer. Lo tenía todo listo para hacer lo correcto y casarme con mi novia en Laredo en 1982 cuando me dijo que estaba embarazada. Pero el día antes de nuestra boda, cuando me llamó y me dijo que le había venido la regla, recogí mis cosas y salí huyendo de Laredo.

Me subí a mi Chevy y me largué al despuntar el día, como un fugitivo, aterrado por si sus hermanos venían por mí. Esperé hasta que estuve a unas cuatro horas de la ciudad antes de llamarla y darle la noticia.

—¿Me vas a dejar? —dijo incrédula.

—Bueno, en realidad ya lo hice —contesté.

¡Qué bien me había manipulado! Incluso me había llevado a una clínica donde una enfermera me dijo que estaba embarazada.

Después de dejarla esperando en el altar, me convertí en una persona no grata en Laredo, donde su familia estaba muy bien relacionada. El amigo de mi exnovia era director de la Universidad de Laredo, donde yo aún enseñaba en el curso de Justicia Penal. Tras el suceso, me dijo que tenía que dimitir y abandonar Laredo porque ya no era un buen ejemplo para mis alumnos ni para la comunidad en general.

Capté el mensaje y empecé a buscar salidas.

Meses después presenté una solicitud para entrar en la DEA.

STEVE

Ya estaba harto del trabajo policial en un pueblucho, y, en los albores de una nueva década, también me vi luchando para mantener a dos hijos pequeños de un matrimonio condenado al fracaso.

En noviembre de 1981, pocos meses después de que naciera mi segundo hijo, Zach, y mi matrimonio se fuera definitivamente al traste, conseguí trabajo como agente especial en la Norfolk and Western Railway y me trasladé a Norfolk, a más de cinco horas en coche desde mi casa en Princeton.

Me pagaban el doble de lo que ganaba como policía en Bluefield. Tuve que recordarme cuánto dinero estaba obteniendo al final, porque, después de unos meses como policía ferroviario, me sentía fatal.

Desde que tengo uso de razón, había soñado con realizar un trabajo policial duro, hacer de topo para atrapar a *dealers* y otros malhechores. En ese momento me sentí como un guardia de seguridad glorificado, sentado en la entrada de un muelle multimillonario donde el carbón se cargaba en los barcos. Agradecía tener el empleo en el ferrocarril, pero no era en realidad lo que quería hacer.

A mi desdicha se sumó que acababa de conocer en Bluefield a la mujer de mis sueños —una enfermera apasionada por las motos y los coches deportivos— y en esos momentos no podía pasar tiempo con ella porque me encontraba muy lejos.

Antes de aceptar el trabajo de Norfolk, conocí a Connie; nos presentó un amigo común. Llegó a la comisaría con un grupo de mujeres cuando estaba haciendo uno de mis últimos turnos de noche para el Departamento de Policía de Bluefield. Me hallaba en la sala de reuniones esperando a pasar lista cuando el sargento de servicio llamó a nuestro teniente.

—Murphy tiene un cargamento de mujeres esperándolo en la rampa.

No consigo recordar las ocurrencias de los demás agentes en la sala, pero cuando llegué a la rampa supe por qué estaban todos celosos. Comprobé mi reflejo en una puerta de cristal y me pavoneé lo mejor que pude como un tipo duro hasta llegar al coche, un Chevy SS azul claro con unas bonitas ruedas y conducido por la mujer más hermosa que había visto jamás. Connie, enfermera titulada, tenía el pelo muy largo y estaba muy morena. Al igual que yo, se acababa de divorciar y hacía el turno de noche —en su caso, en el servicio de urgencias y en la unidad de traumatología del Hospital Myrtle Beach— y después pasaba gran parte de los días relajándose en la playa, motivo por el cual me pareció una belleza bronceada.

Después de empezar a salir juntos, me di cuenta de que era increíblemente mañosa con los coches y las motos. En esa época tenía una moto, y saber que ella también tenía una fue un gran atractivo. Como tipo al que le gustaban la aventura y las emociones, ¿cómo no iba a enamorarme de una mujer que tenía su propia moto?

Su fascinación por los coches y las motos seguramente le venía por haber crecido con dos hermanos mayores y porque su padre era mecánico. Siempre conducía deportivos muy bonitos; la mayoría se considerarían coches potentes, como el Chevy SS o el Chevy IROC. Y sabía cómo usar una llave inglesa, algo terriblemente poderoso y sexi. Un día, al volver a casa, me la encontré instalando unos altavoces nuevos en su coche, un elegante Camaro Z/28. El proyecto más que ambicioso implicaba extraer la salpicadera, una empresa que jamás habría pensado que pudiera hacer yo mismo.

Podía decir desde el inicio que a Connie le apasionaba su trabajo, motivo por el que pudo reconocer la misma pasión que yo sentía por el mío. Desde el principio le confié mi sueño de trabajar en serio como policía, cultivando informantes, e infiltrarme para capturar delincuentes, sobre todo los que traficaban con drogas. Soñaba con ser un agente especial de la DEA incluso antes de saber que existía ese puesto.

Antes de empezar mi carrera, había leído muchos libros y artículos sobre los agentes que trabajaban como topos en grupos y organizaciones. A mí eso me sonaba como un auténtico reto, y desde luego tenía que ser apasionante.

Además, había visto el daño y la devastación causados por estupefacientes ilegales, cómo las drogas se apoderaban de las vidas de quienes las consumían y cambiaban su personalidad, cómo podían pasar de tener una vida prometedora a una de sufrimiento y desesperación total. Igualmente importante era cómo perjudicaban a sus familias, amigos y demás personas que los rodeaban.

Las drogas han sido un problema en Estados Unidos desde

hace mucho tiempo, pero no fue hasta los años setenta cuando las autoridades federales decidieron ponerse duras y crearon un organismo encargado de velar por el cumplimiento de la ley y cuyo único objetivo era poner fin a la amenaza persiguiendo a los traficantes.

Los estupefacientes no eran algo nuevo en Estados Unidos. En los años treinta la heroína empezó a entrar en el país procedente del sur de Francia. La materia prima eran las adormideras cultivadas en Turquía y Extremo Oriente, que llegaban en barcos que atracaban en Marsella, uno de los puertos más activos del Mediterráneo. La heroína se producía en laboratorios clandestinos de la ciudad, y de su tráfico se encargaban gánsteres corsos y mafiosos sicilianos que formaron la denominada «conexión francesa». La heroína se enviaba desde Marsella a Nueva York en lo que hoy parecen cantidades curiosamente modestas. La primera gran redada de heroína tuvo lugar en Nueva York el 5 de febrero de 1947, cuando la policía incautó poco más de tres kilos de droga a un marinero corso.

Años más tarde, un congresista republicano de Connecticut empezó a dar la voz de alarma de que la heroína se estaba convirtiendo en un flagelo y estaba provocando un aumento de la drogadicción y la criminalidad en Estados Unidos. En abril de 1971 el representante Robert Steele empezó a investigar los informes sobre el aumento de la toxicomanía entre los soldados estadounidenses que regresaban de Vietnam. Los informes sugerían que entre el 10 y el 15 por ciento de los soldados de Estados Unidos eran adictos a la heroína.

Esos datos, acompañados del uso desmedido de marihuana entre los *hippies* contraculturales, alarmaron a muchos en los cuerpos de seguridad, que predijeron que se trataba tan solo de los primeros indicios de una futura epidemia. De hecho, la drogadicción estaba estallando en el país, ya que traficantes estadounidenses y sudamericanos empezaban a seguir a sus homólogos corsos y sicilianos con el fin de satisfacer la creciente demanda de marihuana, cocaína y heroína en Estados Unidos.

En este tenso ambiente, el presidente Richard Nixon declaró «una guerra sin cuartel a nivel mundial contra la amenaza de las drogas» y empezó el proceso de crear un organismo dedicado en exclusiva a combatir el narcotráfico. En el pasado, el Gobierno federal había recurrido a un sinfín de autoridades distintas que simplemente no podían hacer uso de la fuerza para llevar a cabo la guerra sin cuartel de Nixon, que declaró:

> Ahora mismo, el Gobierno federal está luchando en la guerra contra la drogadicción con una clara desventaja, ya que sus esfuerzos son los de una alianza débilmente confederada que hace frente a un enemigo mundial habilidoso y esquivo. Desde luego, las despiadadas redes del hampa que canalizan los estupefacientes procedentes de proveedores de todo el mundo no respetan las líneas divisorias burocráticas que hoy dificultan nuestros esfuerzos contra las drogas.

Nixon pidió un mando centralizado para abordar este azote. A tal efecto, la Agencia Antidrogas, un organismo federal dedicado a aplicar mano dura al uso de las drogas y a acabar con el contrabando de estupefacientes, se creó el 1 de julio de 1973 por medio de un decreto ejecutivo. Es evidente que había motivos ocultos en el interés de Nixon por las drogas, ya que luchó para distraer la atención de los medios de comunicación del escándalo que, con el tiempo, pondría fin a su presidencia. Pero en ese momento, la creación de un grupo federal de cuerpos de seguridad que actuaría como una potente fuerza de ataque parecía una buena idea.

Cuando no estaba trabajando, echaba de menos a Connie. Iniciamos una relación a distancia después de trasladarme a Norfolk y solo lográbamos vernos una vez al mes. Al final,

Connie consiguió un trabajo de enfermera en un hospital cercano a Virginia Beach para poder estar juntos. Fue la primera de muchas veces en que sacrificaría su carrera por la mía.

Después de unos dos años en la policía ferroviaria, presenté una solicitud para volver a mis raíces en los cuerpos policiales y regresé de nuevo a Bluefield. Tanto Connie como yo queríamos estar más cerca de nuestras familias. Pero el cambio de lugar no sirvió para hacerme sentir más feliz con mi trabajo, a pesar de que Connie logró encontrar un trabajo de enfermera en el cercano Hospital de Princeton. Aunque en realidad me encantaba trabajar con los demás agentes ferroviarios, que tenían un gran talento como investigadores, seguía trabajando en lo que consideraba un puesto sin futuro.

La primera vez que oí hablar de las iniciales DEA fue en una cafetería abierta toda la noche, delante de unos huevos y unas tazas de café solo que rellenaban sin cesar, después de finalizar un turno de noche en Bluefield. Entre bocado y bocado de huevos revueltos empapados en catsup, Pete Ramey, un colega de la policía ferroviaria, me habló de trabajar como encubierto para arrestar a narcotraficantes. Pete era un tipo grande e imponente de carácter tranquilo. Antiguo policía estatal en Virginia, había trabajado en estupefacientes en toda Virginia y como agente del grupo operativo de la DEA en Roanoke. Cuando Pete se unió a la policía ferroviaria, lo tomé bajo mi protección, y cuando empezamos a compartir los mismos turnos de noche, después de trabajar íbamos al Hardee's, donde lo acribillaba a preguntas sobre su pasado en estupefacientes. Seguramente le hice las mismas preguntas una y otra vez, pero siempre se tomaba su tiempo para responderlas y llenar las lagunas.

Más que nadie, Pete sabía que no me sentía feliz trabajando como agente ferroviario y empezó a animarme a que me presentara a la DEA. Al principio no pensé que algo así fuera una posibilidad para mí. Anteriormente había presentado la solicitud a otros dos puestos como agente de los cuerpos de seguridad federales y me desalentó que el proceso fuera tan insoportablemente lento. Siempre me desanimaba. Pero Pete insistía y me alentaba a acabar mis estudios universitarios para poder presentarme a un puesto en la DEA.

En la primavera de 1984 las cosas empezaron a mejorar. Connie y yo nos casamos en una ceremonia íntima rodeados de nuestros familiares y amigos más cercanos. Poco después del banquete nos fuimos de luna de miel, un crucero por el Caribe que salía desde Miami. Era la primera vez que volaba en un avión con más de un motor.

Cuando regresamos de nuestro viaje de novios y empecé a adaptarme a mis nuevas obligaciones —inspeccionar trenes cargados de mercancías en Bluefield—, un suceso de vida o muerte pondría de repente toda mi carrera en el punto de mira. Me forzaría a abandonar el camino seguro y me llevaría hacia lo desconocido, peligroso pero también emocionante.

Un sábado por la noche, mientras patrullaba por los terrenos de Norfolk and Western en el centro de Bluefield, comprobando los edificios y vehículos para asegurarme de que no habían asaltado ninguno, oí algo semejante al pum de un disparo y unos gritos débiles en la distancia. Al acercarme al tiroteo, vi a un policía de Bluefield agachado detrás de una patrulla. Tenía un arma en la mano que apuntaba al tercer piso del edificio que había justo delante de él, donde un hombre armado efectuaba disparos que sonaban como cañonazos. Reconocí el ruido sordo de una Magnum calibre 44 y vi las balas rebotar en la patrulla y pasar a solo unos centímetros del joven agente. Los gritos estaban más cerca en ese momento, y vi que procedían de un hombre tendido en la banqueta, una mancha oscura de sangre que se extendía por el concreto sobre el que yacía.

Corrí inmediatamente hacia el policía y le pregunté si estaban llegando refuerzos, pero era tan nuevo en el cuerpo que no había pensado en informar de su posición. Le dije que llamara por radio al Departamento de Policía antes de salir corriendo a ayudar al hombre herido. Lo arrastré hasta el hueco de una puerta para que estuviera fuera del alcance del tirador del piso de arriba. Luego intercambiamos unos disparos con el hombre armado del tercer piso.

Cuando llegaron los refuerzos, el agente de policía pudo convencer al tirador de que se rindiera, sin causar más lesiones. Más tarde ayudé a los inspectores a tomar declaración a los testigos en el lugar del delito. Pronto supimos que el hombre armado había regresado a su departamento y se había encontrado a su mujer con el hombre. Enfurecido, el marido había sacado su Magnum y disparado al otro hombre en el trasero mientras huía de la vivienda del tercer piso.

Regresé a la jefatura de la policía ferroviaria sobre las seis y media de la mañana, confiando en que había hecho lo correcto al ayudar a mi compañero en una situación potencialmente mortal. Me sentía orgulloso de mi intervención y procedí a informar al jefe de división acerca de mi participación en el tiroteo.

—¿Qué tenía que ver ese tiroteo con el ferrocarril? —me preguntó, cada vez más hostil, mientras trataba de explicarle que consideraba que era mi deber ir en ayuda de un compañero.

Era una regla no escrita: los policías que patrullan las calles se ayudan mutuamente, sobre todo si uno de ellos está en peligro de muerte. Los cuerpos policiales son una sociedad cerrada, una fraternidad muy unida pronta a protegerse.

Pero el jefe de división era un burócrata que jamás había salido a las calles. Enfurecido, no se tragó ninguna de mis explicaciones. Fue hasta nuestra comisaría y exigió que entregara mi arma, un revólver Smith and Wesson modelo 15 de cañón corto calibre 38/357. Antes de dárselo, extraje las balas del tambor, una práctica de seguridad habitual con cualquier arma de fuego.

El jefe se puso furibundo. Empezó a gritarme que no debería haber vaciado el cargador porque ahora no podría determinar cuántos disparos había hecho. Le pregunté si realmente pensaba que no había recargado mi arma tras haberme visto envuelto en un tiroteo. Después saqué los casquillos vacíos de mi bolsillo y se los entregué para que pudiera ver cuántas balas había disparado.

Me reprendió durante unos quince incómodos minutos. Pero me mantuve en mi posición y le dije que, si las circunstancias fueran las mismas, actuaría exactamente del mismo modo, que nunca dejaría a un compañero que está en peligro. Y lo mismo puede decirse de casi cualquier otro agente de la policía ferroviaria que trabaje en Bluefield, al igual que en todo el país.

Fue entonces cuando me amenazó con «arruinar mi trabajo» después del suceso.

Ya había decidido que mi tiempo en el ferrocarril se había terminado. Más tarde me interrogaron los inspectores del Departamento de Policía de Bluefield, además de la cúpula policial de Norfolk and Western, sobre mi participación en el tiroteo. Por fortuna, esos superiores habían sido patrulleros antes de ser policías ferroviarios y lo comprendieron. El Departamento de Policía de Bluefield estaba tan contento conmigo que me concedió un reconocimiento al valor y por acudir en ayuda de un compañero.

Claro está, al jefe de división no le gustó el modo en que salió todo.

Después del tiroteo, decidí al fin que ya había tenido bastante como policía de una ciudad pequeña... otra vez. Seguí intentando terminar la universidad, que había abandonado durante mi primer matrimonio y el nacimiento de mis hijos. Cuando por fin me gradué y obtuve mi título en mayo de 1985, envié de inmediato la solicitud para convertirme en agente especial de la Agencia Antidrogas.

Esperé y esperé a que llegara una respuesta. No sabía que tardaría dos años.

Me quejé, reclamé. Llamé a la sede central de la DEA infinidad de veces. Y también me reuní con Pete. Me escuchó y nunca dudó en animarme, siempre entusiasmado con la carrera que sabía que me estaba esperando a la vuelta de la esquina.

Supe que un antiguo compañero de clase de la universidad, Dave Williams, estaba trabajando como agente de la DEA en Miami. Dave y yo habíamos hecho juntos el primer examen para la policía en 1975. Mientras yo me fui a trabajar a la policía municipal, Dave prefirió hacerlo en el departamento del sheriff. Tras algunos años ahí, se trasladó a Charleston, en Carolina del Sur, donde llegó a ser un agente de policía con numerosas condecoraciones. Llamé a Dave a Miami para ver si podía aconsejarme qué hacer. Como viejo amigo que era, Dave me apoyó mucho, pero no estaba en condiciones de ayudarme con la tramitación de mi solicitud.

Me entró el pánico. Y después de esperar más de dieciocho meses tras el envío de mi instancia, decidí ir en coche hasta la oficina de la división de la DEA en Washington D. C., resuelto a hablar personalmente con el responsable de la contratación de la agencia.

El agente especial Charlie West me atendió en la recepción con una expresión de desconcierto.

—¿Tiene usted cita? —me preguntó.

Le solté que tenía muchas ganas de trabajar en la DEA y que había corrido el riesgo de encontrarlo en la oficina porque no tenía noticias de la agencia. Era evidente que Charlie estaba sorprendido. Tal vez pensó que era un imbécil por haber conducido hasta tan lejos —había más de cinco horas desde Bluefield hasta Washington— por si él estaba allí.

Hay que reconocer que Charlie comprobó mi situación y volvió para decirme que mi solicitud aún se estaba tramitando. Me dijo que vería qué podía hacer para acelerar las cosas y me marché.

Pocas semanas después recibí una llamada de Charlie, que me dijo que regresara a Washington a hacer una entrevista. Estaba exultante, pero creo que Pete estaba aún más contento por mí. La entrevista salió bien, y Charlie inició el proceso de investigación, una de las primeras trabas para ser aceptado en la elitista agencia federal.

Pero, pasados unos meses, recibí una carta impactante de la DEA que decía que habían rechazado mi solicitud por motivos médicos.

Muchos años antes había tenido problemas con una úlcera de estómago. A pesar de que no había tenido molestias durante años, eso bastaba para impedirme ser un agente. Huelga decir que estaba completamente hundido, y de nuevo fue Pete quien acudió en mi ayuda. Pensé también en mi padre y en su deseo de entrar en el ejército, unas ganas tan acuciantes que lo llevaron a hacer trampas en la revisión oftalmológica. Durante algo más de una fracción de segundo pensé en hacer lo mismo, pero al final no tuve necesidad.

Pete me dijo que la DEA tenía un proceso que me permitía impugnar su decisión. Y después de hablar con el médico de la DEA en la sede central de la agencia, fui a ver a otros dos doctores y me sometí a la revisión que pedían; envié los resultados a la agencia y les pedí que reconsideraran mi solicitud.

En mayo de 1987 me trasladé de nuevo a Norfolk desde Bluefield con la policía ferroviaria. Apenas llevaba un par de semanas cuando, a principios de junio de 1987, por fin recibí la llamada telefónica de la oficina de contratación de la DEA, en la que me felicitaban por haber sido aceptado como candidato a los cursos de capacitación para ser agente especial y me preguntaban si podía presentarme en las oficinas de la DEA en Charleston, Virginia Occidental. Una semana después acudiría a la Academia de Formación de la DEA, situada en la base de Infantería de Marina de Estados Unidos en Quantico, Virginia. No lo dudé. Cuando llegó esa llamada, acepté de inmediato y me comprometí a presentarme en Charleston la siguiente semana. Después de llamar a Connie, presenté mi dimisión en el ferrocarril, recogí todo en el departamento provisional que había alquilado en Norfolk y volví a Bluefield. Por suerte, todavía me quedaban tres semanas de vacaciones con el ferrocarril y las empleé en notificar mi renuncia.

Al final, estaba tan convencido de que me aceptarían en la DEA que me había negado a firmar el contrato.

JAVIER

Hice los cursos de formación de la DEA en el Centro de Capacitación para Cuerpos Federales de Seguridad en Glynco, unas instalaciones de seiscientas cincuenta hectáreas al sudeste de Georgia, entre Savannah y Jacksonville, Florida. Fue en la primavera de 1984, y la epidemia de crack estaba empezando a extenderse por Estados Unidos. De la noche a la mañana parecía que las drogas estaban por todas partes.

No podía dejar de pensar en esto cuando comencé el programa intensivo de dieciocho semanas que me convertiría en un soldado de élite en la guerra de Estados Unidos contra las drogas.

Esas semanas en el campo de adiestramiento de la DEA fueron las más duras que he vivido jamás, mucho más difíciles que la formación que tuve que realizar para obtener la acreditación para la oficina del sheriff del condado de Webb en Laredo. Para empezar, los instructores del Centro de Capacitación para Cuerpos Federales de Seguridad (FLETC) eran todos agentes veteranos, procedentes del FBI y de la DEA. No se andaban con rodeos. Si reprobabas dos exámenes, se limitaban a echarte.

Vivíamos en una especie de departamentos, con cuatro hombres en cada uno. Nosotros cuatro pronto nos hicimos amigos y nos cuidábamos mutuamente. Nos ayudábamos con los estudios por las noches, algo que se convirtió en una verdadera disciplina después de una jornada de ejercicio agotador y «prácticas», situaciones hipotéticas en las que participaban actores profesionales, que se suponía servían para enseñarnos técnicas básicas de vigilancia. Las prácticas empezaron siendo fáciles, pero los casos eran cada vez más complejos. Cada caso práctico era distinto, y cada agente sería asignado como el agente al mando que nos prepararía para situaciones en el mundo real. Había siempre mucha presión, porque los instructores te podían enviar a casa en un santiamén por fallar.

Uno de mis compañeros de departamento —un abogado criado en una familia adinerada de Nueva York— empezó con mal pie con uno de los instructores. Al agente no le cayó bien desde el principio y se encargó de amargarle la vida. Lo animamos a que no tirara la toalla, y al final terminó el programa. Pero de regreso a Nueva York tras varios meses en la DEA, se dio cuenta de que la agencia no era para él.

Durante la formación, nunca salí de la base. La mayor parte del tiempo vivía con un nudo en el estómago debido a los numerosos exámenes y a las prácticas, que duraban hasta las diez de la noche todos los días, tras las cuales había que volver a la habitación y estudiar para el siguiente. Fue la primera vez en mi vida que me preocupó pensar que simplemente no estaba hecho para este tipo de trabajo en los cuerpos de seguridad. De hecho, en nuestra clase, compuesta por cuarenta y cinco alumnos, solo un tercio aprobó. Muchos tan solo reprobaban o abandonaban por propia iniciativa cuando las cosas se ponían difíciles. Estudié mucho e intenté mantener una actitud positiva, porque los instructores parecían estar pendientes de cada uno de nuestros movimientos y estado de ánimo.

Cada domingo llamaba a mi padre a Hebbronville y le contaba cómo había ido la semana. Hablar con él sobre la instrucción y cómo iban las cosas en el rancho me tranquilizaba y me daba la confianza necesaria para afrontar una nueva semana agotadora de exámenes y actividad física.

Una de las cosas que me gustaban era el comedor comunitario, abierto a los alumnos de distintas agencias federales. Nunca había visto tanta comida en mi vida: mesas llenas de ensaladas, bandejas humeantes de puré de papa, verduras, pollo asado y carne. Incluso con tanta comida, conseguí perder peso. Llegué a la academia con noventa kilos y salí con ochenta y uno.

La última semana en el centro supe que había aprobado, y recuerdo que el coordinador de estudios me dijo que lo había hecho bien y que estaría entre el primer tercio de mi clase.

Nadie vino a mi graduación. Las familias y las esposas de muchos hombres estaban en la ceremonia, pero yo estaba soltero, y para mi familia era demasiado complicado viajar desde Texas. A pesar de todo, me sentí en la cima del mundo cuando me dieron mis nuevas credenciales y un arma, y no podía esperar a enseñarlas con orgullo.

Mostré rápidamente mi nueva y brillante placa de la DEA en el pequeño aeropuerto de Brunswick, Georgia, cuando me registré para mi vuelo de regreso a Texas. Pero supongo que no fui el primero en tener esa idea. Con los años, seguro que el personal del aeropuerto ha tenido que tratar con cientos de nuevos miembros de la DEA y el FBI que se dirigían a casa después de su formación.

En cualquier caso, me sentí muy decepcionado cuando, al sostener mi placa en el momento de registrarme, nadie se molestó en admirarla.

STEVE

Tras realizar los trámites burocráticos en Charleston, me dirigí en traje y corbata a Quantico. O, para ser más precisos, mi traje iba en una funda en el coche mientras conducía quinientos kilómetros hasta la Academia de Formación de la DEA. No hay nada que odie más que llevar traje y corbata. El saco me recuerda a una camisa de fuerza, por lo que me resulta difícil mover los brazos. La camisa almidonada es como un cartón que me corta la piel, y la corbata es, en una palabra, asfixiante.

Pero era un agente básico en prácticas, recién estrenado, y el manual de adiestramiento indicaba que debíamos presentarnos en atuendo formal. En la última salida antes de Quantico, me paré en un McDonald's a ponerme el traje y después hice los últimos kilómetros hasta la academia. Cuando llegué a la base de Infantería de Marina de Estados Unidos, que sería mi hogar durante las siguientes trece semanas, observé que había muchos otros agentes básicos en prácticas en jeans y pantalones cortos. Inmediatamente les dijeron que se marcharan y volvieran con la vestimenta adecuada.

Había entrado en el firmamento de la DEA y estaba dispuesto a seguir todas las normas, pese a que echaba muchísimo de menos a Connie y no me llevaba bien con uno de los tres supervisores que me asignaron. Llevaba dos semanas en la academia cuando recibí una llamada urgente de Connie en la que me decía que mi padre había sufrido un infarto y que el pronóstico no era bueno. El médico sugirió que los familiares que quisieran ver a mi padre debían hacerlo de inmediato.

Durante las primeras cinco semanas de formación de la DEA, a los agentes básicos en prácticas no se nos permitía abandonar la academia, incluso los fines de semana. Para salir, necesitaba obtener un permiso de los supervisores y del personal de la academia. El único supervisor disponible ese viernes por la noche fue el que intentaba evitar debido a su carácter mordaz. Cuando me acerqué y le conté mi situación familiar, fue duro, como era de esperar.

—Tengo un agente en pañales que no es capaz de solucionar sus propios problemas, así que ¿qué esperas que haga? —me preguntó.

Me sorprendió, pues pensé que había ingresado en el cuerpo policial más elitista del planeta, la mayor fraternidad en la que los agentes eran duros pero amables y se protegían mutuamente.

Incluso después de explicarle la grave situación de mi padre, el supervisor siguió impasible, pero al final me dio la autorización para ir a Princeton. Al día siguiente, justo antes de ir al hospital a visitar a mi padre, recibí una llamada de mi supervisor habitual en la que me preguntaba cómo estaba mi padre y si había algo que pudiera hacer por mí y por mi familia. Como supe más tarde, esto era más acorde con la DEA solidaria que había soñado. Mi padre superó ese infarto y vivió varios años más antes de sucumbir finalmente a otro ataque al corazón.

Nuestras semanas en las aulas consistían en repasar el código federal de Estados Unidos referente a las infracciones relacionadas con estupefacientes, los estatutos sobre el lavado de dinero, redactar informes e identificar las drogas, además de hacer pruebas y tratar con los informantes. También había cursos de armas de fuego y preparación física, que se tomaban muy en serio en la academia. Aprendimos a manejar armas y nos concentramos en la puntería y en cómo atacar varios objetivos. Practicamos asimismo cómo usar los objetos a nuestro alcance a fin de protegernos de los ataques y cómo lidiar con armas defectuosas.

Después de casi doce años como policía, era un buen tirador. Había ganado reconocimiento en varias competiciones del estado y a nivel nacional, y cuando estaba en la academia, los instructores me pidieron que trabajara con algunos de los demás agentes básicos en prácticas que tenían problemas para cumplir las normas de la DEA en lo relativo a armas de fuego.

Cada miércoles a última hora de la tarde se celebraba la Noche de Enriquecimiento del Agente, en la que los alumnos tenían que ir a cenar con atuendo formal y siempre iba seguida de una charla de un ponente invitado en el auditorio. Era también una noche de carne y vino, que hacía llevadero vestir de traje. El único problema era que el comedor estaba situado encima de la sala de limpieza de las armas de fuego y el olor asquerosamente dulce y alcohólico del disolvente Hoppe impregnaba todo lo que comíamos.

Poco antes de la graduación, se esperaba que los agentes en prácticas asistieran a la ceremonia donde se anunciaban sus nuevos destinos. La ceremonia tiene lugar en un aula, donde se pide a cada uno de los alumnos en prácticas que vayan al frente de la sala y se les pregunta adónde les gustaría ser destinados y dónde creen que acabarán, antes de que uno de los instructores les entregue un sobre cerrado. El sobre se abre delante de toda la clase. Es otra ocasión en la que, por desgracia, se exige ir trajeado.

Al principio de la formación se solicita a cada alumno que envíe una lista de preferencias con las cinco dependencias de todo el país en las que les gustaría trabajar. En mi lista estaba Norfolk, Virginia; Wilmington, Carolina del Norte; Charleston, Carolina del Sur; Jacksonville, Florida, y Miami, Florida.

Los alumnos tienen que firmar un acuerdo de movilidad donde se dice que estás dispuesto a que te destinen a cualquier lugar de Estados Unidos, a discreción de la DEA.

Cuando llegó mi turno, me levanté y dije que me encantaría ser destinado a Norfolk, pero que era probable que me enviaran a Jacksonville.

Sudando, y con el corazón latiéndome a mil por hora bajo mi camisa blanca almidonada, abrí el sobre y leí: «Miami».

Más tarde ese mismo día llamé a Connie y le conté lo de mi nuevo destino. No puedo decir que ninguno de los dos estuviera entusiasmado. No al principio. Nos preocupaba estar tan lejos de nuestras familias, pero no teníamos otra elección. Una vez más, Connie dejaría su trabajo para seguirme. No teníamos ni idea de que era un sacrificio que continuaría durante los siguientes veintiséis años.

Irse a la otra punta del país puede parecer rutinario para muchas personas cuyos trabajos les exigen trasladarse constantemente, pero como pronto aprendería, ser agente de la DEA no es un trabajo, es un modo de vida. Exige muchas horas laborales y fuera de casa, con jornadas que van de las doce a las veinte horas, o incluso más. Los agentes hacen muchos sacrificios para acabar el trabajo, que a cambio a veces requiere todavía mayores sacrificios por parte de sus familias. Se necesita una esposa fuerte para aguantar la cantidad de horas que el agente está fuera, llevar la casa, ir detrás de los niños y sus actividades, y conservar su propia profesión. Ya sabía que los matrimonios de muchos agentes acababan en divorcio a causa del estrés y la presión en las familias por las exigencias que suponía ser un agente competente. El estrés se añadía a la preocupación por la seguridad del agente al trabajar en uno de los puestos más duros de los cuerpos de seguridad. Sabía que pasaría largos periodos fuera de casa, que Connie seguramente tendría que abordar muchas cosas sola.

Pero mientras hablábamos por teléfono sobre la aventura que teníamos por delante, ninguno de los dos podía en verdad controlar lo que nos esperaba. Esa única palabra —Miami— nos golpeó suavemente, como una cálida brisa marina. Nos mudaríamos a Miami y nos pondríamos manos a la obra.

Mi padre estaba demasiado enfermo para asistir a mi graduación en la Academia de Formación de la DEA, pero Connie acudió con sus padres. En la ceremonia, después de los discursos y las bromas, prometí apoyar y defender la Constitución, hacer cumplir las leyes sobre drogas y proteger a Estados Unidos contra los enemigos nacionales y extranjeros.

Embutido en mi traje de lana y mi camisa blanca almidonada, me percaté de que levanté la mano derecha con una nueva sensación de libertad y destreza de movimientos. Después de trece semanas del adiestramiento más duro que había conocido jamás, había perdido once kilos, y el único traje que tenía me quedaba demasiado grande. Pero cuando aferré mi placa, nueva y resplandeciente, debo admitir que nunca me había sentido tan cómodo en mi propia piel.

JAVIER

Me dirigí a la oficina de la DEA en Austin, Texas, pero antes tenía que solucionar algunos asuntos inconclusos en Laredo, adonde regresé después de mi formación en la DEA.

Mi primer trabajo en estupefacientes fue en la frontera internacional, un lugar que llegué a conocer bien como policía. Pero entrar en el mundo turbio y clandestino de los traficantes de drogas y los informantes colaboradores me desconcertó. En ocasiones, no era fácil saber quiénes eran los malos y quién estaba de tu parte.

Por ejemplo, estaba Guillermo González Calderoni, jefe de la Policía Judicial Federal de México, un organismo más o menos equivalente al FBI. Calderoni era conocido como el Comandante y seguramente era el policía con más poder en México. Pero parte de su éxito en capturar a algunos de los miembros más importantes del cártel de la droga de México reside en sus profundas relaciones con los delincuentes. El Comandante era especialmente hábil en jugar a enfrentar ambos bandos para su propio enriquecimiento personal. Creció con José García Ábrego, hermano de Juan García Ábrego, que era el capo del Cártel del Golfo, y lo consideraba un amigo. Claro está, todo esto salió a la luz mucho después, cuando los agentes federales estadounidenses descubrieron que, mientras él iba detrás de algunos de los mayores traficantes de la época y trabajaba como informante para la DEA, también protegía a otros, hasta el punto de cobrar millones por preparar el asesinato de capos de la droga rivales.

Me reuní con Calderoni varias veces cuando era un joven policía y más tarde como agente de la DEA y nunca confié en él. En 1993, lo echaron de México acusado de ayudar a enviar drogas a Estados Unidos. Calderoni huyó por la frontera, donde convenció a un juez federal de Estados Unidos para que denegara la petición de extradición de México por las acusaciones de tortura, enriquecimiento ilícito y abuso de poder. Calderoni, que al final se instaló en una zona residencial protegida en la ciudad fronteriza de McAllen, Texas, acusó al expresidente mexicano Carlos Salinas de Gortari y a su hermano Raúl de hacer negocios con los mayores narcotraficantes del país. También acusó a Salinas de ordenar el asesinato de dos políticos rivales durante la campaña presidencial de 1988. El expolicía de cincuenta y cuatro años pasó a ser un hombre señalado y, en 2003, fue asesinado de un solo tiro mientras iba al volante de su Mercedes-Benz plateado frente a la oficina de su abogado en McAllen.

Como dije, nunca confié en Calderoni, y mi instinto me decía que me mantuviera lejos de él, a pesar de que era el jefe de la policía de México. Pero en mi primer trabajo encubierto no podíamos eludirlo. Al menos mis compañeros de esa época necesitaban obtener su colaboración para arrestar a un traficante de heroína en Nuevo Laredo. En ese primer cometido, Raúl Pérez y Candelario Viera (todos lo llamábamos Candy) eran mis compañeros. Eran los mismos tipos que se habían visto implicados en el tiroteo con los hermanos Aranda cuando me incorporé la primera vez a la oficina del sheriff del condado de Webb. Tanto Candy como Pérez eran tenaces, policías sensatos que habían trabajado en algunas de las mayores incautaciones de drogas en la frontera. Al llevar más de una década en la DEA, conocían la identidad de cada uno de los narcotraficantes que operaban en el confín y sabían quién estaba colaborando con los federales mexicanos. Tal vez eran sabedores incluso de las despreciables conexiones de Calderoni, pero no estaban dispuestos a delatarlo, ya que sabían que necesitaban su colaboración para casi todo.

No me avergüenza admitir que estaba nervioso mientras cruzábamos la frontera a Nuevo Laredo, donde tenía que encontrarme con el objetivo. A pesar del poco tiempo que había estado apartado de la oficina del sheriff, la ciudad fronteriza que tan bien había llegado a conocer era un ir y venir peligroso. En pocos años, la violencia del narcotráfico acabaría reduciéndola a una ciudad casi fantasma. Los Zetas estaban consolidando su control, y su capo, Heriberto Lazcano, trataba con dureza a sus rivales. En una ocasión envió a Miguel Treviño Morales, a quien conocíamos como Z-40, un informante federal y uno de los miembros más despiadados del grupo, a liquidar a sus rivales en Guatemala. En México, Z-40 era el responsable de la masacre de cientos de personas. En algunos casos obligaba a sus víctimas a luchar entre ellas hasta la muerte. A otros los sometió al famoso guiso, que consistía en tirarlos en tinas de aceite y luego empaparlos con gasolina antes de prenderles fuego.

En el sombrío mundo en que vivía en ese momento, había pocas formalidades y escaso respeto a las normas. Me sorprendió ver que parecía que estuviéramos quebrantando la ley al pasar a México —¡otro país!— sin ninguna de las autorizaciones necesarias. Candy, Pérez y yo nos limitamos a pasar en coche por el puente hasta Nuevo Laredo sin obtener de las autoridades federales de Ciudad de México ninguno de los permisos que exigía el país, que, en esa época, implicaba redactar un teletipo y esperar su visto bueno, un proceso que solía tardar unos días. Pero Candy y Raúl tenían amigos entre los federales mexicanos en la ciudad y simplemente se coordinaron con ellos. Y como yo era nuevo en la DEA y los narcotraficantes en el lado mexicano no me conocían, era el agente perfecto para llevar a cabo la operación. Como parte de su trampa, tenía que hacerme pasar por un comprador de heroína. Su informante le dijo al delincuente que yo tenía el dinero en efectivo para el trato. Poco antes del engaño, nos reunimos con el comandante de la policía federal mexicana y le informamos de la operación. Luego nos dirigimos a un restaurante mugriento, un Church's Chicken, donde esperé a mi objetivo. Cinco minutos después de sentarme en una mesa, un señor atractivo y muy cordial de sesenta y tantos años se presentó ante mí. Me preguntó si era Juan —mi nombre encubierto— y cuando le dije que sí, me hizo un gesto para que saliera con él del restaurante, donde me mostró una bola que parecía alquitrán negro. Recogí la heroína y le dije que el dinero estaba en mi coche. En ese momento, seis agentes de la policía federal mexicana lo rodearon y lo detuvieron sin ningún incidente. Sentí lástima por el anciano. ¿Qué hacía un hombre respetable y aparentemente bien educado vendiendo heroína en un restaurante de comida rápida en la frontera mexicana?

De regreso en Laredo, los agentes federales mexicanos llamaron y dijeron que la heroína que habíamos decomisado era pura, y me felicitaron por el buen trabajo.

No hace falta decir que estaba feliz de que todo hubiera salido bien, pero, a decir verdad, también estaba bastante asustado.

Mientras conducía hacia Austin y hacia mi nueva vida como agente especial de la DEA, tenía la sensación de que había emprendido un oscuro viaje hacia un país nuevo y desconocido, habitado por agentes encubiertos, informantes confidenciales y una sopa de letras de extraños acrónimos que aprendería sobre la marcha.

No tenía mapa para guiarme y no había modo de saber en qué lado estaban los demás.

SEGUNDA PARTE

STEVE

Gran parte de lo que sabía acerca de Miami lo aprendí viendo episodios de *Miami Vice*.

Y cuando supe que la DEA me enviaba al sur de Florida como primer destino, bromeé con mis amigos policías y les dije que iba a ser el nuevo Sonny Crockett, el atractivo detective del Departamento de Policía Metro-Dade interpretado por un elegante Don Johnson en la serie de televisión.

Aficionado a los sacos de lino sueltos y a su Ferrari Daytona Spyder negro de 1972, Crockett trabajaba como encubierto persiguiendo a los traficantes de drogas colombianos. *Miami Vice* siguió las hazañas de Crockett y su compañero, un expolicía de Nueva York llamado Ricardo «Rico» Tubbs, interpretado por Philip Michael Thomas. Por supuesto, sabía que muchas de las series no eran veraces, pero aun así me entusiasmaba la emoción, el conflicto entre los personajes y el ambiente tropical de la ciudad. En el fondo de mi mente, soñaba con la intensidad de ser policía de narcóticos infiltrado en el sur de Florida y con los retos de enfrentarme a algunos de los mayores narcotraficantes del mundo. Pero sinceramente no pensé que algún día sería realidad.

Cuando se estrenó *Miami Vice* en televisión en 1984, la cocaína ya estaba en pleno auge en Estados Unidos, y la drogadicción se estaba convirtiendo en una epidemia nacional. Dos años antes, el entrañable actor y cómico John Belushi murió después de inyectarse una mezcla de heroína y cocaína en su bungaló del Chateau Marmont, en Los Ángeles. Tenía treinta y tres años.

Pero la cocaína no estaba reservada únicamente a los famosos y los ricos. En la época en que murió Belushi, el crack —la forma de cocaína más barata y fumable— estaba empezando a extenderse por los barrios marginados de Estados Unidos, lo cual propiciaba un aumento de la criminalidad y las muertes por sobredosis. Elaborado con residuos de cocaína, agua y bicarbonato sódico, una sola dosis se podía adquirir en la calle por dos dólares y medio. El crack hizo estragos en comunidades enteras. Según las propias estadísticas de la DEA, las urgencias médicas relacionadas con el crack aumentaron un 110 por ciento en 1986, y pasaron de 26 300 a 55 200 en todo el país.

A principios de los años ochenta la producción de cocaína estaba por las nubes. De acuerdo con los datos de la Inteligencia Antidrogas de la DEA, la producción y distribución de cocaína había crecido un 11 por ciento. A comienzos de 1984 el suministro de cocaína en el mercado estadounidense era tan abundante que hubo importantes caídas de precios. En los primeros meses del año, el precio por kilo era de dieciséis mil dólares en el sur de Florida y de treinta mil en Nueva York.

Pero los precios pronto aumentaron cuando el suministro se interrumpió temporalmente tras una de las mayores redadas en la historia de la DEA. En marzo de 1984, la Policía Nacional de Colombia, con la ayuda de la DEA, asestó un golpe histórico a la producción y distribución de cocaína en Colombia con la destrucción de Tranquilandia, un complejo de diecinueve laboratorios de cocaína y ocho pistas de aterrizaje inmersas en la selva cerca de Caquetá. El vasto campamento, con alojamientos de lujo y comedores para cientos de trabajadores, fue una obra conjunta de José Gonzalo Rodríguez Gacha, la familia Ochoa y Pablo Escobar, todos ellos nombres que oí por vez primera en Miami. En aquel momento no lo sabía, pero años más tarde me obsesionaría con todos ellos.

Policías colombianos encubiertos y agentes de la DEA encontraron el complejo en la selva, que estaba vigilado por paramilitares armados hasta los dientes, después de colocar dispositivos de localización satelital en tanques de éter adquiridos a través de un distribuidor de productos químicos de Nueva Jersey en 1983. El éter es una importante sustancia química en la transformación de las hojas de coca en cocaína, y los delincuentes estaban comprando cantidades ingentes y las estaban transportando a las profundidades del interior de Colombia. Durante la redada en Tranquilandia, los cuerpos policiales detuvieron a cientos de trabajadores e incautaron 13 800 kilos de cocaína, con un valor en la calle de más de mil doscientos millones de dólares. A pesar de la magnitud del alijo, apenas hizo mella en las ganancias del Cártel de Medellín, que se calculaban en más de veinticinco mil millones a mediados de los ochenta.

En realidad, mis jefes de la DEA no me dieron instrucciones previas acerca de Miami antes de que empezara mi nuevo cometido en noviembre de 1987. Por lo general, todos los agentes reciben la misma formación y se espera que sean capaces de operar en cualquier lugar de Estados Unidos. Antes de llegar a un nuevo puesto, los agentes y los analistas no saben a ciencia cierta qué casos les asignarán para trabajar en ellos. Cuando llegas a una nueva ciudad, intentas ubicarte y ayudar a que tu familia se instale. Luego se espera que te pongas en marcha ya. Aunque tal vez hubiera sido un poco ingenuo acerca de las distintas culturas y mis conocimientos sobre Estados Unidos fueran escasos más allá de mi propia ciudad natal, tenía experiencia en la policía.

Aun así, Miami me resultaba exótica, impregnada de un aire de misterio. Solo había estado en las zonas turísticas de la ciudad, con sus pintorescas casas de color pastel y palmeras imperiales, en mi luna de miel, y en una ocasión había pasado algunos días en Fort Lauderdale durante unas vacaciones de primavera con un grupo de amigos de la fraternidad. Gran parte de lo que sabía sobre Miami —un centro del comercio de cocaína y marihuana desde Sudamérica y el Caribe— lo había aprendido a través de la prensa y la televisión. Al igual que muchos estadounidenses, Connie y yo veíamos en el cine y en la televisión el cruento espectáculo de los narcotraficantes colombianos y cubanos, adictos a la cocaína, luchando por su dominio y lanzándose mutuamente ráfagas de ametralladora en las esquinas de Miami. Antes de nuestra llegada a la ciudad, a menudo nos preguntábamos si era real o producto de una elaborada ficción.

¿En verdad los narcotraficantes amenazaban a sus rivales con sangrientas motosierras, como hacían en *Caracortada*, de Brian De Palma? La película, estrenada en 1983, seguía las violentas aventuras del exconvicto y refugiado cubano Tony Montana, que llega a Miami como parte del infame éxodo del Mariel, testigo de la migración de casi 125 000 cubanos hacia el sur de Florida entre abril y septiembre de 1980. El éxodo comenzó después de que un conductor de autobús lo empotrara contra las rejas de la embajada de Perú en La Habana y miles de posibles refugiados rodearan su recinto en busca de asilo para escapar del régimen comunista represivo de Fidel Castro. Enfrentándose al motín, Castro fue más hábil que nadie y anunció que los cubanos que desearan abandonar la isla podían reunirse en el puerto de Mariel, a treinta y dos kilómetros al oeste de La Habana. Barcos repletos de refugiados navegaron hasta Key West y se apoderaron del sur de Florida. Entre ellos se encontraban delincuentes convictos que Castro liberó de las cárceles de la isla. También había pacientes de manicomios que estaban tan aturdidos al llegar a Key West que muchos ni se enteraron de que estaban en otro país.

Los refugiados supusieron unos diez mil asesinos y ladrones más para el sur de Florida, según los oficiales de la Unidad de Homicidios del Departamento de Policía de Miami. Entre enero y mayo de 1980, la unidad registró setenta y cinco asesinatos. Tras la llegada de los marielitos, hubo ciento sesenta y nueve asesinatos en los últimos siete meses del año, según datos policiales. En 1981 Miami era la ciudad con la mayor tasa de homicidios en el mundo, y prácticamente todos en Estados Unidos sabían lo peligroso que se había vuelto el sur de Florida. Se amontonaron tantos cuerpos en la ciudad como resultado de la escalada de las guerras de la cocaína que el depósito de cadáveres de Miami no daba abasto, y el instituto anatómico forense acabó alquilando una camioneta frigorífica para lidiar con el exceso. En escenas de la vida real que podrían parecer recién salidas de *Miami Vice* o *Caracortada*, los traficantes colombianos y cubanos solían detener sus lujosos coches uno al lado del otro y se disparaban mutuamente con armas automáticas.

A pesar de la violencia, tanto Connie como yo estábamos muy entusiasmados con esta nueva oportunidad. Por extraño que parezca, no nos preocupaba en exceso nuestra seguridad. Lo que nos preocupaba era estar tan lejos de nuestras familias. Éramos gente de pueblo y ambos sabíamos que al mudarnos a una gran ciudad notaríamos un poco el choque cultural. Connie tenía unos tíos que vivían en Plantation, a unos cuarenta y ocho kilómetros de Miami, así que alquilamos allí un departamento de dos habitaciones para estar cerca de ellos. Esto hacía que sintiéramos que aún teníamos familia al final de la calle y pudiéramos conocer más este exótico lugar de locos llamado sur de Florida.

Al principio, el tráfico nos pareció todo un desafío. Pero también encontramos personas muy agradables, y todo era bonito de enero a diciembre. Los inviernos fríos y grises de Virginia Occidental parecían un lejano recuerdo a medida que pasábamos delante de paisajes de postal, con palmeras bamboleantes y un cielo de un azul imposible de fondo, que ahora formaban el marco de nuestra nueva vida.

Y, cómo no, ¡había playa! Kilómetros y kilómetros de costa arenosa, salpicada de coloridas sombrillas y puestos de pescado junto a la carretera donde devorábamos peces vela a la parrilla, buñuelos y camarones fritos.

En nuestro tiempo libre recorríamos los barrios en busca de una casa más definitiva cerca del mar. Pero nuestro pasatiempo favorito era limitarnos a contemplar a la gente. Cuando hacía demasiado calor fuera, pasábamos muchas tardes observando a los demás en el Broward Mall. El extenso centro comercial de Plantation nunca defraudaba, y vimos algunos lugares bastante extraños. Al venir de un pueblo pequeño, nos fascinaba el modo de vestir e interactuar de algunas personas. Había mujeres elegantemente vestidas, con el rostro estirado de tanta cirugía estética, que paseaban a sus perritos con correas llenas de joyas. Había hombres obesos con guayaberas, fumando gruesos puros, y turistas latinoamericanos con sus maletas, llenas de prendas nuevas adquiridas en Gap y Old Navy, así como productos electrónicos, que tenían un precio prohibitivo en sus países de origen debido a las altas barreras arancelarias.

Al principio pensamos que habíamos aterrizado en un universo distinto, pero cuanto más tiempo pasábamos en el sur de Florida, más cuenta nos dábamos de que la mayoría de las personas era como nosotros: trasplantadas desde otro lugar. Muy pocas de las que conocimos habían nacido en realidad allí.

En aquellos primeros días nos ajustábamos al presupuesto que teníamos. No salíamos demasiado a comer fuera. Si había una buena película en el cine del centro comercial, íbamos a la primera sesión y así ahorrábamos dinero. Siempre éramos los más jóvenes entre el público, rodeados de parejas de jubilados, llamados comúnmente «tortugas», que era evidente que contaban con ingresos fijos. Cuando las luces se apagaban, oíamos al resto de los cinéfilos sacar ruidosamente de sus bolsos y mochilas paquetes de palomitas de maíz caseras y abrir latas de refresco que habían llevado consigo con el fin de gastar menos.

Una noche, Connie y yo fuimos a cenar a un Pizza Hut de la zona, cuando una pareja de ancianos se sentó en la mesa de al lado. Después de leer el menú, los oímos charlar sobre qué pensaban pedir para cenar. Pudimos oír que la mujer le decía al marido que no podían añadir ingredientes a la pizza debido al precio y que solo iban a pedir una ensalada para compartir y beberían agua para ahorrar dinero. Nos conmovió escuchar eso, así que, cuando nos trajeron la cuenta, le pedimos a la mesera que nos diera la de la otra pareja y poder así invitarles la cena. Le rogamos que no les dijera nada hasta que nos hubiéramos marchado. Mientras hablábamos con ella, se le llenaron los ojos de lágrimas y nos cobró las dos cenas. Connie y yo nos apresuramos a marcharnos del Pizza Hut. Mientras salíamos del estacionamiento, vimos a la mesera de pie en la ventana que nos saludaba junto a los dos ancianos. Las sonrisas de agradecimiento en sus rostros es algo que todavía recordamos hoy. Pese a que no teníamos demasiado, sentimos que habíamos hecho una buena obra con unas personas que estaban mucho peor.

Nunca me consideré una persona con prejuicios, pero durante aquellos primeros meses en Miami, me avergüenza admitir que no aguantaba mucho la vida en una ciudad con más del 70 por ciento de latinos. Recuerdo ir a comidas con otros miembros del equipo de la DEA más veteranos que yo y fastidiarme que los menús estuvieran todos en español. No tenía ni idea de lo que estaba leyendo. Para ser sincero, me horrorizó saber que las empresas en Estados Unidos tenían empleados que no hablaban inglés y estaban al frente de restaurantes, sin molestarse en traducir las cartas. Durante mucho tiempo me resistí a aprender ninguna palabra en español; era su responsabilidad saber nuestro idioma. Pero mientras seguíamos trabajando y viviendo en Miami, desarrollé un sentido de la tolerancia y la comprensión. Como dije, la mayoría de las personas que conocimos en el sur de Florida eran de otro lugar y, en muchos casos, habían huido de una pobreza extrema y de dictaduras despiadadas de sitios como Cuba, Haití y otros lugares de Latinoamérica para poder tener, ellos y sus familias, una vida mejor. Tal vez no hayan podido conseguir un inglés suficiente como para escribir la carta de un restaurante, pero, al igual que nosotros, todos trataban tan solo de ganarse la vida de forma honesta.

En el trabajo no era exactamente como Sonny Crockett, y por un motivo: no tenía un Ferrari; pero todavía estaba viviendo el sueño de un agente de narcóticos en el epicentro de las guerras de la cocaína. Estaba inmerso en la droga: seguía a los narcotraficantes, estudiaba con detenimiento libros e informes sobre los *dealers* y las rutas de comercio, y me sentía orgulloso de pertenecer al Grupo 10, una de las unidades de élite de la DEA. Entre los casos que aparecían en Miami estaban algunas de las mayores incautaciones de cocaína de todos los tiempos. En la primera en la que participé había cuatrocientos kilos de cocaína. Déjame que pare un momento para destacar la enorme cantidad que eso representa. ¡Cuatrocientos kilos de cocaína! Ocupa todo el espacio interior de un bimotor. Era la nueva normalidad para mí. Ya no describía las redadas en términos de gramos. Lo habitual eran kilos o toneladas.

Y en esa primera época en Miami, las cantidades de cocaína seguían aumentando. En otro caso, gracias a uno de nuestros informantes, incautamos trescientos kilos de cocaína, proveniente de un lanzamiento frente a las costas de Puerto Rico, al que siguieron otros cuatrocientos cuarenta kilos. Cuando nuestro propio trabajo disminuía, unos cuantos de nosotros, los agentes más jóvenes, nos ofrecíamos como voluntarios para ayudar a otros grupos de policías de la DEA en redadas antidroga.

Pero la vida en el epicentro del tráfico de cocaína no estaba exenta de riesgos, y en el primer caso en que trabajé como investigador principal, empecé a recibir amenazas de muerte.

En agosto de 1988 colaboramos con los investigadores de Aduanas de Estados Unidos para confiscar cientos de kilos de cocaína que llegaban a través de Haití. Uno de nuestros informantes tenía un buque de carga costero, el *Dieu Plus Grand*, que transportaba regularmente tanto cargamento legal como ilegal procedente del país caribeño. Nos alertó de que estaba trasladando cerca de quinientos kilos de cocaína a los muelles de carga del centro de Miami. Encontramos la droga empaquetada en cajas de aceite vegetal y escondida en los tanques de lastre de proa del carguero, pero lo dejamos estar y esperamos a que los contrabandistas descargaran el buque. Con la ayuda de nuestros homólogos de Aduanas, mantuvimos el carguero bajo vigilancia constante hasta que, a última hora de un sábado por la noche, vimos a un grupo de hombres transportar cajas desde la embarcación hasta una camioneta que esperaba en el muelle. Seguimos al vehículo hasta un dúplex en el noroeste de Miami, donde dos de los hombres descargaron algunas de las cajas y las llevaron al interior de la vivienda. El grupo cambió de conductores y, poco después, la camioneta se alejó, lo que nos obligó a dividir a nuestro equipo de vigilancia a fin de cubrir el dúplex y la camioneta en movimiento. Cuando el vehículo se detuvo en un edificio de departamentos de Miami y salieron más tipos a descargar las cajas, nos acercamos y los arrestamos. Aprehendimos a siete contrabandistas e incautamos 491 kilos de coca. Entre los siete hombres que detuvimos estaba Jean Joseph Deeb, haitiano, y su cómplice Serge Biamby, hermano del general de brigada haitiano Philippe Biamby. Tres años después, el general, que era el jefe del ejército, ayudaría a dirigir el golpe militar que destituiría al presidente Jean-Bertrand Aristide.

Cuando arrestamos a Biamby, tenía mucha información en su maletín sobre el sida, y más tarde averiguamos que su enfermedad estaba en una fase avanzada. Aun así, accedió a testificar contra Deeb a cambio de una reducción de la pena. Deeb fue puesto en libertad bajo fianza, pero se convirtió en fugitivo. Fue detenido posteriormente en República Dominicana.

Acompañado del ayudante del fiscal de Estados Unidos Ken Noto, volé a Atlanta, donde Biamby estaba bajo custodia federal. Nuestro plan era interrogarlo, pero nos quedamos de piedra cuando llegó al juzgado federal; tenía el rostro demacrado y los brazos cubiertos de llagas abiertas. Los alguaciles federales estaban enfadados con nosotros porque habían tenido que trasladar a Biamby al palacio de justicia en ese estado visiblemente avanzado de la enfermedad. A finales de los años ochenta el sida todavía estaba muy estigmatizado, y muchos sentían que exponerse a alguien con esta afección podría ocasionar una infección instantánea.

Biamby estaba tan enfermo que no pudimos interrogarlo, y volé a Atlanta dos meses después para interpelarlo en la prisión federal en la que estaba recluido. El abogado de Deeb también estuvo presente en el interrogatorio, que se grabó en video. Biamby estaba tan mal que posteriormente lo pusieron en libertad y murió poco después. Cuando Deeb fue por fin a juicio en 1990, el testimonio grabado de Biamby constó en acta;

era la primera vez que se había hecho en un juzgado federal. Como resultado, Deeb fue condenado y enviado a prisión.

Nunca supe de dónde procedía la amenaza de muerte. Alguien con acento caribeño llamó a las dependencias de la DEA en Miami durante el juicio de Deeb y dijo que un grupo de haitianos planeaba matarme en el palacio de justicia federal de Miami. He de admitir que, como nuevo agente que se enfrenta a algunos de los mayores sindicatos del crimen organizado del mundo, estaba algo inquieto.

Llegué a Florida justo cuando los cuerpos de seguridad estaban descubriendo la magnitud de los cárteles de cocaína colombianos. Mientras Connie y yo nos instalábamos en nuestra nueva casa de Plantation, el caso de la fiscalía estadounidense contra el narcotraficante colombiano Carlos Lehder Rivas iba a juicio, y por primera vez se vislumbró el poder y el alcance del Cártel de Medellín.

Lehder, que había sido ladrón de coches, fue acusado en un auto de procesamiento en 1981 de pasar tres mil trescientos kilos de cocaína de contrabando desde Colombia hasta Cayo Norman en las Bahamas y luego enviarlos a aeropuertos del sur de Estados Unidos. Lehder, que consideraba sus héroes al inverosímil triunvirato formado por Adolf Hitler, Che Guevara y John Lennon, había soñado con convertirse en el rey del transporte de cocaína. Tramó sus planes para una elaborada red de distribución de cocaína mientras cumplía una condena de dos años por contrabando de marihuana en una prisión federal en Connecticut en 1974. Durante su detención, conoció a George Jung, también recluso y traficante de marihuana de poca monta, que acabaría siendo una pieza clave para ayudar a Lehder a crear su imperio en las Bahamas en cuanto ambos salieron de la cárcel.

Al principio los dos socios comerciales ficharon a mujeres jóvenes para que sacaran clandestinamente de Colombia unos cuantos kilos de cocaína a la vez en sus maletas. Pronto se percataron de que podían transportar cientos de kilos en un solo viaje con una avioneta y convertir a las Bahamas en un punto de transbordo y reabastecimiento de cocaína hacia Miami.

A finales de los años setenta Lehder estaba a punto de crear su amplia red de distribución en Cayo Norman, una diminuta isla a unos trescientos veinte kilómetros del sur de Florida que tenía un puerto deportivo, un club náutico y unas decenas de casas privadas en la playa. Lehder empezó a comprar las viviendas con el propósito de ser el amo de toda la isla. Construyó una pista de aterrizaje de poco más de novecientos metros custodiada por perros de caza y un ejército privado. Lehder se volvió tan rico que se ofreció a pagar en más de una ocasión la deuda externa multimillonaria de Colombia. Poco antes de su captura en 1987, la deuda rondaba los 14 700 millones de dólares.

La caída de Lehder llegó después de una noticia bomba que revelaba cómo había sobornado a las autoridades locales, entre ellos Lynden Pindling, primer ministro de las Bahamas. De repente, Lehder se dio a la fuga y se quedó sin nada, incapaz de regresar a las Bahamas después de que el Gobierno congelara todos sus bienes. En 1987 hallaron a Lehder oculto en Colombia, cuando los vecinos lo delataron a la policía, y fue extraditado a Estados Unidos varios meses antes de mi llegada a Miami.

En noviembre se encontraba a tan solo cinco horas de distancia en Jacksonville mientras lo procesaban en una gélida sala de audiencias federal, donde el aire acondicionado siempre te hace sentir como si estuvieras atrapado en una cámara frigorífica de un supermercado. Cuatro años después, Lehder colaboraría con el Gobierno de Estados Unidos y aportaría pruebas y testificaría contra el exdirigente panameño Manuel Noriega y otras personas que participaron en la importación y distribución de cocaína en Estados Unidos. Como parte de su acuerdo de conformidad, el Gobierno estadounidense accedió a trasladar a sus familiares cercanos a Estados Unidos, para protegerlos y evitar que otros narcotraficantes los asesinaran. Esa responsabilidad al final me la asignaron a mí. Pero me estoy adelantando. Nuestros caminos en realidad no se cruzaron hasta que fui destinado a Colombia en 1991.

Mientras aún estaba en Miami, Lehder fue declarado culpable por once delitos de narcotráfico y condenado a cadena perpetua sin libertad condicional, además de otros ciento treinta y cinco años, un proceso que fue seguido de cerca por los poderosos líderes del cártel colombiano a miles de kilómetros de distancia. La extradición a Estados Unidos fue un asunto delicado para ellos, y ya habían empezado a librar una sangrienta guerra civil en Colombia con objeto de presionar al Gobierno para cambiar la ley.

Al igual que todos los demás en las dependencias de la DEA en Miami, leí los informes confidenciales sobre Lehder y seguí el juicio, pero nunca habría imaginado que una resolución de un juez federal de Estados Unidos influiría en los siguientes años de la historia de Colombia y dominaría mi propia vida.

JAVIER

No veía el momento de trabajar como policía de narcóticos encubierto.

Estaba decidido a causar una buena impresión, empezar con buen pie cuando llegué a Austin en 1984 como agente especial de la DEA recién estrenado. Pasaba el rato en los bares más sórdidos a la pesca de *dealers* y con la esperanza de poder convertirlos en informantes. Estudiaba con detenimiento los informes de la DEA sobre la fabricación de metanfetamina y el aumento constante del tráfico de cocaína por parte de los cárteles mexicanos, que estaban empezando a usar la capital de Texas como centro principal de distribución.

Tenía muchas ganas de impresionar en aquella época; siempre me ofrecía como voluntario para trabajos disparatados y corría muchos riesgos. En muchas ocasiones era temerario.

Y fue esa desinhibición unida a un exceso de ambición lo que casi me cuesta el puesto. A punto estuve de que me mataran por eso.

Era el único hispano en el departamento, por lo que me empleaban en muchos trabajos encubiertos. Era joven y estaba soltero, así que no tenía ningún problema en trabajar las veinticuatro horas. La unidad de narcóticos del Departamento de Policía de Austin empezó a pedirme que trabajara los fines de semana y por la noche para ayudarlos con sus investigaciones en asuntos de drogas.

Después del trabajo, recorría los bares de la cruda zona oriental de Austin. Bebía bastante y con frecuencia me metía en situaciones que preferiría olvidar. Una noche, después de demasiadas cervezas y tragos de whisky, me enzarcé en una pelea con el tipo que estaba sentado a mi lado. Me salvó Joe Regalado, un policía local que se convertiría en mi mejor amigo. Joe era un tipo apuesto y robusto, con bigote y pelo negro rizado. Al igual que yo, tenía veintiocho años, estaba soltero y era hispano. Teníamos un carácter parecido y nos gustaba recorrer las discotecas de Austin, beber cerveza e ir detrás de las chicas. También acabamos trabajando juntos muchas veces como encubiertos. Era espabilado, porque se crio muy pobre en el este de Austin en un tiempo en que estaba poblada principalmente por drogadictos y prostitutas. Su padre murió joven, y su madre sobrevivía a duras penas para sacar adelante a la familia. Joe tenía ocho hermanos, y, tras unos cuantos años en Austin, llegué a conocer bastante bien a su familia. Casi inmediatamente después de empezar a trabajar en el Departamento de Policía de Austin le compró una casa a su madre. Era antigua y se caía a pedazos, pero pasamos muchos buenos momentos ahí, bebiendo cerveza y haciendo barbacoas. Cuando la ciudad construyó un nuevo centro de convenciones al lado, su valor se disparó hasta casi los ¡dos millones de dólares!

Traté bastante con él y con Lupe Trevino, sargento del Departamento de Policía de Austin, que se las daba de duro y tenía grandes ambiciones. Lupe era un tipo atractivo con un gran bigote negro. Nos parecía un anciano porque era cuarentón, y dirigía una de las unidades de estupefacientes del departamento. Era descarado y arrogante, y bastante odiado por la cúpula policial. Lo admirábamos porque conocía las calles y a los corruptos. Si miro hacia atrás, creo que los conocía demasiado bien.

Aun así, su gente lo quería, pese a que esperaba una lealtad total y trabajo duro. Si hacían una gran redada antidroga, Lupe lo celebraba comprando cerveza y sándwiches para su equipo. Era muy ambicioso, pues siempre quería aventajar a la otra unidad de estupefacientes de la policía de Austin, encabezada por su rival, el sargento Roger Huckabee. Lupe me llamaba para que lo ayudara con investigaciones sobre drogas, y aprendí mucho de él, a pesar de que sabía que tenía motivos ocultos para incorporarme a su unidad. La presencia de un agente federal le permitía actuar más allá de los límites de Austin. Aunque nunca me quejé de eso. Sabía que también era positivo para mí, porque participé en muchos casos y mejoré mis resultados. Lupe me ayudó a alcanzar un poco el estrellato en la DEA.

Pero había muchos celos mezquinos en los cuerpos policiales, y mi relación con Joe y Lupe no sentó demasiado bien a muchos otros policías de Austin. En una ocasión, Joe y yo estábamos tomando una copa en uno de nuestros sitios habituales cuando me metí en una pelea. Joe atacó al tipo que me empujó, y pronto todo aquello se transformó en una melé que no esperábamos. El mesero se asustó y llamó a la policía. Al final, nadie resultó herido y no se rompió nada, pero el agente del Departamento de Policía de Austin que acudió —un policía llamado Mark, que parecía tener algo contra nosotros— se dispuso a detenernos. Nos llevaron a la jefatura de policía, y nos sentamos, furiosos, en la comisaría cuando Lupe vino a rescatarnos. Estaba enojadísimo y nos condujo a una sala de reuniones, donde nos leyó la cartilla. Nos llevó a casa en silencio. Me preocupaba que me despidieran antes incluso de haber tenido la oportunidad de ponerme a prueba a mí mismo y trabajar de verdad como agente encubierto.

A la mañana siguiente, cuando se lo conté a mi jefe de la DEA, se rio de todo el asunto y me dijo que siguiera haciendo mi trabajo. Pero las cosas no fueron tan sencillas para Joe, a quien suspendieron durante dos días. Era una locura, puesto que el que empezó la pelea fui yo. De hecho, la respuesta de Lupe a todo el suceso me molestó infinitamente, dado que siempre lo veía escabullirse cuando estábamos en el trabajo. Nunca le vi hacer nada ilegal, pero siempre miraba sus propios intereses y se esforzaba mucho en tener los mejores resultados en el Departamento de Policía. Visto en retrospectiva, tal vez por eso nos llevábamos tan bien. Yo era igual de ambicioso, si no es que más. Pero había límites a lo que estaba dispuesto a hacer, y jamás habría tratado a un compañero del modo en que Lupe trató a Joe.

No fue hasta pasados unos años cuando supe que Lupe parecía no tener esas preocupaciones.

En 2013 recordaría aquella noche loca de nuestra detención en Austin. Esa vez me tocaba a mí detener a Lupe Trevino. Estaba trabajando como agente especial y era el responsable de la división de campo de Houston, que controla la frontera entre Texas y México, y me correspondía a mí poner en tela de juicio a Lupe, que había tenido problemas con la ley. Por aquel entonces era sheriff del condado de Hidalgo en McAllen, Texas, y estaba acusado de robarles dinero ilegal a los traficantes de drogas. Su hijo Jonathan, de quien Lupe siempre se jactaba de que era un buen encubierto de narcóticos, también fue detenido por extorsionar a *dealers*. Tenía diecisiete años, y Lupe pasó cinco en la cárcel.

No puedo decir que la detención de Lupe me sorprendiera. Como dije, siempre se tomó las normas a la ligera. Y a mediados de los ochenta, cuando estaba intentando demostrar a mis jefes de la DEA que era una estrella en ciernes, pareció contagiárseme parte de la ética profesional de Lupe.

En uno de los bares de mala muerte a los que íbamos regularmente en el este de Austin, empecé a hablar con un *dealer* alto, desgarbado y muy borracho que se acomodó en el taburete situado junto al mío. Sobre la marcha, decidí que iba a usarlo para hacer mi primera redada antidroga. Sabía por supuesto que era temerario, porque, para iniciar cualquier operación de la DEA, se necesita todo un proceso burocrático que comienza con rellenar lo que siempre me parecieron innumerables informes. También se nos pedía que reuniéramos refuerzos, agentes que acudirían en nuestra defensa en caso de que algo saliera mal. Pero llevaba un buen rato en el bar y había tomado algunas copas, y ese tipo —me dijo que se llamaba Marvin— alardeaba de sus conexiones con el mundo de la droga. Así que, sin pensarlo dos veces, le pregunté si tenía algún contacto que me consiguiera cantidades de varios gramos de coca. Su mirada se iluminó, y dijo que tenía uno en Houston que podría entregar las drogas. Luego sacó un gramo de coca del bolsillo y me dijo que iba a venderla por cien dólares. Llevaba algunas monedas en el bolsillo y se la quité de las manos. Después escribí con manos temblorosas mi número en una caja de cerillos, entornando los ojos para asegurarme de que estaba bien, y le dije que me llamara. Marvin no me dio su número de teléfono a cambio. Sabía que estaba actuando al margen del reglamento de la DEA, pero, a decir verdad, lo cierto es que odiaba el papeleo. Marvin me dio la oportunidad, y ni muerto la iba a dejar escapar por estar obligado a rellenar primero un montón de formularios.

Pese a todo, sabía que había violado las normas, y cuando pude espabilarme, me di cuenta de que me había metido en serios problemas. Todavía estaba a prueba en la DEA, y estaba seguro de que mi jefe me suspendería en cuanto le dijera lo que pasó. Al día siguiente le conté tímidamente lo que había hecho. Me libré con una firme advertencia, pero, pocos meses después, Marvin empezó a llamarme a casa. (Le había dado el teléfono privado porque, por más que lo intenté, no conseguí acordarme del número secreto de encubierto que usábamos en la oficina de la DEA. Probablemente se debió a lo borracho que estaba). Para entonces ya casi me había olvidado de Marvin, pero le llamé. Me dijo que podía conseguirme toda la coca que quisiera. En esa época en Austin no era fácil conseguir coca, e incluso hacerte con unos gramos de la sustancia era un gran problema.

Esa vez las cosas salieron bien. Como ya dije, no soy un tipo de papeleo, pero rellené los formularios y abrí a Marvin una investigación en toda regla. Más tarde, Joe y yo nos encontramos con él con el pretexto de comprar unos treinta gramos de coca. El precio era de mil seiscientos dólares. Los agentes de vigilancia de la DEA nos protegieron mientras esperábamos al objetivo en el estacionamiento de un destartalado complejo de viviendas en el este de Austin. Marvin apareció con otro tipo hispano llamado Pedro y nos vendió la coca. Pedro me gustó de inmediato, porque hablaba con voz suave y era muy respetuoso conmigo. Planeamos comprar medio kilo una semana después, la víspera de la Navidad de 1985.

Siempre recuerdo aquella redada en especial porque tuvo lugar en época navideña. Fue cuando empecé a recibir llamadas constantes de Pedro sobre la cocaína, y comencé a hartarme. La gente de la oficina también estaba molesta, ya que eso implicaba que tal vez tuviéramos que detenerlos en Nochebuena, cuando todos querían irse a casa pronto con sus familias. Intenté convencer a Pedro y a Marvin de que nos encontráramos la siguiente semana, pero Pedro me dijo que era urgente. Si esperábamos, tendría que vender la coca a otro cliente. Había mucha demanda en Austin, dijo. En la unidad de Austin de la DEA estábamos sometidos a una gran presión en ese momento debido a que nuestras estadísticas eran bastante bajas. Con toda esta información pesando sobre mi cabeza, ignoré las quejas de mis compañeros y procedí a preparar el arresto para el mediodía de la víspera de Navidad. De ese modo, si las cosas salían bien, todos podrían irse a casa temprano a pasar las fiestas con sus seres queridos.

A pleno mediodía nos encontramos en el mismo estacionamiento donde ya estaban situados nuestros hombres de vigilancia previa. Desde sus coches estacionados, vieron a un hombre que se dirigía hacia Pedro y Marvin y les daba lo que parecía una caja de zapatos. Solo después averiguamos que el mensajero era el hermano de Pedro, Juan. Nuestros hombres lo localizaron en Houston y lo detuvieron pocas semanas más tarde. Resultó que Juan tenía un trabajo diurno en los cuerpos de seguridad; era un funcionario de libertad vigilada activo del estado de Texas.

Cuando Pedro y Marvin nos dieron el medio kilo de coca, les dije que era un agente de la DEA y los detuvimos ahí mismo, mientras el estacionamiento se llenaba de policías locales y unidades federales con material antidisturbios. Provocamos un gran revuelo, y la gente comenzó a salir en masa de sus departamentos a echar un vistazo. Entre los vecinos curiosos estaba la mujer de Pedro y tres niños pequeños, que vivían en el complejo de viviendas. Cuando vieron a su padre esposado, los tres críos empezaron a llorar e intentaron ayudarlo.

Toda la escena me partió el corazón. Cuando detuve a Pedro, busqué en sus bolsillos, de acuerdo con las normas de la DEA, y hallé tres mil dólares en billetes de cien. Ambos sabíamos que era dinero proveniente de las drogas, pero como sus hijos estaban ahí parados llorando, me llevó aparte y me pidió en español si podía darle el dinero a su mujer porque era todo lo que tenían. Y era Navidad.

Sabía que Pedro iría a prisión y no podría pasar tiempo con su mujer y sus hijos. Y sabía que eso significaba quebrantar la política de la DEA. Lo que debería haber hecho era confiscar el dinero e incluirlo en el informe de la detención. En cambio, miré alrededor para asegurarme de que ninguno de los otros agentes de mi grupo estaba observando. Luego agarré los billetes enrollados y metí la mano en el bolsillo, y me dirigí hacia donde estaba la mujer de Pedro. Simulé que iba a interrogarla y le pasé despreocupadamente el dinero, que escondió en un bolsillo del pantalón.

Nadie averiguó jamás lo que hice. Solo se lo conté a Joe Regalado, que ha mantenido mi secreto todos estos años.

STEVE

En mi primera operación como encubierto con la DEA me ofrecí voluntario para hacerme pasar por marinero en un barco. No uno cualquiera, sino uno elegante, un Hatteras Sportfish de dieciséis metros que la DEA había confiscado a unos drogadictos. No sé muy bien qué me llevó a participar, puesto que no había estado en un barco en mi vida. No tenía ni idea de nada que tuviera que ver con la navegación.

Lo único que sabía era nadar, y confiaba en poder hacer unos tres kilómetros en el mar si algo salía muy mal a bordo. Pero consideré mi inexperiencia total como un pequeño inconveniente, y no iba a permitir que nadie me impidiera realizar el sueño de mi vida de trabajar encubierto en una gran redada antidroga.

Como sucede con todos los empleos en los cuerpos policiales, cuantos más progresos hace el agente más joven en casos supervisados, más libertad y responsabilidad tiene. Con un puñado de casos resueltos a sus espaldas, los veteranos pueden entonces sentir que han tomado la decisión correcta al dejar que el joven agente vuele solo. Pero los alumnos más listos saben que necesitan confrontar sus ideas y tácticas con un mentor antes de actuar.

El agente especial Gene Francar ejerció una gran influencia en mí. Era un hombre corpulento con una cara de niño imposible; él fue mi primer compañero en la DEA. Llevaba guayaberas con pantalones de poliéster y mocasines, y era una de las personas más inteligentes que he conocido jamás. Valoraba tanto su sabiduría y su experiencia que prácticamente comprobaba todo con él. Gene sabía más que nadie de canales de distribución en la agencia en una época en que el sur de Florida era el principal punto de entrada a Estados Unidos de la cocaína procedente de Colombia.

Cuando llegué a Miami en noviembre de 1987, Gene ya estaba trabajando en un caso importante que tenía por objetivo un grupo de cubanos de Miami que estaban pasando de contrabando cargamentos de varios cientos de kilos de coca a través del Caribe hasta el sur de Florida.

Gene tenía dos fuentes confidenciales a las que había apodado Cheech y Chong. La primera vez que salí a reunirme con ellos, imaginé una cita en un restaurante elegante o en una discoteca exclusiva. También esperaba encontrar a dos tipos astutos que vestirían como Crockett y Tubbs en *Miami Vice*. Supuse que todos conduciríamos unos deportivos increíblemente bonitos. En cambio, me subí al todoterreno de Gene después de que despejara el asiento del pasajero de envoltorios de comida, ropa y otras porquerías acumuladas. Luego condujimos hasta un Denny's cerca del aeropuerto internacional de Miami, donde por fin conocí a los dos hombres a los que Gene se refería por su nombre en clave en referencia al dúo cómico de fumadores, populares en los años setenta. El Cheech de Gene era un tipo blanco más mayor, y su Chong era un asiático de mediana edad y con algo de sobrepeso. Ambos peinaban canas, y supuse que no necesitaban depender de quienes pasaban por ahí para arreglárselas.

Cheech y Chong eran pilotos expertos que, se rumoraba, habían trabajado antes para la CIA. Tenían un negocio de importación-exportación en una zona de almacenes junto al aeropuerto de Miami, y Gene había colocado en su oficina equipos de video y audio ocultos con el fin de poder grabar sus encuentros con los delincuentes. En aquella primera reunión, Gene y los informantes hablaron de la posibilidad de entregar quinientos kilos de cocaína procedentes de Cuba y que habían aterrizado en Estados Unidos. Casi me caigo de espaldas. A pesar de llevar en el puesto unos meses y haber participado en grandes incautaciones de drogas, la enorme cantidad seguía asombrándome. Pero, por el momento, había aprendido a poner cara de póquer para esconder mi sorpresa. Cuando terminó el encuentro con Cheech y Chong y regresábamos a la oficina, Gene me preguntó qué pensaba de lo que acababa de oír. Le contesté que creía que los informantes estaban de mierda hasta arriba. Como buen profesional, Gene dijo que por qué pensaba eso. Le respondí que simplemente no podía creer que nadie pudiera entregar quinientos kilos de coca en un único envío.

—¿De dónde me dijiste que eres? —preguntó Gene riendo.

Cuando ya estaba metido en el caso, supe que Gene estaba ordenando a Cheech y Chong que ofrecieran transporte —por vía aérea o marítima— para trasladar ingentes cantidades de coca por el Caribe destinadas a los cárteles de la droga. El caso cubano era una prioridad importante.

A petición de Gene, Cheech y Chong se reunieron varias veces con los delincuentes, que los contrataron para transportar la coca por barco desde Turcas y Caicos hasta Miami.

Nuestro barco encubierto tenía un salón con sofás, sillas, mesas y lámparas, y estaba equipado con videocámaras y dispositivos de audio ocultos. Debajo de la zona de descanso principal, había una pequeña cocina y una nevera, un congelador, un baño pequeño y dos camarotes diminutos. Tenían puertas corredizas, pero eran bastante minúsculos y claustrofóbicos.

En las zonas exteriores del barco había una parte principal en la popa desde la que pescar, con una silla de pesca situada estratégicamente en el centro. Una escalera llevaba al puente, donde estaban el sistema de dirección, las radios y los radares. El puente estaba cubierto por una lona y rodeado de gruesas telas plásticas que podían cerrarse con un cierre en caso de mal tiempo.

En la parte delantera del barco había mucho espacio abierto donde podías tumbarte cómodamente en cubierta, pero todo el sitio estaba ocupado por una zódiac, que era nuestro cabo salvavidas si el barco se hundía. También la usábamos para llegar a la orilla cuando la Hatteras estaba anclada frente a la costa.

El compañero John Sheridan, que sabía moverse bien entre barcos, me dio un curso acelerado de navegación. La DEA tenía dos agentes especiales a bordo que se habían formado y obtenido el título de capitán con la Guardia Costera de Estados Unidos. Pese a todo, para parecer un marinero experto, me dejé barba y pasé semanas poniéndome moreno. Pero, en el momento de zarpar, seguía sin lograr el aspecto curtido por el sol de alguien que ha pasado toda su vida bajo los elementos. Me daba igual. Era lo más emocionante que había hecho nunca en mi vida profesional.

Como era habitual en este tipo de servicios de transporte, los delincuentes se presentaron ante los informantes que colaboraban —Cheech y Chong— con cincuenta mil dólares en metálico para cubrir algunos de los gastos que suponía llevar el barco hasta Providenciales —Provo, para abreviar— y sobornar a los agentes necesarios para poder pasar la carga. En aquel tiempo el coste normal del transporte en este tipo de servicio estaba entre tres mil y cinco mil dólares por kilo. Nosotros les cobrábamos tres mil quinientos dólares por kilo, por lo que el precio total del transporte sería de 1 750 000 dólares. Este es un excelente ejemplo de por qué mucha gente estaba dispuesta a arriesgar su libertad por dinero, ¿no?

A principios de febrero de 1988 por fin estábamos listos para emprender el viaje y zarpar, según lo planificado, de Fort Lauderdale a Provo —una distancia de más de novecientos cincuenta kilómetros— para recoger la droga. Pero cuando estábamos a punto de iniciar la navegación, los malhechores nos detuvieron porque no tenían todo a punto en Turcas y Caicos. Estuvimos dos semanas de plantón en Miami hasta que al fin tuvimos luz verde para echarnos a la mar.

Durante nuestro primer día de navegación, llegamos hasta Treasure Cay en las Bahamas —a trescientos cuatro kilómetros de Fort Lauderdale— antes de chocar contra un arrecife. El impacto dobló una de las hélices del barco, y cuando nuestra embarcación empezó a dar sacudidas y vibrar, los capitanes pararon inmediatamente los motores. Después de mucho debatir, el capitán más joven se metió en el agua para examinar las hélices y vio que una de ellas estaba, en efecto, doblada. No podíamos usarla a causa de los daños, pero todavía teníamos un motor, así que continuamos hacia Treasure Cay. Era nuestro primer día en el mar, y no me sentía nada cómodo con la situación, pero yo era el nuevo y decidí confiar en los capitanes.

Ambos discutieron mucho, pero al día siguiente navegamos hasta Nassau. Con las radios de nuestro barco, dispusieron todo para que la brigada aérea de la DEA enviara una nueva hélice a Nassau.

Compartíamos un espacio muy reducido y, por ese motivo, llegué a conocer bastante bien a los dos capitanes. Eran el día y la noche. El capitán veterano era más mayor y tenía el aspecto rubicundo de quien ha pasado buena parte de su vida al sol y en alta mar. Sus náuticos estaban muy gastados, y casi siempre llevaba camisetas descoloridas y pantalones cortos. Podría pasar fácilmente por el propietario de un barco de pesca de renta de un puerto deportivo del sur de Florida. Tenía una voz ronca y casi siempre decía palabrotas. El segundo capitán era alto y rubio, y tenía el aspecto de alguien que se dedicaba a navegar en yates de lujo.

Ambos capitanes mantenían conversaciones acaloradas. No eran discusiones exactamente, solo diferencias de opinión sobre cómo navegar la Hatteras. Y jamás se avergonzaban de manifestar sus propios puntos de vista sobre cómo debían hacerse las cosas. Pero, tras varias jornadas en el mar, debo admitir que confiaba en la opinión del capitán más mayor, a pesar de que prefería hablar con el joven, tan solo porque era menos arisco. Pero como no tenía experiencia de trabajar en un barco, en realidad me limitaba a mantener la boca cerrada e intentaba aprender de ambos.

En Nassau nos entregaron la hélice que la brigada aérea de la DEA había dejado en el puerto deportivo. La suerte quiso que hubiera un submarino de la Armada de Estados Unidos en la zona, y dos buzos de la marina vinieron y nos cambiaron la hélice.

Eso fue una auténtica revelación para mí. Fue una gran demostración de colaboración entre agencias federales, y era un ejemplo de la enorme influencia que tenía la DEA. Y, en ese momento, por fin vi lo importante que era realmente la llamada lucha contra el narcotráfico. No podía olvidar el hecho de que la DEA y la Armada dedicaran esos recursos a concluir una investigación. ¡Estaba muy impresionado!

Al día siguiente pusimos rumbo a nuestro destino previsto, Providenciales, en las islas Turcas y Caicos.

Pero la tensión en el espacio confinado de nuestro barco iba de mal en peor. Se agudizó con la reparación de la hélice dañada, que nos retrasó dos días, tal vez incluso tres. Los capitanes no se ponían de acuerdo en las cosas más simples y sin duda estaban molestos por la presencia de no navegantes entre ellos. No solamente era nuevo en el mar y en su barco, solo llevaba como agente de la DEA menos de un año. Y luego, a medida que las olas se hacían más grandes, nos mareamos todos.

Pese a que estábamos bastante mal, fui capaz de recuperarme antes, en parte porque había tenido más tiempo para descansar que los capitanes. Debido al retraso acumulado, proseguimos durante la noche hacia nuestro destino. Me di cuenta de que los capitanes estaban agotados por haber estado enfermos y haberse visto obligados a permanecer despiertos tanto tiempo.

Al tercer día, la situación con los capitanes era bastante nefasta. Vi que necesitaban desesperadamente un respiro y descansar. Subí al puente y me ofrecí a ayudar, y les dije que manejaría el barco durante la noche y así ambos podrían dormir un poco. Todos decidimos que yo vigilaría el barco, y me dieron un curso rápido de navegación, radar y sistemas de radio. Me indicaron que no tocara nada durante mi guardia. El barco estaba equipado con piloto automático, así que, básicamente, ellos ajustaron la velocidad y el rumbo y me dijeron que lo dejara todo como estaba. Mi mayor responsabilidad consistía en comprobar el radar varias veces cada hora para asegurarme de que no había otras embarcaciones en nuestra ruta contra las que pudiéramos chocar. Y después se fueron a dormir.

Era un cometido bastante sencillo que podía realizar incluso un marinero de agua dulce como yo. Mi principal problema era estar despierto toda la noche, pero después de varias horas y numerosas comprobaciones del radar —el del barco hacía barridos de hasta veintisiete kilómetros en todas direcciones—, mi mente empezó a divagar. Falto de sueño, comencé a volverme paranoico y me entró el pánico de que pudiéramos colisionar con otra embarcación o chocar con un arrecife. Imaginé otras catástrofes. Y si algo ocurría, ¡estábamos a veintisiete kilómetros de cualquier tipo de ayuda! ¿Qué pasaba si chocábamos con otro arrecife y en esta ocasión éramos pasto de los tiburones que acechaban bajo el agua? En ese momento los oí: el sonido de cientos de peces saltando al interior del barco. Fue entonces cuando me percaté de lo vasto que es el mar, y empecé a preocuparme más.

A pesar de mi fatiga, logré seguir las instrucciones y mantener el rumbo del barco. Cuando los capitanes se despertaron varias horas más tarde, el más mayor corrió escaleras arriba y me preguntó qué había ocurrido. Se comportaba como si pasara algo malo. Aún manteníamos la trayectoria, y no había tocado nada, pero empezó a acusarme de cambiar la velocidad y el rumbo. Pese a que traté de explicarle que no había modificado nada, no quiso escucharme y me dijo que me largara del puente. Huelga decir que eso no ayudó a mejorar la tensión ni el estrés que todos sentíamos.

El quinto día en el mar, con los capitanes mareados al timón, yo también me mareé, pero logré mantener la calma, pese a que no sirvió para atenuar la tensión que había entre ellos y yo.

Sin embargo, a medida que nos acercábamos a Provo y empecé a tener menos náuseas, decidí intentar hacer las paces. Mientras los dos capitanes estaban ocupados con la navegación, preparé unos filetes a la parrilla para todos, cocí unas papas, salteé unas setas y los sorprendí con una comida decente. Aunque pensé que era una gran idea, ninguno de los capitanes estaba contento conmigo. No dijeron mucho más, excepto que pensaban que desde luego no era el mejor momento para esa cena a base de carne, cuando aún no habíamos llegado a nuestro destino. Como es obvio, su actitud no me sentó bien, y, para ser sincero, estaba más que dispuesto a largarme del maldito barco y alejarme de esos dos tipos.

Cuando llegamos a Provo les pedí que me llevaran hasta la orilla en la zódiac. Había preparado mis cosas la noche anterior a nuestra llegada y no quería tener nada más que ver con ellos. Me reuní con Gene y otros agentes del Grupo 10 que habían volado antes y nos esperaban para participar en la operación. Aquella noche dormí en el suelo de la habitación del hotel de Gene porque no quería regresar al barco con los agentes enemistados.

Esperamos en la piscina del hotel de Gene en Provo, pero, a causa de nuestro retraso allí, los delincuentes decidieron posponer la entrega otro par de semanas. Todos regresamos a Miami, y los dos capitanes permanecieron en el barco mientras volvíamos a programar la entrega. Estaba encantado con volver a Miami. No podía imaginar estar otra vez con esos dos en un espacio reducido. Cuando todo se arregló de nuevo, volamos a Turcas y Caicos.

Pocos días después de aterrizar en la isla fui en una maltrecha *pick-up* con los capitanes del barco y un agente de policía local (coordinamos todo con la policía de Turcas y Caicos) hasta el aeropuerto de Provo a esperar por fin el envío de cocaína. Nos escondimos en el otro extremo de la pista, en una pequeña carretera, lejos de la terminal del aeródromo. Luego aterrizó un bimotor y rodó hasta el final de la pista, donde estábamos esperando. En ese momento aún no tenía ni idea de dónde había despegado el avión, pero supuse que era Cuba. Cuando el aparato nos dio la espalda y se dirigió hacia la terminal, se abrió la puerta y alguien lanzó varias bolsas de lona verde. Pude vislumbrar a los dos pilotos, que eran hispanos y parecían tener veintitantos años. Llevaban guayaberas y pantalones holgados. El avión se parecía a cualquier otro, excepto que se habían quitado todos los asientos con el fin de dejar más espacio de carga para la coca y reducir el peso de la aeronave. Esto era habitual entre los narcotraficantes, y para nosotros se trataba de un indicador importante para saber si un aparato se estaba usando casi con toda probabilidad con fines de contrabando.

Habíamos acordado desplegarnos hacia el final de la pista cuando el avión aterrizara. En cuanto llegase ahí y a un hangar cercano, daría la vuelta, y nosotros —los dos capitanes del barco de la DEA, un agente de policía local y yo— saldríamos de nuestro escondite y recogeríamos la coca. Teníamos más efectivos situados a corta distancia, en caso de que necesitáramos ayuda.

Los pilotos ni siquiera nos saludaron, y nosotros no les dirigimos la palabra. El proceso de descarga duró menos de un minuto. Cuando se extrajeron todas las bolsas, el avión se dirigió a la terminal, donde repostó y despegó poco después, al parecer con rumbo a Cuba.

Una vez recogimos todas las bolsas de lona, las llevamos a una zona segura y examinamos su contenido. Pesamos la carga y verificamos que estábamos tratando con cuatrocientos kilos de coca.

Tras comprobar la droga y asegurarnos de que era auténtica, llegó un avión de la DEA, cargamos las bolsas de lona en su interior y las llevamos a Miami. Permanecí junto a ellas todo el tiempo, para mantener nuestra cadena de vigilancia. Había tanta coca en el avión que casi no había sitio para sentarme. Tuve que arrastrarme por encima de las bolsas de lona y me acurruqué en medio de ellas durante todo el vuelo de regreso hasta el aeropuerto de Opa Locka en Miami. Al aterrizar en Florida, otros agentes del Grupo 10 de la DEA estaban esperando para ayudar a transportar la coca a nuestras instalaciones de almacenamiento seguro, donde metimos en bolsas las drogas y las etiquetamos como prueba.

Mientras la droga estaba a buen recaudo de la DEA, Cheech y Chong mintieron a los delincuentes y les dijeron que habían ocultado la coca en compartimentos secretos de la Hatteras Sportfish y que el envío tardaría hasta dos semanas en llegar a Miami, en función de las condiciones meteorológicas y de la ubicación de las lanchas patrulleras. La Hatteras tenía que seguir pareciendo un pesquero en una larga excursión de pesca.

Dos semanas después, Cheech y Chong llamaron a los cubanos y les dijeron que la mercancía había llegado bien a Miami y estaba preparada para la entrega. Realizamos una «entrega internacional controlada» de la coca a los delincuentes en Miami y vigilamos el punto de retiro hasta que sentimos que había llegado el momento oportuno y podíamos detenerlos con la coca.

Mientras escoltaba la cocaína de regreso al sur de Florida, Gene, junto con funcionarios de la Fiscalía General de Estados Unidos en Miami, estaba ocupado preparando un auto de procesamiento contra Raúl Castro, vicepresidente de Cuba y hermano menor del dictador cubano Fidel Castro. Creían que él era el cerebro que había detrás del envío del cargamento de cocaína. Más tarde supe que el avión que transportaba los cuatrocientos kilos había despegado, en efecto, de Cuba. Los pilotos volaron hasta Provo, se deshicieron de las drogas y regresaron a la isla. Cuando la aeronave despegó de Provo, fue seguida por un avión AWACS de las fuerzas armadas estadounidenses durante toda la ruta hasta la isla comunista.

Pero cuando el auto de procesamiento estaba a punto de presentarse ante un gran jurado, nuestro supervisor inmediato sorprendentemente nos ordenó retirarnos.

—Dejen de perseguir a Raúl Castro —dijo sin más explicaciones.

Meses después el general Arnaldo Ochoa Sánchez, militar y héroe revolucionario cubano, altamente condecorado, fue acusado de aceptar sobornos de narcotraficantes colombianos para transportar miles de kilos de cocaína a través de Cuba, un lugar que Fidel Castro había proclamado con orgullo que estaba limpio de drogas desde la revolución de 1959. En lo que muchos expertos cubanos calificaron como juicio espectáculo, Ochoa y otros trece codemandados fueron juzgados ante un tribunal militar extraordinario y condenados por conspiración por enviar toneladas de cocaína y marihuana a Estados Unidos. La declaración en el juicio pareció confirmar lo que ya sabíamos en la DEA: las autoridades cubanas habían permitido que su isla se usara como punto de transbordo para la cocaína con destino a Estados Unidos. Pero fueron los hermanos Castro quienes se confabularon con los cárteles. Incluso si Ochoa hubiera estado implicado, habría participado bajo las órdenes de los líderes supremos de la revolución. Nadie en Cuba actuaba sin que el Comandante lo supiera.

A pesar de todo, Ochoa fue condenado a muerte. Al amanecer del 13 de julio de 1989, el general, que gozaba de gran popularidad, y otros tres oficiales del ejército cubano fueron ejecutados por un pelotón de fusilamiento en la base militar de las Tropas Especiales en La Habana.

Nunca supe si el juicio y la ejecución de Ochoa se debieron a nuestra incautación de cocaína en Turcas y Caicos, pero Ochoa demostró ser un chivo expiatorio ideal para los gobernantes comunistas.

No fue hasta pasados unos años cuando supe la verdad.

Nuestras órdenes de echar por tierra la acusación de Castro no provinieron del Departamento de Justicia, sino directamente de la Casa Blanca. Del propio presidente Reagan. No hace falta decir que estábamos todos atónitos.

Pero encontrarles sentido a las realidades geopolíticas de la relación entre Estados Unidos y Cuba iba más allá de nuestra categoría salarial, y al final sabíamos que teníamos que dejarlo correr.

JAVIER

En ocasiones estaba tan asustado en el trabajo que rezaba. Nunca he sido un buen católico, aunque todavía recuerdo las oraciones que solían recitar mi madre y mi abuela. Y ya no recuerdo cuántas veces le he rezado a la virgen o repetido el padrenuestro en varios momentos de mi carrera cuando pensé que iba a morir.

Creo que la primera vez que sentí esa sensación pegajosa de terror fue a mediados de los ochenta, cuando todavía estaba en Austin. Los agentes veteranos del departamento me metieron en una operación encubierta en la que tenía que hacerme pasar por un mexicano que poseía doscientos treinta kilos de marihuana. Mi cometido era negociar con un grupo de criminales que distribuían droga y tenderles una trampa. Habíamos pasado mucho tiempo negociando mientras tomábamos copas en clubes de *striptease* antes de tener que hacer una entrega con un piloto que actuaba como informante. Era bastante agradable, pero tenía lo que me pareció un monomotor diminuto que daba la impresión de estar ensamblado con cinta adhesiva.

Después de mucho papeleo —¡el temido papeleo!— y trámites burocráticos, el cuartel general de la DEA en Washington nos autorizó a cargar en el avión los doscientos treinta kilos de hierba, procedente de varias de nuestras incautaciones en Austin. La marihuana estaba en costales de arpillera que metimos en el compartimento del equipaje del avión, que estaba estacionado en un pequeño aeródromo a las afueras de Austin. Para que todo pareciera lo más real posible, nuestro informante, un tipo blanco mayor que trabajaba como contrabandista, dijo que sobrevolaría la pista de aterrizaje y les diría que desplegaran tiras de papel higiénico en la improvisada pista: la señal de los traficantes de que se podía aterrizar.

Ya estaba nervioso incluso antes de subir a la avioneta, tan increíblemente pequeña que no me parecía estable en absoluto. Nuestro informante, que era también el piloto, me dijo que el avión era seguro y que lo había usado en numerosas operaciones de contrabando. Embutido en el asiento del pasajero, contuve la respiración mientras el aparato daba tumbos por la pista y parecía planear sobre zonas de ramas secas en el extremo occidental de Austin. El avión traqueteaba y aceleraba mientras se dirigía a una pista cortísima y polvorienta con sus señales de papel higiénico blanco. Sudaba copiosamente y me agarraba al borde de mi asiento a medida que el piloto iniciaba la aproximación. Pero, en cuanto estuvo cerca, levantó el vuelo y de improviso volvimos a despegar. El movimiento brusco y la consiguiente turbulencia hicieron que me entrara un pánico repentino, y fue entonces cuando me convencí de que iba a morir. Al notar mi miedo, el piloto intentó tranquilizarme. Me explicó que era una maniobra para indicar que era seguro aterrizar. A medida que nos acercábamos al terreno, la avioneta dio bandazos y rebotó contra el suelo antes de aterrizar. Al final se paró, algo que creí que nunca haría. Recé otra vez y di gracias a Dios y a la Virgen de Guadalupe por no habernos estrellado.

En tierra, vi a un grupo de hombres de pie cerca de sus coches en el borde de la pista. Al principio no reconocí a nadie, y la felicidad por tener finalmente los pies en el suelo pronto desapareció al temerme que tal vez había caído en una trampa. Pero me sentí aliviado al reconocer a dos agentes infiltrados que corrieron hacia el avión, abrieron el compartimento del equipaje y empezaron a descargar los costales de arpillera llenos de marihuana.

Caminé despacio con las piernas temblorosas hasta una caseta al borde de la pista, donde una Suburban negra y una *pick-up* gris oscuro estaban con el motor encendido. El principal agente encubierto y el verdadero delincuente, que era el comprador de la marihuana, comenzaron a acercarse rápidamente hacia mí; empezaba el espectáculo. Chapurreé en inglés y le estreché la mano al bandido, que me dijo que se llamaba Steve. Fue muy cortés y me trató con respeto, porque pensaba que era el dueño de la droga. Steve iba acompañado de un agente encubierto llamado Larry. Tras el intercambio de cumplidos, nos metimos en la Suburban y dejamos la pista. La marihuana se había apilado en la camioneta, que se parecía a cualquier otra *pick-up* de Texas. Nadie hubiera imaginado que había doscientos treinta kilos de hierba en su interior.

Camino de Austin, Larry mantuvo las apariencias. Habló por los codos con Steve sobre cómo eso sería el inicio de una bonita amistad, que conocía a un montón de posibles compradores que necesitaban grandes cantidades de marihuana de forma periódica. Siguió repitiéndole a Steve que yo era el rey indiscutible de la marihuana y que podía entregársela por toneladas. Hice todo lo posible por convencerlos de que podía entregarla. Siempre y cuando pagaran en efectivo.

Steve ya nos había dado por adelantado doscientos mil dólares en efectivo, pero aún nos debía otros setecientos mil, que había prometido pagar en el momento de la entrega. Nos dijo que tenía otros compradores con dinero en efectivo dispersos por todo el sur de Austin. Nuestra primera parada fue en un hotel destartalado, donde comenzamos a descargar la marihuana. Cuando Steve empezó a contar cien mil dólares, lo detuvimos. Trató de escapar, pero lo capturamos pocos minutos después. Algunos de los demás compradores que estaban esperando para adquirir su droga en el hotel vieron la detención y empezaron a correr. Cuando dos de ellos se metieron en sus vehículos, entré en acción y me metí en un coche rentado, un Lincoln Continental, que pertenecía a uno de los delincuentes. Era como una persecución de coches sacada de las películas. En un momento dado, me dirigí por error a una calle de un solo sentido, con la adrenalina a tope y tocando el claxon, furioso, a la gente para que se quitara de en medio.

Frené de golpe delante de uno de los malhechores, a quien acorralé en una esquina. Salí disparado por la puerta del Lincoln y lo esposé en unos segundos. Ese día se hicieron cinco detenciones en total, e incautamos más de ochocientos mil dólares en metálico.

Steve fue el único que fue a juicio y contrató a uno de los mejores abogados de derechos civiles del país para que lo defendiera. Tony Serra, un autodenominado abogado *hippy* de San Francisco que llevaba su largo pelo blanco en una distintiva cola de caballo, ya había defendido desde a los Ángeles del Infierno hasta miembros del Ejército Simbiótico de Liberación, el grupo que secuestró a la heredera Patty Hearst en 1974. Su caso más importante y con tintes políticos fue su defensa de Huey Newton, de los Panteras Negras. En 1970 Serra recurrió con éxito la condena del homicidio de Newton por dispararle a un policía de Oakland que lo había parado en un control de carretera tres años antes.

Pero en la ciudad de Waco, Texas, principalmente blanca y baptista, donde se encuentra la ultraconservadora Universidad de Baylor, Serra era más un estorbo que una ventaja en su defensa del narcotraficante. Para colmo, fue muy arrogante durante el procedimiento judicial. En aquel tiempo el ayudante del fiscal general de Estados Unidos y la DEA le habían ofrecido a Steve, el cliente de Serra, unas condiciones muy buenas en caso de que estuviera dispuesto a llegar a un acuerdo con la fiscalía. Serra lo rechazó, y el caso se presentó ante el juez Walter Smith, quien más tarde obtendría reconocimiento en el país cuando presidió el juicio de los davinianos que habían escapado del sangriento enfrentamiento en 1993 con agentes federales y que acabó con la vida de ochenta miembros de la secta apocalíptica, entre ellos veinte niños. Durante el juicio de Steve, subí al estrado y reviví la conversación que habíamos mantenido Steve y yo en la Suburban acerca de suministrarle grandes cantidades de marihuana. La única pregunta que recuerdo que me hizo Serra fue si mentir formaba parte de mi trabajo. Me acuerdo de que le respondí que solo mentía cuando trabajaba de forma encubierta. Tal vez mi respuesta lo desconcertó, porque no hubo más preguntas por su parte.

Steve fue declarado culpable y condenado a treinta años de cárcel.

STEVE

Con el sudor cayéndome por el rostro, cargué con el subfusil Colt de 9 mm y empujé la puerta acribillada del dormitorio, ligeramente abierta, mientras advertía a mis colegas de la DEA que se quedaran atrás.

Era pleno verano en las afueras de Miami y acababan de descubrir nuestro escondite en el dormitorio principal de una casa modesta de Hialeah. A mi compañero Kevin Stephens, agente de la DEA y exmarine de Indiana, le acababa de disparar dos veces en el brazo uno de nuestros objetivos, un traficante de cocaína cubano que pegó tiros a diestra y siniestra cuando nuestra emboscada se tornó mortal.

Oí un alboroto en la sala de la casa. Cuando me asomé a la puerta del dormitorio, vi que los dos criminales llevaban pistolas, y nuestro agente infiltrado y el informante estaban tendidos en el suelo de la sala suplicando por sus vidas. Cerré la puerta y pedí ayuda por radio a nuestros dos equipos de refuerzo. Cuando Kevin abrió la puerta del dormitorio, uno de los delincuentes la estaba abriendo al mismo tiempo desde fuera. Kevin gritó «¡Policía!» y los criminales empezaron a dispararle con las pistolas. Kevin consiguió efectuar algunos tiros con su 9 mm antes de que le dieran dos veces en el brazo derecho. Al caer hacia atrás, ¡Kevin logró cerrar la puerta de golpe!

En ese momento, con el sudor chorreándome por la cara y las manos pegajosas por la sangre de Kevin, apunté con el arma a los sospechosos en la sala. Por el rabillo del ojo pude ver a nuestra fuente confidencial intentando mantenerse en pie; gruesos riachuelos de sangre le caían por los dedos mientras se agarraba la garganta e intentaba detener la hemorragia que salía a borbotones en todas direcciones. Al informante confidencial le había disparado el segundo delincuente con un revólver calibre 357 mientras huía por la puerta principal. Pete, el agente encubierto, estaba en el suelo gritando que alguien pidiera ayuda para nuestro informante.

¿Cómo pudo salir todo mal?

Todos pensamos que sería una operación encubierta rápida, y, a primera vista, parecía bastante simple: presentarnos en la casa que teníamos alquilada en un barrio obrero para realizar la emboscada, ofrecer a los bandidos un montón de dinero en efectivo y, mientras lo contaban, detenerlos y confiscar el «paquete», diecisiete kilos de cocaína valorados en veintiséis mil dólares el kilo.

Fácil, ¿no?

Esa estúpida idea se me pasó por la cabeza cuando nuestra emboscada, planeada a toda prisa, se convirtió en un baño de sangre.

Era 1989 y llevaba dos años en mi puesto con el Grupo 10, el grupo policial del Caribe. Nuestra especialización habían sido esas grandes incautaciones de cientos de kilos de cocaína que trataban de hacer llegar al puerto de Miami desde Medellín a través de pequeñas islas caribeñas, como Haití y Cuba y, las más memorables para mí, Turcas y Caicos.

Así que llevar a cabo una pequeña operación que pretendía confiscar solo diecisiete kilos no se consideraba en modo alguno un acto importante. Mis compañeros, Pete, Lynn y Kevin, lo veían más como una forma de salir de la oficina una tarde y divertirse un poco con un caso que no precisaba una gran preparación investigativa.

Kevin y yo habíamos trabajado en situaciones difíciles anteriormente. Ambos éramos jóvenes, dispuestos a asumir cualquier cometido, deseosos de avanzar en nuestras carreras. Un año antes de la malograda redada de Hialeah, trabajamos en una misión de «fuego amigo», una situación potencialmente mortal en la que el delincuente al que perseguíamos era un agente encubierto de los cuerpos policiales que intentaba identificar a los traficantes de cocaína, construir un caso contra ellos y hacer que los narcotraficantes aparecieran con el dinero para comprar la cocaína. Luego, los policías o agentes federales infiltrados detendrían al traficante y se apoderarían del dinero para ellos.

A finales de los años ochenta, durante los peores episodios de violencia del narcotráfico, el sur de Florida estaba prácticamente plagado de efectivos encubiertos de los cuerpos de seguridad de todas las agencias federales. También había policías locales infiltrados. Todos iban armados, contaban con una formación bastante buena e intentaban superarse unos a otros. Nadie llevaba nunca uniforme; todos iban de paisano.

A finales de 1988, un año antes de que nos viéramos envueltos en una situación límite en la desvencijada casa de Hialeah, Kevin y yo interrogamos al informante, que nos contó que había conocido a un distribuidor de cocaína que estaba en el mercado y vendía muchos kilos de droga. Interrogamos al informante y obtuvimos todos los datos que pudimos. Pese a que no sabíamos mucho de nuestros posibles objetivos, éramos unos agentes jóvenes y entusiastas y sentíamos que, con la ayuda de nuestro superior Gene Francar, tendríamos información suficiente para organizar una redada.

Siguiendo los consejos de Gene, dimos instrucciones al informante para que se reuniera con los delincuentes en el Denny's que había cerca del aeropuerto internacional de Miami. Por algún motivo, ese restaurante en concreto era un popular punto de encuentro de los traficantes, tal vez debido a su anonimato y proximidad al aeropuerto. El estacionamiento al otro lado de la calle del restaurante nos daría la oportunidad a nosotros y a nuestras unidades de vigilancia de ver con quién se encontraba el informante y qué tipo de coches conducían. Y si todo salía como habíamos planeado, seguiríamos a los malhechores para saber dónde vivían y los lugares que frecuentaban.

Kevin y yo llegamos con todo el equipo de vigilancia y tomamos posiciones en el estacionamiento frente al Denny's. Y esperamos. Conducía un viejo y destartalado Oldsmobile con los vidrios polarizados, algo no infrecuente en el sur de Florida, donde la mayoría de los vehículos tenía las ventanillas oscurecidas.

Me paré en el estacionamiento de modo que pudiera ver bien la puerta de entrada al restaurante. Me estacioné junto a una camioneta, también con los vidrios polarizados. El restaurante me quedaba a la derecha y la camioneta, a la izquierda.

Poco antes de que estuviéramos listos y enviáramos al informante al restaurante para el encuentro, la camioneta estacionada junto a mí puso en marcha el motor y me incorporé de un respingo. Además de observar la puerta principal del Denny's, también estaba controlando los otros vehículos de la zona, pero no pude ver ningún movimiento en la camioneta y asumí que no había nadie. Justo entonces, la camioneta salió de su estacionamiento y se colocó entre la puerta de entrada y yo. Ya no podía ver el Denny's. Pero no salió nadie del vehículo.

Entonces caí en que algo iba muy mal y de golpe me di cuenta de que mientras nosotros estábamos atentos a los delincuentes, ellos probablemente estarían haciendo su propia vigilancia. ¡Nos estaban observando!

¿Se trataba de un grupo de asesinos dispuestos a tendernos una emboscada a nosotros o a nuestro propio informante? ¿Tal vez era un marido o novio celoso que espiaba a su mujer o novia?

Le pedí consejo a Gene y decidimos acercarnos a la camioneta estacionada. Necesitábamos saber quién estaba dentro, una situación potencialmente mortal. Kevin y yo, junto con otros agentes de vigilancia, fuimos hasta un estacionamiento cercano y nos pusimos nuestro equipo de asalto —chalecos antibalas, cartucheras y chamarras tácticas— que siempre llevábamos en la cajuela. Nos metimos en los coches encubiertos y regresamos al estacionamiento frente al Denny's. De acuerdo a nuestro plan, tres de nuestros coches estacionaron juntos y se detuvieron delante de la camioneta. Otras unidades de vigilancia se colocaron en posición, emitiendo un chirrido, y flanquearon la camioneta. Encendimos las luces azules intermitentes y salimos con las armas desenfundadas. Nos identificamos como policías y ordenamos a los ocupantes de la camioneta que salieran. Las puertas del vehículo se abrieron despacio y, a ambos lados de la camioneta, vimos manos en alto en señal de rendición. Llevaban placas policiales.

Nuestros «delincuentes» resultaron ser agentes de narcóticos infiltrados del Departamento de Policía de Hialeah. Estaban llevando a cabo su propia investigación basada en la información de uno de sus confidentes. Había mucha rivalidad entre agencias, con muchos policías y agentes especiales que se volvían territoriales con sus casos. Para colmo, querían mantenerlos en secreto de otros efectivos de las fuerzas del orden y llevarse así al final el mérito. Este fue un suceso de «fuego amigo», pero uno con final feliz. Huelga decir que estábamos muy decepcionados con el resultado de esta posible investigación. Es muy penoso y exasperante trabajar durante meses en un único caso solo para que el de otro se anteponga al tuyo. No habíamos atrapado a los delincuentes, pero todos suspiramos aliviados por que nadie resultó herido.

Kevin y yo tuvimos suerte ese día, pero, por desgracia, no duró mucho. Durante los tensos momentos de la redada de Hialeah, me miré las manos, manchadas con la sangre de Kevin, y pensé que íbamos a morir los dos.

¿Cómo nos vimos envueltos en semejante situación límite? ¿Qué habíamos hecho mal?

Nuestro confidente era un cubanoamericano bajo y fornido que había sido informante de la DEA durante casi quince años en Miami. No creo que haya sido nunca un *dealer*, pero no lo sé. Jamás confiábamos totalmente en estas personas. El informante no conducía coches de lujo ni vestía de forma ostentosa. Le gustaba moverse en los oscuros bajos fondos de los traficantes de cocaína, donde podía pasar desapercibido, pero estaba involucrado con *dealers* del más bajo nivel, personas que podían mover tal vez cincuenta kilos de coca o menos. Puede sonar gracioso que alguien que puede manejar esa cantidad se considere un *dealer* de bajo nivel, pero, de nuevo, había tanta coca que pasaba a través del sur de Florida a finales de los ochenta que era imposible mantener el ritmo.

El informante organizó el encuentro con dos sospechosos en la casa un jueves por la tarde. Pero cuando llegaron los bigotudos individuos, vestidos con guayaberas, se negaron a salir del coche.

—Parece que algo no encaja —dijo uno de los sospechosos después de conducir por el barrio, una colección de casas estucadas anticuadas con barrotes en las ventanas y zonas de césped peladas que daban a un muro de concreto, en un apresurado intento de reconocimiento.

Pete y el informante se encogieron de hombros y quedaron en verlos al día siguiente.

El viernes amaneció húmedo y sofocante, un día de verano típico en el sur de Florida. A media tarde, cuando habíamos organizado reunirnos con los delincuentes, el esmog y el intenso calor dificultaban la respiración. En el salón de la casa, que apestaba a moho, Pete y el informante fingían examinar los dos kilos de cocaína que los sospechosos habían llevado de muestra. Dijeron que traerían los quince kilos restantes cuando vieran el dinero. Cuando Pete y el informante les dijeron que no lo tenían todo —más de cuatrocientos mil dólares—, uno de ellos sacó una pistola semiautomática calibre 45 y ordenó que se tiraran al suelo.

En cuanto oímos gritar a Pete y al informante, supimos que la situación se había vuelto muy peligrosa. Mientras llamaba por radio a nuestro equipo pidiendo refuerzos, Kevin abrió la puerta y enseguida se vio envuelto en un tiroteo cuerpo a cuerpo. Cuando Kevin cayó al suelo, aterrizó delante de mí. Agarré una almohada y se la puse en las dos heridas, presionando para contener la hemorragia. Mientras me aseguraba de que Kevin estuviera estable, uno de los sospechosos lanzó una lluvia de balas y siguió disparando a través de la puerta cerrada del dormitorio hasta que se quedó sin munición. Lynn, un exbanquero alto de Carolina del Norte (la DEA siempre contaba con una diversidad ecléctica de personas), respondió a los disparos desde el otro lado. Cuando cesó el tiroteo, había veintitrés orificios de bala en la puerta del dormitorio.

Al final resultó que, en cuanto llegué al salón, con mi subfusil en el hombro, listo para iniciar un segundo tiroteo, los delincuentes habían desaparecido de la vista. Uno de los sospechosos —el cerebro de la operación— se alejó rápidamente en un coche que conducía un tercer individuo, que estaba esperando en la entrada. Cuando vi al segundo sospechoso intentando alejarse renqueando, le ordené que se detuviera. Luego averiguamos que al sujeto número dos le acababan de diagnosticar el virus del sida y la enfermedad había afectado su movilidad, razón por la que se movía con dificultad. Ya había tirado su revólver en la banqueta. Los agentes de vigilancia en el exterior lo detuvieron cuando salió de la casa. Al conductor del coche lo capturaron más tarde esa noche en Miramar, una ciudad en el cercano condado de Broward, y el sospechoso que disparó a Kevin durante el primer tiroteo se entregó a la policía tres semanas después en Nueva York.

Fuera de la casa de estuco en Hialeah, un helicóptero se preparaba para aterrizar y llevar al informante y a Kevin al centro de traumatología del Jackson Memorial Hospital en Miami. A Kevin lo operaron de urgencia para salvarle la vida, pero el informante, que estaba prácticamente cubierto de sangre, murió cuando el helicóptero aterrizaba en el hospital.

Más tarde supimos que los narcotraficantes habían planeado timarnos desde el principio. No tenían los diecisiete kilos que prometieron; solo estaban planeando robar el dinero.

Durante toda mi carrera en la DEA, recordaría las importantes lecciones de esas emboscadas que salían mal. La primera lección es esta: entre los ladrones no existe nada parecido al honor. Lección número dos: ningún asunto de drogas se debe considerar jamás «rutinario».

JAVIER

Era un gran admirador de una determinada superestrella texana capaz de cantar un tema a todo pulmón, por lo que tener que colocarle un par de esposas en las muñecas fue un verdadero fastidio para mí.

¡Estaba perplejo! Era un habitual en mi casa, con sus melodías melancólicas que tanto amaban la mayoría de las personas que conocía en el sur de Texas, sobre todo mi abuela.

A decir verdad, fue una de las coincidencias más extrañas de mi vida verme en el asiento trasero de un Lincoln Continental Mark IV lleno de cajas con sus CD. Más extraño aún fue que el corpulento conductor con el bigote caído no fuera otro que ¡la propia leyenda!

Estaba trabajando de infiltrado en una redada de meta que mi colega Joe Regalado del Departamento de Policía de Austin había empezado a investigar. A mediados de los ochenta la meta era un gran problema en Austin, con decenas de laboratorios de metanfetamina diseminados en barrios empobrecidos por toda la ciudad. Siempre buscábamos las señales indicadoras: botes de basura llenos de latas vacías de aguarrás y ácido de baterías, y zonas quemadas de césped fuera de los laboratorios caseros. Los fabricantes de meta solían tirar las sustancias químicas sobrantes en el exterior de casas decrépitas de vecindarios pobres. En el interior, buscábamos utensilios de cocina de cristal en el fogón, manchados con restos de polvo.

La metanfetamina en forma de cristal o polvo es una de las drogas más adictivas. Al igual que la cocaína, ataca al sistema nervioso central y se puede inhalar, inyectar o ingerir. Afecta de forma inmediata a los niveles de dopamina del cerebro, aumentando el placer, pero también poniendo en grave peligro de muerte a quien la usa debido a las nocivas sustancias químicas que se emplean en su fabricación. A diferencia de la cocaína, la meta la produce el hombre y su elaboración es bastante barata.

Tenía un informante que trabajaba en una «casa de químicos» en Austin, un hombre hispano gordo y de mediana edad llamado Johnny. La casa de químicos estaba en un barrio bajo al este de Austin donde vivían muchos traficantes latinos. Al entrar en el almacén, había un mostrador largo que impedía el acceso a la parte trasera del edificio. Los clientes le hacían el pedido a Johnny y él llevaba los productos químicos hasta el mostrador.

La casa de químicos estaba ubicada en un viejo almacén de cemento encalado, rodeado de árboles, en un barrio residencial de viviendas desvencijadas. Los árboles eran una buena protección para vigilar, y a veces me sentaba en mi coche durante horas, oculto detrás de una mata de verdor, a observar quién entraba y salía del edificio. Trabajé en muchos casos de meta en los que me limitaba a seguir a los clientes a la casa de químicos. Antes de empezar en la DEA, nunca había oído hablar de un establecimiento así, pero pronto averigüé que era un negocio legal que vendía productos químicos industriales como éter, sodio, amoniaco y otros tipos de disolventes de limpieza y material de vidrio usado en química, como los vasos de precipitados. También vendían fenilacetona, más conocida como P2P, el principal ingrediente para fabricar meta. Si alguien la pedía, sabíamos que probablemente la estaría usando para preparar la droga en un laboratorio en el sótano.

En cuanto Johnny pasó a ser mi informante, me dijo que los propietarios —un equipo formado por padre e hijo— ganaban mucho dinero. Tenían su propia camioneta de empresa con un logo y entregaban grandes pedidos a los comercios locales en barriles de doscientos litros. Pero había problemas con la empresa. El padre se estaba haciendo mayor y estaba perdiendo el control del negocio, y el hijo se estaba aprovechando de su anciano padre y dirigía una empresa fraudulenta. Edgar, el hijo, era de mediana edad y desgarbado, y muy blanco, y destacaba en un barrio mayoritariamente negro e hispano. Según Johnny, Edgar también robaba dinero de la empresa y vendía sustancias químicas a conocidos narcotraficantes, lo que le permitía llevar un lujoso estilo de vida. Edgar me conocía y cooperó mucho cuando le pregunté acerca de la empresa. Me habló sobre sus clientes legítimos, pero negó que hubiera tenido negocios con delincuentes. Nunca sospechó que había reclutado a Johnny como mi confidente.

Claro está, Johnny sabía qué tramaban sus jefes —vendían a los criminales material de vidrio y sustancias químicas para producir meta—, razón por la que estaba más que encantado de darme información en caso de que encerráramos a sus patrones. Era su póliza de seguro para no acabar en la cárcel si se nos ocurría allanar el almacén en algún momento.

Encima de eso, le pagaba a Johnny cada vez que nos avisaba de algo. Me llamaba siempre que entraba un delincuente a comprar una cantidad especialmente grande de productos químicos. Ocurría muy a menudo, y Johnny me avisaba mientras los bandidos estaban en el mostrador pagando su alijo. Dejaba todo lo que estaba haciendo e iba corriendo, puesto que las oficinas de la DEA estaban cerca de la casa de químicos.

Recuerdo una ocasión en que Johnny me dio el pitazo de un cliente que parecía ser muy de fiar. Era blanco, alto e iba bien vestido, y cuando lo seguimos hasta su domicilio, vimos que vivía en una casa grande en una zona exclusiva de Austin y dirigía una serie de empresas legales en la ciudad. Pero pronto pasó a ser sospechoso al pedir un barril de doscientos litros de P2P. Lo vimos ir al almacén y observamos que Johnny usaba una carretilla elevadora para colocar el barril en su camioneta. Seguimos al comprador hasta una empresa de transportes profesional y rastreamos la entrega hasta Waco. Luego, lo detuvimos y pudimos demostrar que estaba ayudando a traficantes de meta y había facilitado otras entregas de sustancias químicas a los delincuentes. Su caso tardó mucho tiempo en llegar a los tribunales, y yo ya estaba en Colombia cuando fue condenado. Pero al final ingresó en prisión y lo perdió todo, incluida su gran casa.

En otra ocasión, Johnny me llamó para decirme que sus jefes acababan de comprar cientos de vasos de precipitados de vidrio y cacerolas para cocer meta. El material de vidrio, que los dueños de la empresa de químicos habían adquirido en una subasta del Gobierno, aún tenía puestas las etiquetas de pruebas de la DEA. ¡No podía creer lo que estaba viendo! Nuestra gente había confiscado la parafernalia necesaria para preparar la droga que habían soltado en las calles solo para que nuestro propio Gobierno volviera a ponerla ahí. Si no hubiéramos incautado del material de vidrio, los delincuentes lo habrían revendido todo a los traficantes. Les armé un escándalo a los funcionarios federales, cuya idea era ante todo sacar a subasta el material.

En 1985, cuando empecé a trabajar en el caso de la meta con la policía de Austin, treinta gramos de metanfetamina costaban mil quinientos dólares. Joe Regalado y yo fuimos de encubierto y empezamos a comprarle meta a un tipo que se jactaba de poder conseguir grandes cantidades. Compramos unos cuantos gramos al mismo traficante al que antes habíamos encargado medio kilo de meta, que rondaba los veinte mil dólares. La policía de Austin no tenía semejante cantidad de dinero, por lo que lo puso la DEA, y nos preparamos para hacer una detención, con la esperanza de que el traficante nos llevara hasta su proveedor.

El delincuente nos dijo que nos reuniéramos con él en un estacionamiento de un lujoso restaurante en la parte occidental de Austin. Lupe Trevino, el jefe de Joe que estaba vigilando el arresto, nos dijo concretamente que no «saltáramos». No se nos permitía ir a ninguna parte si nos metíamos en el coche del *dealer*. Tan solo teníamos que darle la señal de detención cuando tuviéramos el medio kilo de meta en las manos, y Lupe enviaría refuerzos para bloquear a los traficantes y proceder al arresto.

Pero las cosas salieron mal desde el principio, cuando Joe y yo fuimos al estacionamiento del restaurante y vimos que el maleante nos hacía señas para que subiéramos a su coche. Admiré el Lincoln, con la llanta de refacción en el hueco de la cajuela, porque en aquella época no muchos tenían ese coche. Mientras me metía en el asiento trasero con Joe, aparté a un lado varios estuches de CD, para poder sentarme.

Nunca nos percatamos de que el hombre cuya imagen estaba en la carátula de los discos fuera el conductor del coche. De hecho, ni siquiera nos dimos cuenta de que había un conductor hasta que el delincuente se coló en el asiento del pasajero y de repente el vehículo dio un respingo hacia atrás y salió disparado. A Joe y a mí nos entró el pánico. Protestamos en voz alta y dijimos que no nos sentíamos seguros yendo a un lugar desconocido. Justo entonces el traficante sacó un paquete de debajo del asiento delantero y nos lo tiró. Parecía el medio kilo de meta, y rápidamente dije que teníamos que regresar al estacionamiento del restaurante porque había dejado el dinero en mi coche. El conductor dio la vuelta y volvimos, lo cual fue una suerte, ya que, en cuanto nos marchamos, las unidades de vigilancia nos habían perdido. Suspiré de alivio al ver a nuestros hombres en el estacionamiento. Cuando el Lincoln se detuvo me quité la gorra, que era la señal para la detención, y Joe y yo sacamos nuestras armas y arrestamos enseguida a los dos hombres. Los refuerzos policiales y los agentes de la DEA llegaron cuando estaba esposando al conductor. No opuso resistencia y admitió con timidez que era la gran leyenda texana. Me sorprendió y le dije que toda mi familia de Laredo y Hebbronville lo adoraban. Cuando mi jefe de la DEA envió el teletipo a la central, se empeñó en decir que habíamos detenido a un famoso artista texano.

Ambos hombres pasaron cuatro años en prisión. Antes de detenerlo y esposarlo, la leyenda sacó un CD de uno de los estuches en el asiento trasero del Lincoln. Extrajo un marcador del bolsillo y firmó un autógrafo con una floritura.

STEVE

Poco después de que detuvieran en Nueva York al tipo que había disparado a Kevin, la DEA me envió a una misión temporal con el fin de sacarme de Miami mientras Kevin se recuperaba. Su restablecimiento total tardó un año, pero al final se reincorporó al servicio de la DEA. Me enviaron a las Bahamas durante tres meses a trabajar en la Operación BAT. Se trataba de una operación conjunta entre la DEA, el Cuerpo Real de Policía de las Bahamas, la Guardia Costera de Estados Unidos y el ejército estadounidense. En resumidas cuentas, patrullábamos en helicóptero a lo largo del archipiélago de las Bahamas en busca de fueraborda y otras embarcaciones que participaran en actividades de contrabando. Después de pasar una semana en las dependencias de la DEA situadas en la embajada de Estados Unidos en Nassau, fui a Freeport a realizar las misiones de reconocimiento diarias, a menudo tediosas.

Como quedó demostrado en el juicio de Lehder, las Bahamas y todo el Caribe eran completamente decisivos para los narcotraficantes. Antes de su detención Lehder había montado una verdadera operación militar en Cayo Norman, con pistas de aterrizaje, una avioneta, lanchas motoras y alojamiento para su ejército de pilotos, marineros y traficantes, que introducían cocaína sin cesar en el sur de Florida.

A pesar de la importancia de las Bahamas para los grandes cárteles de la cocaína, me sorprendió ver que solo había otro agente de la DEA en Freeport cuando llegué. Eso implicaba que trabajábamos veinticuatro horas, otras veinticuatro de descanso, siete días a la semana. No estaba mal; aún estaba entusiasmado por ser un agente, incluso si eso suponía volar en helicóptero todos los días en busca de actividades sospechosas abajo. De forma rutinaria, hacíamos dos patrullajes diarios, uno por la mañana y otro a última hora de la tarde. Pero si recibíamos alguna llamada sobre una actividad sospechosa, nos íbamos directo al aeropuerto.

Un día, después del patrullaje matutino, volví a la casa que teníamos alquilada en Freeport a hacer un poco de papeleo. Mientras estaba allí, recibí una llamada del supervisor de grupo de la DEA Pat Shea, el agente encargado de la Operación BAT. Pat dijo que había recibido información acerca de un narcotraficante colombiano llamado Pablo Escobar Gaviria, que había sido visto en Treasure Cay y usaba un avión privado en sus desplazamientos. Pat nos facilitó la matrícula mexicana de la aeronave y nos dio instrucciones para que fuéramos de inmediato al aeropuerto de Freeport. Envió a más agentes de refuerzo y helicópteros desde Nassau, pero sabíamos que llegaríamos mucho antes y estaríamos en primera línea en esta operación especial.

Luego Pat me preguntó si sabía quién era Escobar. Si bien ya había oído su nombre y sabía algo acerca de su reputación a partir de los casos en los que había trabajado en Miami, no tenía muy claro —no entonces— cuál era el alcance de su participación en el tráfico de cocaína. En ese tiempo acababa de empezar a leer *Los reyes de la cocaína*,* de Guy Gugliotta y Jeff Leen, reporteros del *Miami Herald*. El libro tenía una foto de Escobar y Pat me dijo que me lo llevara, pues me ayudaría a identificarlo si nos lo encontrábamos.

Cuando llegué al aeropuerto de Freeport, el equipo de tierra de la Guardia Costera ya estaba ocupado preparando el helicóptero para el despegue. Los dos pilotos y los dos miembros de la tripulación empezaron a leer sus listas de chequeo antes del vuelo. Cuando llegaron los dos agentes de policía de las Bahamas, despegamos con rumbo a Treasure Cay. Durante el vuelo, todos llevábamos cascos para poder hablar entre nosotros. Por lo general, yo me sentaba en el transportín entre los dos pilotos, y los bahameños, en la parte de atrás. Me aseguré de que todos supieran a lo que podríamos enfrentarnos si el pitazo daba sus frutos. También me cercioré de que todos supieran de la fama de violento de Escobar.

Pablo Escobar era conocido por viajar con un gran arsenal de armas, mucho más armamento del que podíamos hacer acopio. Yo llevaba un revólver Smith and Wesson 9 mm; cada uno de los agentes bahameños portaba una pistola calibre 38 y ametralladoras muy antiguas que parecían rescatadas de la Segunda Guerra Mundial. Por su parte, la Guardia Costera no solía llevar armas, sino que las guardaban en un compartimento cerrado dentro del helicóptero. Eran dos revólveres calibre 45 y dos escopetas calibre 12. Aunque podría parecer que era mucho armamento, sabía que Escobar tendría mucho más. No podíamos competir con él.

* Guy Gugliotta y Jeff Leen, *Los reyes de la cocaína*, traducción de Juan Antonio Gutiérrez-Larraya, Planeta, Barcelona, 1990. (*N. de la t.*)

Ese día volamos muy bajo, tal vez a quince o treinta metros sobre el mar. Al aproximarnos a Treasure Cay, los pilotos nos dijeron que habían visto un avión en la pista que se dirigía hacia al punto de despegue. A medida que volábamos más cerca y sobre una mata de árboles, todos pudimos ver el avión privado en la calle de rodaje, listo para despegar. Los pilotos redujeron la velocidad de modo que pudieran leer la matrícula. Aunque el avión tenía en efecto una matrícula mexicana, había un dígito menos del que nos había dado Pat. Pero decidí actuar de todos modos y le dije a nuestro piloto que bloqueara la pista con objeto de evitar que el avión despegara.

Cuando aterrizamos, nos preparamos para un tenso enfrentamiento. Los agentes de policía bahameños y yo salimos de inmediato del helicóptero con nuestras armas desenfundadas. Me acerqué al avión mexicano y deslicé un dedo por la garganta para indicarles que apagaran los motores, pero aceleraron como si fueran a despegar. Los agentes bahameños se tendieron en el suelo y apuntaron con sus ametralladoras al avión. Me arrodillé sobre una pierna y apunté el revólver en dirección al aparato. Nuestros pilotos permanecieron en sus asientos con sus pistolas 45 y las escopetas colocadas en diagonal frente al cuerpo. Su principal responsabilidad era proteger el helicóptero, pero, teniendo en cuenta nuestra confianza y respeto mutuo, confiaba en que estuvieran preparados para ayudarnos si se desataba un tiroteo.

Al final el avión paró el motor y los pilotos levantaron las manos. Nos acercamos con cautela, sin saber qué esperar. Cuando se abrió la puerta, uno de los pilotos estaba de pie en la entrada con los brazos en alto y hablando español a toda velocidad. Como sabíamos que el idioma universal en aviación es el inglés, le ordenamos al piloto que se tranquilizara y saliera del avión, donde podríamos hablar. Dijo que había dejado a varios ejecutivos en Treasure Cay y nos permitió registrar el interior de la aeronave. Los pilotos nunca habían oído hablar de Pablo Escobar, y tras enseñarles su foto de *Los reyes de la cocaína*, alegaron que no lo habían visto nunca antes. No fue hasta después de estacionar nuestro helicóptero cuando divisamos el otro avión con la matrícula que nos había dado Pat. Los pilotos mexicanos nos aseguraron que la aeronave pertenecía a la misma compañía que ellos y que se había empleado para llevar a otro grupo de ejecutivos a Treasure Cay.

Después de la llegada de nuestras unidades de apoyo, interrogamos a todos los que trabajaban en el aeropuerto de Treasure Cay y les mostramos la fotografía en blanco y negro del libro. Nadie pudo reconocer al hombre bigotudo y regordete, vestido de manera informal con una camisa de manga corta y jeans. Pocas horas más tarde, por fin regresamos a Freeport.

¿Estaba Escobar en Treasure Cay y había volado en alguno de esos aviones? Nunca lo sabremos.

JAVIER

Casi dejo el trabajo la primera vez que sentí el frío metal de un revólver en la sien.

Un informante me había hablado de la venta de medio kilo de alquitrán negro. Era una operación encubierta sencilla en la que mi compañero de la DEA —un agente veterano que había estado destinado anteriormente en Afganistán— y yo fingiríamos estar interesados en comprar la droga, y romperíamos la puerta y detendríamos a los delincuentes. Como en las películas.

El trato tendría lugar en el sur de Austin, una parte desolada y reseca por el sol con casas de empeño, casas de crack, escaparates abandonados y concesionarios de coches usados. Dispusimos de poco tiempo para reunir a un equipo de apoyo porque era un fin de semana largo y nadie quería trabajar. Si miro hacia atrás, probablemente habríamos cancelado todo el asunto, pero como ya dije, aún estaba entusiasmado. Todavía quería con desespero causar impresión.

Fuimos hasta un motel de mala muerte y contuve la respiración mientras llamaba a la puerta. Uno de los *dealers* nos dejó pasar. Apenas tuve tiempo de contemplar la mugrienta habitación del motel, con su colcha floreada de poliéster, la alfombra manchada y el destartalado aire acondicionado removiendo aire viciado, cuando uno de los hombres —el bajo con barba— sacó un arma de debajo de la almohada floreada y la amartilló contra mi cabeza.

—Si eres policía, eres el primero en morir —dijo en español.

Tragué saliva. No quería morir así, con una bala en la cabeza, encima de medio kilo de heroína. Se me pasó por la mente confesar. Les diría que era un actor interpretando un papel y nos estrecharíamos la mano, nos lo tomaríamos a broma y nos iríamos. Tan solo un malentendido. No quería nada de eso. Con la frente llena de sudor, quise tranquilizarme, mientras repetía de memoria mis oraciones de la época del colegio, cuando el *dealer* (lo llamaré el Mexicano) empezó a hablar de México y Nuevo Laredo.

¿Nuevo Laredo?

¡Por supuesto que sabía todo de Nuevo Laredo! Estaba al otro lado de la frontera de donde me crie. De repente, sin ni siquiera pensarlo, me puse a hablar a toda prisa sobre La Zona. Farfullé algo acerca de todos los tugurios, alardeé de pasar el rato en el Papagallo y el 123, clubes que eran también burdeles bastante duros. El delincuente empezó a bajar la guardia y al final agarró con menos fuerza el revólver.

Supongo que todo ese tiempo de estar por ahí con mis compañeros de instituto y salir por el barrio chino al final había valido la pena.

136

Con la sangre martilleándome en los oídos, volví al asunto del arresto. De algún modo, convencí al Mexicano de que nos dejara inspeccionar la heroína. Desprendí un trozo del bloque negro y pegajoso y lo hice rodar entre los dedos. Lo acerqué a la nariz e inhalé el alquitrán.

Mi compañero salió al coche a tomar los diez mil dólares en efectivo que habíamos traído para la operación. Y luego me preparé para lo que pensé que iba a dar lugar a un gran tiroteo cuando llegaran los refuerzos volando a través de la puerta de la habitación del motel. Habíamos planeado que, en cuanto mi compañero saliera de la habitación para ir por el dinero, el equipo de detención se abalanzaría sobre él. Eché un vistazo a la habitación, tratando desesperadamente de averiguar cómo acercarme poco a poco al baño, donde podría dispararles a los delincuentes. Tanteé mi 38, que el Mexicano o había pasado por alto o no se había preocupado más de ella después de decidir que yo no era policía. Mi corazón latía aceleradamente cuando mi compañero regresó pocos minutos después sosteniendo una bolsa de papel con el dinero. El equipo de detención no se había percatado de su presencia en el estacionamiento, por lo que volvió a la habitación del motel sin refuerzos. Tiró la bolsa en la cama, y los delincuentes soltaron sus armas y corrieron a contarlo. Mi compañero y yo nos miramos. Era nuestra oportunidad. Tomé mi pistola sin que se dieran cuenta.

—¡Al suelo! —grité en español sacando mi revólver de cinco tiros calibre 38.

Cuando el equipo de detención al fin irrumpió a través de la puerta, ya había agarrado a mi malhechor y le estaba gritando, porque casi me matan en esa habitación. También le di unos cuantos empujones, pero no dijo nada porque sabía que podía haberlo matado.

—¡La próxima vez que vendas droga, ni se te ocurra traer una maldita arma! —le grité al Mexicano.

Ese día aprendí mucho, y me prometí a mí mismo que nunca más me metería en una situación tan peligrosa como esa, entre cuatro paredes, en una habitación de un motel.

No hace falta decir que rompí esa promesa en cuanto llegué a Colombia.

TERCERA PARTE

JAVIER

Jamás había oído hablar de Pablo Escobar antes de ir a Colombia. La verdad es que nunca quise ir ahí desde el primer momento. Había solicitado Ciudad de México después de que finalizara mi periodo en Austin. En cambio, me dieron Bogotá, y fue una amarga decepción.

Y en cuanto pisé tierra colombiana, no pude escapar de Pablo Escobar Gaviria. En las comunicaciones internas de la DEA, era «TKO 558 número de caso ZE-88-0008». Él era mi nuevo cometido, desde luego, pero después de la noche del 18 de agosto de 1989, Pablo Escobar también se convirtió en mi obsesión.

Escobar controlaba el Cártel de Medellín, que, cuando yo llegué en 1988, era el grupo de narcotraficantes más poderoso del mundo. El 80 por ciento de la cocaína a nivel mundial procedía de Colombia, y se elaboraba a partir de las hojas y la pasta de coca que salían de Perú y Bolivia. En Colombia el ejército de sicarios de Escobar, la mayoría de ellos delincuentes adolescentes de poca monta de las comunas, barrios bajos, de Medellín, libraban una guerra de narcoterrorismo. Cuando llegué al lugar, ya habían asesinado a cientos de policías, juristas, reporteros y a sus propios rivales en el negocio de las drogas.

Escobar y el resto de los miembros del Cártel de Medellín luchaban ferozmente contra los planes del Gobierno colombiano, que quería extraditar a los narcotraficantes para que fueran juzgados en Estados Unidos. En 1984 los cargos electos debatieron un tratado que permitiría al Gobierno federal extraditar a cualquier colombiano incluso si solo eran sospechosos de un delito. Los líderes del cártel, que estaban acostumbrados a sobornar o asesinar a sus adversarios en Colombia con tal de evitar la detención, sabían que jamás podrían ejercer el mismo poder en Estados Unidos, y cualquier juicio los conduciría con seguridad a una larga pena de cárcel.

Así que contraatacaron de la forma más despiadada posible: las muertes espeluznantes de sus enemigos pretendían ser una advertencia de que Los Extraditables no tolerarían ninguna interferencia. Plata o plomo, este era el principio rector del Cártel de Medellín. Con Escobar, o negociabas y aceptabas un soborno para hacer la vista gorda, o te metían una bala en la cabeza.

En los inicios del terror la mayoría de los que se interponían en su camino, grupos de presión para la extradición, recibieron varios balazos en la frente.

Uno de los primeros en proponer la extradición fue el ministro de Justicia de Colombia, a favor de la causa, Rodrigo Lara Bonilla, miembro de Nuevo Liberalismo, una facción progresista del Partido Liberal del que fue cofundador. Exabogado, el político de treinta y siete años no tuvo miedo de denunciar a Escobar y reveló cómo financió, a través de la corrupción y el crimen, todos los proyectos para la comunidad que lo hicieron merecedor de que lo compararan con Robin Hood en Medellín. Esas revelaciones, que salieron a la luz cuando Escobar fue elegido suplente al Congreso colombiano, pasaron a ser el primer motivo por el que Lara solo duró ocho meses como el mejor policía del Gobierno federal. Dos secuaces de Escobar lo asesinaron a tiros mientras iba en el asiento trasero de su Mercedes, conducido por su chofer, camino de casa desde el trabajo en la noche del 30 de abril de 1984, tres días después de que denunciara a Escobar como criminal en el Congreso y procediera a confiscar sus bienes. El Gobierno de Estados Unidos había advertido a Lara de que su vida corría peligro, y la embajada incluso le había dado un chaleco antibalas. El chaleco se encontró junto a su cadáver en el asiento trasero del vehículo. Su cuerpo estaba tan acribillado a balazos que es poco probable que el chaleco le hubiera salvado la vida.

Los legisladores colombianos estaban tan horrorizados por su brutal asesinato que aprobaron sin demora el tratado de extradición. La administración de Reagan llevaba tiempo presionando a Colombia para que aprobara la legislación y el tratado entrara en vigor, y Estados Unidos exigió de inmediato la extradición de cien colombianos. Pero, a decir verdad, nos traían sin cuidado los *dealers* de poca monta que estaban en esa lista; nuestro objetivo eran los líderes del Cártel de Medellín: José Gonzalo Rodríguez Gacha, el clan Ochoa y Escobar.

A medida que el Gobierno colombiano presionaba más al Cártel de Medellín, los criminales desataron una despiadada campaña de terror. El 6 de noviembre de 1985, el cártel apoyó la funesta toma del Palacio de Justicia de Bogotá. Decenas de guerrilleros del M-19 asaltaron el edificio y tomaron como rehenes a los veinticinco jueces del Tribunal Supremo del país y a otros cientos de personas. El objetivo del grupo de izquierda era «denunciar a un Gobierno que ha traicionado al pueblo colombiano». Su plan era obligar a los jueces a exigir cuentas al presidente del país por violar un acuerdo de paz con los rebeldes que habían firmado un año y medio antes. También estaban furiosos por el tratado de extradición y coincidían con los líderes del Cártel de Medellín en que ningún colombiano debería hacer frente a la justicia en otro país. Al final, resultó que el propio Escobar había financiado el asalto. Pero el gobierno del presidente Belisario Betancur rechazó la negociación y envió al ejército a rescatar a los rehenes. Durante los siguientes dos días las fuerzas armadas colombianas lanzaron un ataque sangriento, con carros de combate y explosivos, que acabó con la vida de once jueces, treinta y cinco guerrilleros y cuarenta y ocho soldados. Otros once —casi todos trabajadores de la cafetería— siguen desaparecidos. Estalló un incendio —o más bien lo provocaron— que destruyó miles de documentos que el tribunal estaba utilizando para decidir la extradición de los narcotraficantes. Según las noticias, muchos de los expedientes correspondían al caso de Pablo Escobar.

A pesar de la violencia, los dirigentes colombianos continuaron arriesgando su vida para luchar contra los narcotraficantes. Un año después del asalto al Palacio de Justicia, Guillermo Cano Isaza, editor y copropietario de *El Espectador*, el segundo periódico más importante del país, fue asesinado a tiros por dos hombres armados en una moto cuando salía de la imprenta del rotativo en un suburbio industrial de Bogotá. El periódico de Cano había sido el primero en documentar la vida criminal de Escobar, que empezó en 1976. El diario publicó un artículo sobre su detención por cargos de contrabando de drogas, al igual que su primo y confidente Gustavo Gaviria Rivero y su cuñado Mario Henao. Cano volvió a reproducir el artículo original años después, cuando Escobar fue elegido al Congreso colombiano en 1982, pese a que, desacreditado, se vio obligado a dimitir tras los ataques de su propio partido y las columnas de Cano que denunciaban su papel en el Cártel de Medellín.

Escobar juró que lo conseguiría a pesar de sus enemigos, y la matanza continuó.

Dos años después del asesinato de Cano, el 25 de enero de 1988, el fiscal general del Estado, Carlos Mauro Hoyos Jiménez, fue secuestrado y asesinado por los matones de Escobar.

Según Jhon Jairo Velásquez Vásquez, el esbirro más importante del Cártel de Medellín, conocido como Popeye, Escobar quería que Hoyos fuera juzgado por traición y lo acusaran de aceptar sobornos de la DEA por apoyar la extradición de colombianos. De acuerdo con Popeye, Escobar también dijo que Hoyos había aceptado mordidas de miembros de su propio grupo al margen de la ley.

Llegué a Bogotá poco después del asesinato. La noticia de la muerte de Hoyos tuvo mucha repercusión, sobre todo porque fue asesinado en la zona de Medellín, el baluarte del cártel. Apenas sabía nada de la violencia que estaba engullendo a Colombia y muy poco acerca de Escobar, el hombre que acabaría dominando mis pensamientos durante los siguientes años. En aquella época, en la DEA no teníamos reuniones informativas sobre las nuevas misiones, y muy escasa información acerca de lo que ocurría en el país llegaba a los periódicos de Texas.

Me llevó un tiempo orientarme y mentalizarme acerca de mi nuevo cometido. Era un soldado de primera línea en la lucha contra el narcotráfico en Estados Unidos, pero no empecé realmente a darme cuenta hasta mucho después. De momento, solo estaba conmocionado por lo inadecuados que eran mis refuerzos en el que, en esa época, era uno de los lugares más peligrosos del mundo.

Es difícil expresar lo inquietante que era llegar a una ciudad en guerra. Las calles estaban casi desiertas por la noche, y soldados con atuendo antidisturbios blandiendo AK-47 y acompañados de pastores alemanes de aspecto fiero, atados a correas cortas, vigilaban todos los grandes hoteles de la ciudad.

La oficina de la DEA estaba en el sótano de la antigua embajada de Estados Unidos, un búnker de baja altura rodeado de un muro de cemento y coronado por barrotes de hierro puntiagudos en el centro de Bogotá. Nuestro cuartel general era muy pequeño, lóbrego y situado junto al garage de la embajada. El coche del embajador estaba estacionado delante de nuestra puerta, y tenía la sensación de que inhalaba el tubo de escape todo el día. La propia oficina era muy estrecha y a veces se inundaba cuando había tormenta. Teníamos cuidado de no dejar nunca documentos en el suelo por temor a que pudieran destruirse a causa del agua. Disponíamos de cubículos con paredes improvisadas que solo se alzaban hasta media altura. Si te levantabas de tu mesa, podías ver qué hacía tu vecino, y resultaba imposible no escuchar todas las conversaciones.

Cuando me seleccionaron para Bogotá, el rumor era que había estrecheces en la oficina de la DEA y que muchos agentes simplemente se quedaban, algo fácil de hacer en un lugar como Colombia, donde los agentes cobraban el 50 por ciento más de su salario normal, gran parte de ello en concepto de «paga de peligrosidad». Pero los datos sobre redadas antidroga iban cayendo, y casi no había coordinación con las autoridades locales. Una de las críticas constantes era que nunca se podía confiar en la policía ni en las fuerzas armadas de Colombia. Pronto descubrimos que era del todo falso.

Formaba parte de un grupo de seis agentes nuevos contratados de todos los rincones de Estados Unidos con el fin de llenar la oficina de Bogotá de talento emprendedor y enérgico. Nuestro nuevo jefe era Joe Toft. El agente al mando de la DEA llegó a Bogotá a la vez que yo. Era un veterano duro que se había abierto camino desde puestos en San Diego, Roma, Madrid, Dallas, Washington y San Antonio. Toft fue mi jefe en Texas, y le tenía muchísimo respeto. Con su más de metro ochenta y dos, su presencia en la oficina era imponente. Se crio en Bolivia y hablaba español como un nativo. Era exigente y prudente, la clase de tipo inflexible y provocador sin tiempo para vagos. Toft hacía trabajar a la gente, porque llegó a Bogotá con instrucciones del cuartel general de la DEA de cambiar la oficina. Cuando aterrizó en la ciudad, empezó a denegar prórrogas del servicio a los agentes que no hacían nada. Por lo general, la DEA envía a los agentes especiales al extranjero durante dos años y después puede prorrogar sus servicios hasta un máximo de seis años. A pesar del peligro, Colombia era un destino codiciado debido a la paga extra.

Toft no tenía muchos amigos en la embajada y rara vez socializaba con nosotros. Pasaba los fines de semana jugando tenis y, de vez en cuando, nos invitaba a algunos de nosotros a partidos de basquetbol o voleibol, pero era sumamente agresivo y muy visceral. Te gritaba si te equivocabas en la cancha. Durante un partido de voleibol bajo techo, Toft y el embajador tuvieron una violenta pelea a voz en grito sobre si la pelota había salido fuera del campo.

Toft era adicto al trabajo, y cuando hacía vida social, era con sus amigos de la policía y las fuerzas armadas colombianas. Pasaba mucho tiempo entablando relaciones con las altas esferas de los cuerpos de seguridad del país, y exigía que los agentes a su cargo crearan sus propias redes entre la Policía Nacional de Colombia y los efectivos militares que estaban en primera línea en la batalla contra Escobar. En nuestra primera reunión nos dijo que si se producía una gran incautación de coca o un arresto importante, quería que los policías colombianos nos llamaran primero a casa y nos dieran los detalles. No quería leerlo en los periódicos al día siguiente.

Esto por sí solo ya distinguía a Toft de sus predecesores, quienes rara vez consultaban con las fuerzas del orden colombianas. A cambio, todos los dirigentes de la PNC lo respetaban y le pedían consejo de forma periódica. Toft se hizo muy amigo del comandante Jesús Gómez Padilla y del general Octavio Vargas Silva, ambos jefes de la policía colombiana durante la búsqueda de Escobar. También conocía a Hugo Martínez, el coronel de la PNC que sería decisivo en las búsquedas. Pero

Toft y Martínez no eran demasiado amigos, porque Martínez parecía estar un poco celoso de la relación de Toft con Vargas. Por su parte, Toft también tenía lazos estrechos con el jefe de la contrainteligencia Miguel Maza Márquez, responsable del DAS, el Departamento Administrativo de Seguridad, que era el equivalente colombiano al FBI. Cuando Toft visitaba ambas agencias, tenían guardias preparados a su llegada. Lo escoltaban al piso superior a través de los elevadores privados que solo podían utilizar los generales. A Vargas, que más tarde llegaría a ser comandante y artífice del Bloque de Búsqueda de Escobar, Toft lo visitaba en su casa los sábados por la mañana y mantenían reuniones estratégicas. En ocasiones yo acompañaba a Toft a esos encuentros. Todas estas redes de contactos nos facilitaban mucho el trabajo. Si miro hacia atrás, no creo que hubiera llegado a ninguna parte en la búsqueda de Escobar de no haber sido por Toft.

Bajo su liderazgo, pronto establecimos relaciones importantes con las autoridades locales, todas ellas veteranas en la salvaje guerra contra el narcotráfico, que habían visto caer asesinados a muchos de sus propios amigos y colegas. Toft consideraba que la policía antinarcóticos y los agentes federales colombianos no nos tomarían en serio hasta que nos ofreciéramos como voluntarios para salir con ellos en operaciones policiales y les demostráramos que estábamos dispuestos a arriesgar nuestra vida en la batalla contra los cárteles.

Gary Sheridan fue mi primer compañero en Colombia. Llegamos a Bogotá al mismo tiempo. Desde el primer momento supimos que estábamos ahí para empezar a dar algunos palos en la guerra contra el narcotráfico bajo la dirección del muy competente Toft.

Exagente de la Agencia de Control de Bebidas Alcohólicas, Tabaco, Armas de Fuego y Explosivos (ATF), Gary era delgado y peinaba algunas canas. Tenía un aspecto distinguido, con un aire serio. Aunque al principio parecía distante, era un tipo con mucho sentido común. Nos llevábamos muy bien, y poco después de que llegáramos a Colombia le tomamos la delantera a Toft y pasamos mucho tiempo cultivando las fuentes en la comunidad policial colombiana.

Gary estaba conmigo la noche en que nuestra vida cambió y la búsqueda de Escobar adoptó el cariz más urgente.

El 18 de agosto de 1989 era viernes, y tras una larga semana laboral nos dirigimos a nuestro bar restaurante preferido. Mr. Ribs era popular en la parte elegante del norte de la ciudad. Era uno de los favoritos entre los expatriados estadounidenses, los políticos locales y los colombianos adinerados. Las especialidades del restaurante eran unas suculentas costillas, carnes a la parrilla, hamburguesas de estilo americano y papas fritas. La cerveza siempre estaba helada, y Mr. Ribs estaba hasta el tope los fines de semana. Gary y yo pedimos hamburguesas a una mesera guapa, de pelo castaño y figura esbelta. Nos estábamos acomodando para tomarnos las cervezas cuando la mesera se acercó a nuestra mesa en estado de *shock*, con las lágrimas que empezaban a caerle por las mejillas, e interrumpió nuestras copas.

—Acaban de asesinar a Galán hace unos minutos —dijo con voz ronca—. Ahora tenemos que cerrar.

Pasmados al saber que el candidato principal a la presidencia, Luis Carlos Galán Sarmiento, había sido asesinado a tiros mientras hacía campaña en el vecino Soacha, un barrio obrero de Bogotá, salimos del restaurante en una huida masiva con el resto de los clientes. Nadie pagó la cuenta. El asesinato del candidato más progresista a la presidencia, que se esperaba que venciera con más de 70 por ciento del voto popular, era mucho más importante que cualquier cuenta de restaurante en un país que llevaba años soportando el terror. Al igual que cualquier otra persona en Colombia, los propietarios del establecimiento estaban profundamente conmocionados y afligidos.

Era el tercer intento de Galán por llegar a la presidencia. Senador del ala progresista del Partido Liberal en el poder, era uno de los seis aspirantes a la candidatura presidencial del partido en las elecciones previstas para mayo de 1990. Hizo campaña en una plataforma anticorrupción y antidrogas, y era prácticamente el enemigo público número uno de Escobar y Rodríguez Gacha.

El implacable y bigotudo político estaba decidido a extraditar a los narcotraficantes, y en sus discursos electorales denunciaba siempre que podía a los cárteles, a los que se refería como «la peor amenaza a la libertad y la justicia» en todo el mundo.

Claro está, Galán había recibido numerosas amenazas de muerte, pero era temerario y no tenía miedo, y siempre evitaba ponerse el chaleco antibalas que su director de campaña, César Gaviria, le instaba a llevar durante la campaña electoral. De hecho, Gaviria, que más tarde se presentaría a las presidenciales, advirtió a Galán del peligro que suponía para él acudir a Soacha aquella aciaga noche de verano.

Pese a que ignoró el consejo de Gaviria de no dar un discurso en Soacha, Galán, ironías de la vida, llevaba puesto el chaleco antibalas por primera vez. Cuando subió al estrado y empezó a dirigirse a una multitud de diez mil personas, siete hombres armados dispersos entre la muchedumbre abrieron fuego. Dos balas entraron en el estómago de Galán justo por debajo del chaleco, porque había alzado los brazos por encima de la cabeza para saludar a un público devoto. Un fotógrafo que estaba cerca del candidato presidencial cuando cayó sobre el estrado dijo que había pedido que lo llevaran al hospital, pero Galán murió poco después, un mes antes de cumplir cuarenta y seis años.

El magnicidio se produjo el mismo día que el asesinato del coronel Franklin Quintero, jefe de policía de la provincia de

Antioquia, donde está Medellín. Quintero, que luchó contra los traficantes de drogas durante años y realizó enormes redadas que acabaron con la incautación de numerosas toneladas de cocaína, había salido de su casa sin su habitual séquito de guardaespaldas. Fue asesinado a tiros antes de que el coche conducido por su chofer hubiera abandonado siquiera la entrada. Un testigo le dijo a Caracol Radio que el coronel había recibido más de cien disparos y que el coche quedó destrozado a consecuencia del tiroteo.

Fuera del Mr. Ribs, Gary y yo corrimos por las caóticas calles a medida que policías y militares salían en desbandada para establecer controles de carretera. Bogotá estaba cerrada, con los tanques del ejército bloqueando los principales cruces y la policía con todo el material antidisturbios dirigiendo a la multitud, mientras el presidente del país, Virgilio Barco Vargas, salía de inmediato al aire y declaraba el estado de sitio y restablecía el tratado de extradición con Estados Unidos. En abril de 1988 el Tribunal Supremo del país había suspendido temporalmente el tratado por un vicio de forma. Después de que Barco declarara el estado de excepción en el país tras los asesinatos de Galán y Quintero, utilizó sus extraordinarios poderes para recuperar el tratado sin la aprobación del Congreso. También ordenó una serie de redadas por todo el país que acabarían con la captura de diez mil presuntos narcotraficantes. Bajo el estado de sitio, la policía podía retener a los sospechosos durante siete días sin cargos.

Jamás olvidaré aquella noche salvaje. Fui a casa a pie, mostrando mi documento de identidad —el librito rojo que contenía mi pase diplomático— para pasar a través de las barreras policiales y la muchedumbre de colombianos de a pie que habían tomado las calles, algunos de ellos gimiendo sin tapujos, otros deambulando como zombis en un profundo estado de incredulidad y tristeza. Consideré a Barco un auténtico héroe por usar la muerte de Galán para recuperar el tratado y por perseguir a los cárteles de la forma tan agresiva en que lo hizo. En el funeral de Galán pocos días después, Barco culpó de su asesinato a los millones de personas en Colombia y en todo el mundo que consumían drogas, y sostenían y potenciaban de este modo a los cárteles del país.

—Cada colombiano o extranjero que consume drogas debe recordar que está ayudando a quienes han asesinado a Luis Carlos Galán —dijo Barco mientras decenas de miles de personas llenaban las calles de Bogotá durante el cortejo fúnebre de Galán—. Colombia es la mayor víctima de una organización internacional de estupefacientes dedicada al narcotráfico, una enorme y poderosa organización de tales proporciones como nunca ha existido en el mundo.

Fue sobre todo el magnicidio de Galán lo que llevó a la caída de Pablo Escobar y el Cártel de Medellín. Sabía que el asesinato había sido dirigido por Escobar, y creo que todo Colombia también lo sabía. En cualquier caso, era el narcotraficante más buscado en Estados Unidos, el primero en la lista de extradición acusado de tráfico de drogas y de ordenar el asesinato de un estadounidense —su antiguo piloto Barry Seal— en Luisiana en 1986.

Teníamos una reunión urgente en la embajada para hablar sobre la estrategia. Barco solicitó ayuda directamente a Estados Unidos, y en los días posteriores al asesinato, el presidente George H. W. Bush destinó sesenta y cinco millones de dólares en ayuda para situaciones de emergencia a Colombia con el fin de luchar contra los cárteles de la droga y prometió otros doscientos cincuenta millones de dólares en ayuda militar que llegaría más adelante.

—El paquete incluirá equipamientos para la policía y el personal militar, y los primeros envíos llegarán ya la semana próxima —dijo el presidente en unas declaraciones emitidas desde su casa de verano en Kennebunkport, Maine, poco después del asesinato de Galán—. Además, incluirá aviones y helicópteros, que mejorarán la movilidad de las fuerzas colombianas que participan en los esfuerzos contra el narcotráfico.

Su administración también envió asesores militares que ayudarían a formar a los cuerpos de seguridad colombianos en lo que se estaba cimentando como una guerra sin cuartel contra los criminales.

Desde nuestro cuartel general en el sótano de la embajada, donde trabajábamos, intensificamos nuestra búsqueda de Escobar y sus compinches a medida que aumentaban sus ataques al Gobierno.

Antes de la muerte de Galán, no había premura. Recogíamos sobre todo información y establecimos una línea anónima veinticuatro horas en la cual poder recibir pitazos sobre el multimillonario narcotraficante fugitivo. Trabajamos con la policía colombiana, hablamos con analistas, y, siempre que los colombianos llevaban a cabo una gran redada, nos daban veinticuatro horas para copiar todos los documentos que pudiéramos. Teníamos lo que llamábamos «equipos Xerox»: alquilábamos un almacén y fotocopiadoras, y trabajábamos en turnos con el personal de la embajada en lo que se convirtió en frenéticos maratones de copiado. Tuvimos diez de estos equipos. La información que recopilábamos luego daba lugar a una serie de redadas en clubes y oficinas de contabilidad y bufetes relacionados con el Cártel de Medellín en Colombia y Estados Unidos.

En aquellos primeros meses después del asesinato de Galán, trajimos a otros veinte analistas para que nos echaran una mano. Bajo el nuevo estado de sitio, ya no necesitábamos ningún motivo fundado para perseguir a los sospechosos. Mientras hubiera algo que nos hiciera recelar, cualquier cosa que sugiriera que un objetivo era un narcotraficante, no dudábamos en atacar. Durante los seis meses posteriores al asesinato de Galán, atrapamos a treinta sospechosos de tráfico de drogas y los extraditamos a Estados Unidos.

Uno de los primeros en ser extraditado fue José Rafael Abello Silva, conocido por su apodo del hampa, Mono Abello. Era piloto de Escobar y jefe de las operaciones para el cártel en la costa norte de Colombia. Fue gracias en gran parte a su captura que pudimos seguirle la pista dos meses después a José Gonzalo Rodríguez Gacha, el Mexicano, uno de los capos de la droga más poderosos del país.

Abello intentó sobornar a los tipos del DAS cuando se abalanzaron sobre él para detenerlo en un lujoso restaurante de Bogotá mientras cenaba con su cita. Pero, como descubrimos después, rechazaron el dinero. El informante estaba bajo mi control, y aunque aún no puedo revelar quién era después de todos estos años, sí puedo decir que fue leal con nosotros y nos entregó al objetivo.

A Abello lo buscaban en Tulsa, Oklahoma, nada menos. Había sido acusado ahí por un gran jurado federal por conspirar para importar y distribuir cocaína. Abello fue capturado en un restaurante de Bogotá el 11 de octubre de 1989 gracias a un informante que trabajaba para Gary. Cinco días después lo llevaron hasta un hangar del aeropuerto internacional El Dorado de Bogotá en un convoy formado por veinte vehículos policiales. Debo decir que esas primeras extradiciones eran dignas de verse. Y siempre se grababan en video, para emitirse en los noticiarios nocturnos y que los colombianos pudieran ver a la justicia en acción. Una vez en el aeropuerto, Abello, que iba esposado, fue entregado a un grupo de diez agentes judiciales estadounidenses fuertemente armados, todos ellos vestidos de negro y con aspecto sombrío. Los agentes lo condujeron hasta un 747 que iba a Tulsa. Según las normas colombianas, un agente de la PNC tenía que acompañar al prisionero en el vuelo. Le daban un billete de ida y vuelta y dietas.

154

Con Abello fuera de escena, se tardó menos de dos meses en dar con su jefe, Rodríguez Gacha. Se vio obligado a salir de su escondite para ocuparse de un envío de cocaína en un barco en la ciudad portuaria de Cartagena. Eso pudo haber sido parte de la razón por la que abandonó su escondrijo, pero lo cierto era que estaba muerto de miedo. En esa época era seguramente el miembro más rico del Cártel de Medellín y ganaba incluso más dinero que el propio Escobar. Comandaba un pequeño ejército de mercenarios que había traído de Israel para trabajar como sus guardaespaldas, pero con Abello fuera del mapa en Estados Unidos, tal vez se sintiera de repente muy vulnerable y expuesto.

Conocido como el Mexicano por su afición por la música y la comida del país, estaba acusado en Estados Unidos de varios cargos por contrabando, pero también se había ganado algunos enemigos desafortunados en Colombia. Todos, desde el Cártel de Cali hasta los guerrilleros de las FARC (Fuerzas Armadas Revolucionarias de Colombia), pasando por la mafia de las esmeraldas liderada por Victor Carranza, lo querían ver muerto. Pocos meses antes, hizo estallar una bomba en las oficinas de Carranza y se volvió violentamente en contra de Gilberto Molina Moreno, antiguo socio en el negocio de las esmeraldas. Para garantizar su dominio en los terrenos de esta piedra preciosa en el país, envió a veinticinco sicarios a matar a Molina, que murió en una masacre sangrienta durante una fiesta en su casa junto a otras dieciséis personas.

A mediados de diciembre el Mexicano se dio de repente a la fuga. Embarcó en una lancha motora e intentó escapar de la policía colombiana con su hijo, que la DIJIN (Dirección Central de Policía Judicial e Inteligencia) acababa de soltar de la trena en Bogotá. Freddy, de diecisiete años, había sido detenido brevemente por tenencia de armas. Lo interrogué mientras estaba en la cárcel. Llevaba un reloj que era demasiado caro para un adolescente e intentó hacer el papel de narcotraficante ostentoso. Pero, en el fondo, vi que era bastante ingenuo y estaba muerto de miedo. Al final la policía desestimó el caso por falta de pruebas y luego lo utilizó como cebo para atrapar a su padre. Seguimos a Freddy y nos condujo hasta la misma zona de Cartagena donde ya habíamos enviado a nuestro informante, un sicario llamado Jorge Velásquez, más conocido por su apodo, el Navegante. El Navegante era el capitán de las lanchas motoras de Rodríguez Gacha, y el narcotraficante lo apreciaba mucho y confiaba en él. Nos reuníamos con el Navegante en lugares clandestinos de Bogotá —por lo general, restaurantes o la habitación de un hotel— y le prometimos un millón de dólares en efectivo si nos conducía hasta Rodríguez Gacha.

En cuanto el Navegante nos ayudó a localizar a Rodríguez Gacha cerca de la pequeña ciudad turística de Tolú, el coronel de la PNC Leonardo Gallego envió dos helicópteros con artillería y estableció controles de carretera en caminos rurales que llevaban hasta Cartagena con el fin de atrapar al capo de la droga. Con más de trescientos policías a su mando, Gallego paró a más de diez guardias de Rodríguez Gacha. Entre ellos estaba un senador, que intentó sobornar a Gallego con doscientos cincuenta mil dólares en efectivo. Gallego rechazó el dinero y lo detuvo inmediatamente.

Alertado por los helicópteros y el creciente operativo policial en la zona, Rodríguez Gacha huyó la noche del 14 de diciembre. Se llevó a su hijo y a cinco de sus socios de más confianza en su lancha. Abandonaron la embarcación en la playa en una localidad turística llamada El Tesoro, donde se había dispuesto con antelación que tendrían un coche esperándolos a su llegada. Los llevaron hasta un grupo de bungalós frente al mar, donde pasaron la noche. Según un informe de la DEA, «Rodríguez Gacha y compañía permanecieron en el pequeño complejo de bungalós de madera en El Tesoro el resto de la noche». Al día siguiente, sobre la una de la tarde, el sonido de los helicópteros acercándose los obligó a huir. La policía que iba a bordo, que había estado siguiendo a la embarcación, exigió a través de megáfonos a Rodríguez Gacha que se rindiera de inmediato. Disfrazados de campesinos, Rodríguez Gacha y Freddy huyeron de su escondite en una camioneta roja. Freddy y un grupo de guardaespaldas salieron luego del vehículo, corrieron hasta una mata de árboles cercanos y empezaron a disparar a mansalva a los helicópteros y a lanzar granadas, pero se vieron desbordados por la potencia del fuego. Rodríguez Gacha y Freddy murieron bajo una ráfaga de disparos. Cuando recuperaron el cuerpo de Freddy, era un revoltijo sanguinolento. Su padre estaba irreconocible. El rostro de Rodríguez Gacha había recibido los impactos de las balas y había quedado reducido a un amasijo ensangrentado.

Al día siguiente los cadáveres de Rodríguez Gacha, Freddy y los cinco guardaespaldas fueron enterrados en la ciudad de Tolú en una fosa común, porque nadie imaginó que alguien fuera a reclamar los cuerpos, pero el domingo, 17 de diciembre, la madre de Freddy y la hermana de Rodríguez Gacha llegaron para hacerlo. Ismael Rodríguez Gacha, un hermano, también estaba presente. Un juez ordenó la exhumación de los cadáveres, y la familia los envió en un avión privado a Bogotá, donde fueron enterrados en la ciudad de Pacho, a tres horas de la capital colombiana. Los parientes de tres de los guardaespaldas también llegaron para reclamar sus cuerpos. Los otros dos permanecieron en la fosa.

Días después llevamos al Navegante a la embajada a rellenar el papeleo de la recompensa de un millón de dólares y le prometimos que tendría el dinero pasados unos días. Pero tras un mes de retrasos burocráticos, el Navegante empezó a perder la paciencia. Volvió a la embajada para reunirse con Gary y conmigo, y nos sentamos en una oficina mal ventilada mientras tomábamos unas tacitas de café azucarado. Le dijimos que no se preocupara, que el dinero estaba de camino y que la demora solo se debía a un montón de trámites burocráticos gubernamentales. Pero el Navegante no se lo tragó. Saltó de su silla y nos dijo que nos olvidáramos del dinero mientras se dirigía hacia la puerta. Estaba muy enojado. A voz en grito, nos dijo que el Cártel de Cali ya le había dado un millón de dólares por venderle a Rodríguez Gacha.

No podía creer lo que acababa de oír y le pedí que lo repitiera, cosa que hizo. Y luego nos limitamos a acompañarlo fuera. Gary y yo les contamos la conversación a nuestros jefes y se decidió no pagarle, puesto que habría sido poco ético por nuestra parte emplear de hecho a un miembro admitido en el cártel y obtener su colaboración. En esencia, seríamos culpables de trabajar con el Cártel de Cali en su guerra sucia contra Escobar.

A pesar del lío que había montado el Navegante con la recompensa, teníamos motivos para celebrarlo. Con la muerte de uno de los miembros más importantes del Cártel de Medellín, sentíamos que nada podía detenernos para acabar con todo este asunto. De repente, buena parte de la información que habíamos reunido en las redadas empezaba a dar grandes frutos.

Julio Corredor Rivera era un buen ejemplo. Era sospechoso de blanquear dinero para Escobar. Nuestros asaltos a su oficina en Colombia nos llevaron a embargar muchas de las cuentas del cártel en Estados Unidos. Más tarde fue asesinado por los sicarios de Escobar en Bogotá.

También empezamos a intensificar la recogida de información, y nuestra vida laboral comenzó a girar en torno al centro de recogida de datos secretos en las dependencias de la DIJIN de la Policía Nacional de Colombia en Bogotá, el cuerpo y alma de nuestras operaciones de investigación. La sala de comunicaciones era un enclave oculto situado detrás de una fila de escritorios y a la que se accedía a través de una librería, que hacía las veces de puerta clandestina. La sofocante sala se componía de cuatro analistas de la DIJIN, gente de la zona, que se sentaban delante de una serie de módulos que controlaban unas cincuenta líneas telefónicas usadas por los mayores traficantes del país. En aquellas primeras fases de nuestra investigación los narcotraficantes se comunicaban por teléfono con bastante libertad. A veces hablaban en clave sobre envíos de cocaína, pero nuestros analistas se volvieron bastante hábiles en averiguar los códigos. Por ejemplo, «Te estoy enviando veinte cabezas de ganado cariblanco a La Playa» en realidad quería decir «Te estoy enviando veinte kilos de cocaína a Miami». O «Están llegando veinte melones a través de Las Torres» era la clave para «Están llegando veinte millones de dólares a través de Nueva York».

Visitaba a los analistas todos los días, y me dejaban escuchar algunas de las conversaciones más interesantes que habían grabado. De este modo, me consideraron el principal enlace entre la DEA y la DIJIN. En ocasiones me llamaban con un resumen de algo que habían encontrado. Tomaba muchas notas en un bloc y enviaba informes diarios a mis jefes. Me empeñé en numerar todos los cuadernos, y cuando terminé mi misión en Colombia, tenía doscientos.

Llegué a conocer bastante bien a un sargento retirado. Era callado, pero nos encontró buen material que nos sirvió para incautarnos de enormes cantidades de cocaína. Las interceptaciones eran técnicamente ilegales, y cuando escribía mis notas y las enviaba a través del teletipo al cuartel general de la DEA, todos sabían que no podían utilizarse para incoar casos penales.

Aun así, las interceptaciones nos dieron muchas pistas que transmitimos a nuestros homólogos en Estados Unidos. Si una interceptación daba lugar a una detención, gratificaba al analista con una carta de felicitación a sus superiores en la Policía Nacional de Colombia, el principal cuerpo encargado de perseguir a Escobar. Las cartas significaban mucho para ellos, al igual que nuestra insistencia en darles la información que teníamos de nuestras propias fuentes en Estados Unidos. Así nos ganamos su confianza, ya que se dieron cuenta de que la operación nunca era de una sola vía. A algunos de los analistas más trabajadores la DEA les daba más dinero, de modo que un policía retirado que ganaba doscientos dólares al mes podía duplicar su sueldo si trabajaba con ahínco para nosotros. Esto se hacía en secreto, y ni siquiera sus propios jefes lo supieron jamás.

Con la información que habíamos reunido del centro de recogida de datos a finales de 1990, Gary y yo pudimos enviar a nuestro primer policía colombiano a una redada antidroga. Los analistas de datos reunieron información acerca de un grupo de traficantes —el Cártel de la Costa— que operaba en Montería, una ciudad polvorienta y achicharrada por el sol, de ciento cincuenta mil habitantes, en el norte del país, cerca de la costa caribeña, y que estaban planeando enviar cientos de kilos de cocaína a Miami. Ambos pensamos que Pedro Rojas, capitán de la policía judicial nacional en Bogotá, era el hombre para el trabajo. Rojas era el jefe de antinarcóticos de la DIJIN: alto, delgado y muy comprometido con su trabajo. También era un gran jinete, y una vez me enseñó una fotografía suya a caballo. En cierto modo, eso lo hacía parecer incluso más un representante de la ley respetable.

Gary y yo le dimos a Rojas dietas y dinero para gastos para que fuera a Montería a atrapar a los criminales, que estaban trabajando con sus colegas del Cártel de Medellín en el almacenamiento de cocaína antes de exportarla a Miami. Con sus onduladas llanuras escasamente pobladas y su cercanía a un puerto caribeño, Montería era un centro ideal para los narcotraficantes, que habían creado pistas de aterrizaje clandestinas en las afueras de la ciudad y escondido palets de cocaína en graneros abandonados.

Rojas no había ido muy lejos cuando las cosas se pusieron verdaderamente feas. El 19 de enero de 1991 Rojas y su chofer de la policía, Juan Enrique Montañez, estaban siguiendo a un coche con cuatro miembros del grupo de narcotraficantes hasta una finca en las afueras de la ciudad donde al parecer se habían escondido toneladas de cocaína. Y después simplemente desaparecieron. Luego supimos que los mataron los esbirros de Escobar, y cortaron en pedazos sus cuerpos y los tiraron al río Sinú, que divide la ciudad. Gary y yo estábamos destrozados por su muerte, y convencimos a la DEA de que le diera el dinero que habíamos destinado al trabajo de Rojas en Montería —unos veinte mil dólares— a su familia. Gary y yo se lo entregamos a la mujer y al padre de Rojas, que también había sido policía, en una pequeña ceremonia en la sede central de la DIJIN en Bogotá. Fue algo informal, celebrado en el comedor de oficiales. Recuerdo que su padre, un policía retirado, iba trajeado. También recuerdo que su mujer estaba ahí. Gary y yo representábamos a la DEA, y dimos un breve discurso para dar las gracias a la familia antes de presentarnos ante su mujer con un sobre con el dinero.

Ambos nos sentíamos mal porque habíamos apoyado esa misión y le habíamos dado a Rojas los fondos operativos para ir a Montería.

La información reunida por Rojas al final condujo a varias detenciones e incautaciones de droga en la región, incluidos diez mil kilos de cocaína hallada en una finca llamada Manaos en las afueras de Montería.

Con la guerra contra Escobar a toda marcha, me enviaban de manera bastante habitual a la primera línea. Había una hora de vuelo desde el aeropuerto internacional El Dorado de Bogotá hasta Medellín. Volé en el Aero Commander de la DEA. Teníamos nuestros propios pilotos, y durante los días de persecución de Escobar las misiones de la DEA a Medellín tenían la máxima prioridad, por encima del resto de los servicios aéreos de la agencia. En algunas ocasiones dejamos de lado otras misiones con tal de llegar a Medellín lo antes posible.

La primera vez que llegué, la policía me recogió en un convoy formado por tres vehículos blindados. Me senté entre dos policías fuertemente armados en la parte trasera del segundo jeep. Me miraron y uno de ellos me preguntó si tenía un arma. Cuando les respondí que sí, me dijeron que la sacara y me la colocara sobre el pecho, con el dedo en el gatillo, durante el viaje hasta la academia de policía, donde viviría mientras estuviera en la ciudad. Sicarios que iban en parejas en motos habían mandado al otro barrio a cientos de policías en aquella época, por lo que todos debíamos estar preparados para defendernos en las carreteras.

Con nerviosismo, saqué mi semiautomática Smith and Wesson de 9 mm, de acero inoxidable, y la sostuve en el pecho mientras iba en el asiento trasero del jeep de la policía durante ese trayecto de media hora, con el estómago revuelto, a través de las montañas. Los policías de Medellín conducían como pilotos de Fórmula Uno. Cada vez que sorteábamos una curva de montaña a velocidad de vértigo, tragaba con fuerza para evitar marearme.

Tenía los dedos sudorosos de agarrar con tanta fuerza mi arma. En esa fracción de segundo tuve serias dudas sobre la operación de captura del escurridizo Escobar, un mafioso que dirigía un ejército de sicarios leales y que tenía unos ochocientos refugios y cientos de millones a su alcance para autodefenderse, sin contar el montón de guerrilleros de izquierdas que había elegido con objeto de luchar contra el Gobierno.

«¿Qué diablos estoy haciendo aquí?», me pregunté.

Pero fue un lapsus momentáneo. Sabía que había sido elegido para hacer un trabajo —tal vez incluso el más importante de mi carrera— y mantuve la mirada fija en la sinuosa carretera que tenía por delante.

STEVE

Fue idea de Connie trasladarnos a Colombia. Un día, después de cuatro años viviendo en Miami, dijo:

—Bueno, esto ha sido muy emocionante. ¿Qué toca ahora?

No me malinterpretes. Nos encantaba Miami. Adorábamos sus playas, el calor y la mezcla interesante de gente. Miami sigue siendo nuestra ciudad preferida de Estados Unidos. También habíamos empezado a construir una casa nueva en Fort Lauderdale, y hubo momentos en los que pensamos que viviríamos en el sur de Florida el resto de nuestra vida.

Pero supongo que, una vez asentados, ambos nos dimos cuenta de que faltaba algo. Anhelábamos la emoción y un nuevo reto. Y cuando Connie me hizo esa pregunta, creo que sabía que la siguiente aventura obvia en mi carrera tenía que ser Colombia. Aunque había trabajado en casos en Miami donde estaban implicados Escobar y su cuadrilla, trabajar en Colombia sería por fin para mí una oportunidad de atraparlo. Si iba a trabajar como agente de la DEA y combatir a los traficantes, quería ir detrás del pez más gordo posible. Connie tenía una condición: solo iría si podía llevarse a *Puff*, su gato.

Poco después de solicitar el traslado a Colombia, fui seleccionado para la oficina de la DEA en Barranquilla, una ciudad histórica en la costa caribeña al norte del país. Estábamos muy entusiasmados con el cambio, pero, unas semanas después, me notificaron que habían quitado mi nombre y le habían dado el puesto a otro agente que ya hablaba español. No me pareció justo, y Connie y yo nos sentimos decepcionados.

Después de quejarme, un coordinador del personal de la DEA me llamó unos meses más tarde y mostró una cierta compasión; me dijo que estaban a punto de salir tres vacantes en Bogotá y que debería solicitarlas. Eso hice y al final me eligieron para una de ellas.

Mientras Connie y yo buscábamos información sobre Colombia, nos dimos cuenta de que ir a Bogotá era sin duda la aventura de nuestra vida. También sería peligroso. Connie todavía conservaba el folleto que nos había dado el Departamento de Estado con recomendaciones a los viajeros, y prescribía que las familias del Gobierno de Estados Unidos solo estaban autorizadas a viajar en avión entre las ciudades principales porque cualquier trayecto en coche fuera de Bogotá te exponía a un gran riesgo de secuestro de vehículos y personas. Los caminos rurales eran muy arriesgados debido a los controles de carretera, ya que los puestos de control podían estar integrados por criminales que se hacían pasar por policías o militares. Los atentados eran habituales, decía el folleto. Vi que Connie en realidad estaba comprobando el papeleo necesario para llevar un gato a Colombia.

Llevábamos años siguiendo muy de cerca las noticias del país y sabíamos de los laboratorios de cocaína en la selva, los coches bomba y los asesinatos de jueces y políticos e incluso colombianos de a pie que tuvieron la mala suerte de encontrarse en el fuego cruzado.

La violencia en el país también se debía, además de a los narcotraficantes, a los militantes de la guerrilla del M-19 y de las Fuerzas Armadas Revolucionarias de Colombia (las ya mencionadas FARC), que solían trabajar conjuntamente con los cárteles, a quienes brindaban seguridad en sus operaciones en la selva.

He visto muchas cosas en mi carrera en los cuerpos policiales, pero recuerdo quedarme pasmado con las imágenes en televisión de los consternados familiares de las víctimas mortales y los restos humeantes del vuelo 203 de Avianca. El avión explotó cinco minutos después de despegar del aeropuerto internacional El Dorado de Bogotá y se estrelló en la ladera de una montaña a primera hora de la mañana del 27 de noviembre de 1989. Los reportajes de televisión en Estados Unidos se centraron en los hierros retorcidos del desastre, maletas hechas pedazos y prendas de vestir desparramadas por una colina a las afueras de Bogotá. No había primeros planos de los cuerpos mutilados, que seguramente se consideraban demasiado espeluznantes para los espectadores en la hora de máxima audiencia en Estados Unidos. Vería esas imágenes mucho después en la televisión nacional colombiana, que solía recordar el desastre cuando informaban sobre Pablo Escobar.

La bomba, colocada por uno de los sicarios de Escobar, mató a los ciento siete pasajeros y a la tripulación. Más tarde, averigüé que estaba previsto que dos de nuestros agentes estuvieran en el vuelo, al igual que el candidato progresista a la presidencia César Gaviria. También supe que no teníamos información previa de que se iba a producir el ataque, y fue por algún milagro o una rara casualidad que los agentes y Gaviria cancelaran sus viajes.

Horas después de que el accidente sacudiera al mundo, un hombre sin identificar llamó a Caracol Radio y dijo que Los Extraditables habían hecho saltar por los aires el avión con el fin de matar a varios informantes de la policía que iban en el vuelo. Dijo a la emisora de radio que la información que los hombres habían proporcionado a los policías los condujo hasta el escondite de Escobar y obligó al capo de la droga a huir para salvar la vida.

Pero en las dependencias de la DEA en la embajada de Estados Unidos los agentes creían que el verdadero objetivo era Gaviria, el antiguo director de campaña de Galán. El atentado de Avianca fue una continuación del interés siniestro de Escobar en la campaña de Galán. Al igual que el candidato asesinado, Gaviria seguía una línea dura contra Los Extraditables.

Mientras los colombianos se tambaleaban a causa del asesinato sin sentido de civiles a bordo del avión de Avianca —la primera vez que se usaba una compañía de vuelos comerciales en un acto de terrorismo en el país—, su indignación y desesperación aumentaban. Los Extraditables parecían no tener freno. Pocos días después, el 6 de diciembre, golpearon de nuevo: detonaron quinientos kilos de dinamita en el exterior del cuartel general del DAS en Bogotá. La bomba mató a sesenta personas, hirió a mil y destruyó cientos de edificios cercanos en varias manzanas de la ciudad. El blanco era el director general del DAS, Miguel Maza Márquez, uno de los mayores enemigos de Escobar. Salió ileso y, en los años sucesivos, demostró ser una de nuestras fuentes de información de confianza en Colombia.

Cinco meses más tarde, en mayo de 1990, el grupo al margen de la ley siguió sin piedad con su campaña de terror. Los Extraditables estaban detrás de los coches bomba en dos centros comerciales en Bogotá que dejaron veintiséis muertos y numerosos heridos. Cientos de personas se encontraban en esos centros en los barrios elegantes de la ciudad cuando explotaron las bombas. Entre los muertos había una niña de siete años y una mujer embarazada de seis meses.

A pesar de lo escalofriantes que eran estos datos, sabíamos que nada nos detendría. Puede que todo pareciera surrealista al ver esas escenas lejanas de matanzas en nuestro salón en Fort Lauderdale. Aún éramos jóvenes —¡treinta y tantos!— y estábamos decididos a ir a Colombia. Nada iba a detenernos.

Connie estaba a mi lado en todo momento, incluso si eso suponía un nuevo desarraigo y dejar un trabajo que tanto adoraba. Huelga decir que nuestras familias pensaban que estábamos locos, pero Connie lo hizo muy bien al explicarles que era un destino voluntario que ambos queríamos; la oportunidad de nuestra vida.

Conseguí el trabajo en cuanto acabamos de construir nuestra casa. Incluso logramos mudarnos durante un par de semanas antes de ir a Washington a un curso de idiomas durante seis meses. Tras cuatro años en el sur de Florida, seguía chapurreando el español. Alquilamos nuestra casa a otro agente de la DEA y su familia, que cuidaron muy bien de la vivienda, a pesar de que el huracán Andrew arrasó el sur de Florida en agosto de 1992 y mató a sesenta y cinco personas y provocó daños valorados en miles de millones de dólares. A diferencia de muchas otras personas en la zona que se quedaron sin hogar, nosotros tuvimos suerte y nos libramos, con la única pérdida de un árbol del jardín y algunos daños a un tabique de tablaroca a causa de los vientos de doscientos cuarenta kilómetros por hora que sacudieron las paredes. Debo admitir que no nos entusiasmaba la idea de dejar nuestra nueva casa en Fort Lauderdale, pero no se interpuso en nuestra decisión de trasladarnos a Colombia. Nada lo hizo.

Además de eso, Connie y yo queríamos tener hijos. Ya tenía dos de mi anterior matrimonio, pero vivían con su madre, y nosotros también queríamos tener los nuestros. Intentamos sin éxito tener hijos biológicos, y Connie se sometió a una sarta de técnicas médicas mientras vivíamos en Florida, pero tampoco funcionaron, así que pensamos en adoptar, aunque pronto descubrimos que el proceso de adopción en el sur de Florida era un lío. Era sumamente caro, las esperas eran largas y nadie parecía de verdad interesado en lo que era mejor para los niños, a menos que fueras famoso y tuvieras dinero a raudales. Tal vez, solo tal vez, las cosas serían distintas en Colombia, pese a que la posibilidad de adoptar niños allí no afectara realmente a nuestra decisión de ir.

Aunque habíamos hablado hasta el infinito sobre la emoción de ir a un sitio nuevo, debo admitir que embarqué con cierta aprensión en nuestro vuelo hacia Bogotá en el aeropuerto internacional de Miami. Mientras sobrevolábamos América Central y la región de Darién, miré por la ventanilla el cielo, cada vez más oscuro. Apreté la mano de Connie mientras se quedaba dormida en el asiento de al lado.

Sí, Colombia sería una gran aventura para los dos, pero estaba seguro de que también sería la misión más importante de mi carrera policial y que aprovecharía todo lo que había aprendido y pondría a prueba mi temple como policía de narcóticos.

Estaba decidido a atrapar a Pablo Escobar. Meses de búsqueda me habían convencido de que era un monstruo malvado. Sabía que no tendría ningún problema en meterle una bala en la cabeza.

JAVIER

Joe Toft quería que estuviera todo lo posible en el epicentro de la violencia del narcotráfico, y durante mi primer año en Colombia, eso significaba incluso pasar la Navidad y la Nochevieja en Medellín.

Todo formaba parte del grandioso plan de Toft: demostrar a la policía colombiana que estábamos claramente detrás de ellos y asumíamos los mismos riesgos que los policías normales para encontrar al narcotraficante más buscado del mundo. La PNC necesitaba saber que la DEA por fin había seleccionado a los agentes adecuados para el trabajo y que estábamos dispuestos incluso a sacrificar nuestro tiempo libre para trabajar en este caso, sin importar los obstáculos que encontráramos. La CIA y el Equipo 6 de los SEAL también fueron enviados a Medellín de forma periódica, pero nuestros hombres de la DEA estaban convencidos de que nuestro único objetivo era Escobar.

Era una estrategia inteligente, y la acepté de buena gana. Casi siempre. Pero ese año tenía mis propios planes para las vacaciones —algunos de ellos tenían que ver con una mujer atractiva—, y pasarlas en una base militar desierta con un puñado de policías colombianos y fuerzas especiales de Estados Unidos no me ponía de muy buen humor.

No me malinterpretes; a pesar de la violencia, Medellín era una ciudad bonita: cálida y templada y rodeada de frondosas montañas, sus calles llenas de algunas de las mujeres más atractivas que había visto jamás. Antes de que el cártel convirtiera Medellín en una zona de guerra urbana, la segunda ciudad más grande de Colombia era también un extenso centro industrial de unos dos millones de personas conocido por sus exportaciones de tejidos y orquídeas. Pero después de que Escobar y sus colegas Los Extraditables iniciaran su guerra contra el Gobierno y la policía, había un promedio de veinte homicidios diarios. En 1990 murieron asesinados 350 agentes de policía de un total de 4637 homicidios como consecuencia de la violencia del narcotráfico. En 1991 los asesinatos aumentaron a 6349. Eran tantas las personas a las que disparaban, sobre todo durante los fines de semana, que la ciudad se quedó sin ambulancias. Los taxis y los vehículos privados solían llegar derrapando a la entrada de urgencias del hospital público, los heridos tumbados en los asientos traseros, casi siempre empapados en sangre.

Los coches bomba eran realmente aterradores porque nunca sabías dónde iban a explotar. Cuando eso ocurría, apenas tenías posibilidades de sobrevivir. En una ocasión explotó una bomba cerca de la plaza de toros y mató a veinte policías jóvenes que estaban por la zona e iban en la parte trasera de una camioneta. En el funeral al que asistí por algunos agentes con quienes trabé amistad había ocho ataúdes. Para los policías antinarcóticos de élite que murieron en acto de servicio, se celebrarían ceremonias religiosas en la capilla del cuartel general del Bloque de Búsqueda de Escobar antes de salir hacia sus lugares de origen para el entierro.

Además de los coches bomba, el Cártel de Medellín tenía otros métodos para matar policías, por cuya cabeza daban una recompensa de cien dólares. A veces el cártel contrataba a chicas hermosas con objeto de atraer a un policía a un bar y luego sugerirle ir a su casa, donde un grupo de sicarios estaría esperando para saltarle encima. A menudo había tortura antes de algunas muertes.

El otro método habitual era el tiroteo comprobado desde un coche, que consistía en dos tipos en una moto; el que iba detrás llevaba un arma y ejecutaba al objetivo. Por supuesto, esto se había practicado con juristas y políticos cuando la violencia del narcotráfico asoló el país a mediados de los ochenta. Muchos de mis propios informantes fueron asesinados así en Medellín.

Es difícil expresar la tensión que se respiraba en el aire, la sensación de que siempre eras un blanco. Medellín era tan peligroso que solo podíamos estar algunos días cada vez. Como policía gringo de narcóticos, era un objetivo tan evidente que el convoy que me escoltaba desde el aeropuerto me dejó en lo que parecía ser la fortaleza local: la academia de policía Carlos Holguín, en las afueras de la ciudad.

La academia de policía de Medellín era también el centro de mando del Bloque de Búsqueda, un grupo de agentes antinarcóticos de élite de la Policía Nacional de Colombia que pasaba cada hora del día buscando a Escobar y sus matones.

Creado por el presidente Barco en 1986, el grupo tuvo varios cabecillas antes de que los colombianos se lo tomaran de verdad en serio y nombraran al coronel Hugo Martínez para que dirigiera el grupo en Medellín en 1989. El general Vargas era el líder del grupo a nivel nacional y su principal estratega. Sobre el terreno en Medellín, Martínez era un policía sensato y un líder por naturaleza. Alto y delgado, de hombros anchos y una presencia imponente, todos lo conocían como Flaco. Era fuerte y exigía respeto, a pesar de que en verdad no se relacionaba mucho con los otros miembros del Bloque de Búsqueda y pasaba la mayor parte del tiempo en su despacho estudiando con detenimiento los informes de inteligencia.

Martínez estudió a Pablo Escobar, conocía sus costumbres y a sus amiguitas, y cartografió sus refugios en Medellín. Sabía que Escobar contrataba a arquitectos y contratistas para construir sus escondites y después los mataba una vez finalizados los trabajos.

Tenía una relación bastante formal con Martínez; nos reuníamos con regularidad para compartir información. Le pasaba las pistas que habíamos reunido sobre las operaciones de drogas en Estados Unidos y hacía el papeleo a fin de ofrecer ayuda financiera al Bloque de Búsqueda desde Washington. A cambio, compartía conmigo la información de la PNC que sus hombres habían reunido sobre el Cártel de Medellín. Desde el principio supe que si alguien tenía cerebro y dedicación para capturar a Escobar, ese era Hugo Martínez. Supongo que Escobar también lo sabía. Odiaba al Bloque de Búsqueda y a Martínez porque eran los únicos que luchaban realmente para detenerlo. También sabía que Martínez era incorruptible. Por eso colocó coches bomba cerca de la academia de policía e intentó envenenar a los agentes en la base Carlos Holguín. Además, sobornó a agentes de policía para que le informaran sobre las actividades del Bloque de Búsqueda, motivo por el que Martínez prohibió a todos en la academia que hicieran llamadas telefónicas antes de salir a una redada. A pesar de los intentos de soborno y de las innumerables amenazas a su familia y a su propia vida, Martínez nunca dudó de su deber: capturar a Escobar vivo o muerto. Al menos no al principio.

Cuando las cosas se pusieron muy feas en Medellín, me trasladaron directamente a la academia de policía en un helicóptero de combate Huey con ametralladoras calibre 30 montadas en las puertas. El helicóptero me estaría esperando en el aeropuerto de Medellín para llevarme a la base. Era un vuelo de unos quince minutos, y el aterrizaje en un claro de vegetación rodeado de árboles dentro de la academia Holguín era siempre angustioso, con ambos artilleros colgando de las puertas del aparato para asegurarse de que los pilotos no cortaran ningún árbol.

En la academia había unos seiscientos policías y se parecía más a una base militar de estilo estadounidense que a una escuela. Constaba de varios edificios detrás de un perímetro exterior fuertemente custodiado y con dos entradas para vehículos. No había cercas por ningún lado, pese a que las calles circundantes del barrio estaban bloqueadas con barreras de concreto. Situada en la comuna obrera Manrique, por la noche la base tenía unas vistas impresionantes del valle y de las luces de uno de los barrios bajos más peligrosos de la ciudad, donde Escobar solía reclutar a sus sicarios. Si uno no sabía qué estaba mirando, la vista de las luces titilantes en una ladera majestuosa de la colina era verdaderamente mágica.

A pesar de la presencia policial bien armada en la base, la seguridad era un problema. Una noche un sicario nos disparó dentro del perímetro de la base Holguín mientras estábamos sentados en el Candilejas Bar comiendo hamburguesas y tomándonos unas cervezas. Policías infiltrados sacaron de inmediato sus armas y todos empezaron a disparar; el saldo fue un policía uniformado muerto a tiros por un tipo encubierto. Durante la trifulca, dejé la hamburguesa y la cerveza sin tocar en la mesa y me precipité enseguida detrás de un coche hasta que terminó el tiroteo, y arrastré conmigo a dos efectivos de la CIA. Querían que corriera con ellos por un callejón oscuro hasta la parte principal de la base, pero les dije que esa era la forma más segura de que te pegaran un tiro y les ordené que se quedaran quietos detrás del coche. Estoy seguro de que esa noche les salvé la vida.

Me quedé en el cuartel de los agentes de la PNC, un edificio estrecho, de nombre grandilocuente, sin aire acondicionado ni calefacción. En verano siempre dormíamos con las ventanas abiertas, lo que significa que me quedaba dormido con el zumbido constante de los mosquitos y me despertaba cubierto de ronchas rojas. Las habitaciones estaban justo al lado del comedor, y los cocineros empezaban a hacer estruendo con los cacharros y a preparar la comida a las tres de la madrugada. Cada habitación tenía unas pocas literas, y solía compartir el sitio con un grupo de agentes de la PNC. El espacio era reducido y en ocasiones incómodo, pero también es la forma en que nos convertimos en auténticos colegas que compartían un propósito común. Y un baño. Había un baño por cada dos habitaciones, pero no había jabón y ni siquiera papel higiénico, y la ducha consistía en una tubería en la pared, sin regadera ni agua caliente.

Esas primeras Navidades llegué a familiarizarme íntimamente con uno de esos baños.

En Nochebuena la base estaba casi desierta, y el coronel Jorge Daniel Castro Castro, un agente exigente y duro como una piedra que estaba al frente de la policía uniformada de Medellín y era el responsable de montar de cinco a siete operaciones diarias para capturar a Escobar, era el comandante en jefe. Él y sus hombres me invitaron a una fiesta de Navidad que resultó ser una especie de rito de iniciación. La fiesta se celebraba en una de las casas de los agentes en la base, cerca del barracón principal donde me alojaba. Había unas quince personas en la fiesta navideña, incluidos las esposas y los hijos, y todos me hicieron sentir como en casa. Eso implicaba atiborrarme de tragos de Aguardiente Antioqueño —el matarratas local— toda la noche, que estaba encantado de aceptar. Pero cuando regresé al barracón a las dos de la madrugada, me sentía muy mal y me pasé buena parte de las siguientes horas vomitando en el baño comunitario. Castro debió de haberme oído en la habitación de al lado cuando se quedó frito. Tal vez se despertó de golpe al oír mis arcadas. Cuando me di cuenta, había dado la voz de alarma y despertado a todos los agentes de la base.

—¡Necesito Alka-Seltzer ya! —gritó el coronel mientras corría por el barracón—. ¡Que alguien traiga Alka-Seltzer! ¡Socorro! ¡Javier se está muriendo! ¡Ayuda! ¡Ayuda!

Conseguí mi Alka-Seltzer.

—Feliz Navidad —musité a Castro, con los ojos desorbitados, mientras permanecía en pie sudando en la puerta del baño.

Y luego me metí de nuevo en el escusado.

STEVE

Connie y yo llegamos a Bogotá el 16 de junio de 1991, tres días antes de que Pablo Escobar se entregara a la policía.

Era tarde, domingo por la noche, y cuando salimos del avión de American Airlines y entramos en el aeropuerto internacional El Dorado nos enfrentamos a unos muros de concreto gris, monótonos, sin publicidad por ningún lado. Pensamos que habíamos llegado a un búnker soviético. Nuestra decepción fue inmediata.

Había mucho ruido y barullo, con autoridades dando instrucciones en español a toda velocidad, niños llorando y familias hablándose a gritos. Otros pasajeros daban empujones y todos intentaban esquivarnos: dos gringos que apenas entendían el idioma y que se sentían como si acabaran de aterrizar en la Luna.

Esperamos varios minutos a que nuestro escolta de la DEA se reuniera con nosotros a la salida del *finger*, pero no vimos a nadie que pareciera estar buscándonos, así que seguimos al gentío hasta el control de pasaportes, atendido por hombres solícitos y serios con uniforme caqui. Mientras hacíamos cola, se nos acercó un agente de la DEA, pero no había ningún guardia armado, como debíamos esperar de acuerdo con el protocolo. Apenas nos dirigió una mirada al acercarse a nosotros para que nos pusiéramos en la fila especial reservada a los diplomáticos. Se le notaba que estaba a disgusto por tener que estar en el aeropuerto a esas horas un domingo por la noche, y, basándonos en los pocos retazos de conversación que logramos intercambiar ese día, supimos que se había largado de una buena fiesta —tal vez incluso una cita prometedora— para atender nuestras necesidades. Era el agente de servicio, a quien se le exigía encargarse de una serie de responsabilidades que aún no se habían asignado a nadie más.

Y en cuanto pasamos la aduana, la impresión fue que iba a estar toda la noche con nosotros, porque los agentes colombianos que estaban de servicio se negaron a dejarnos marchar con nuestro gato, *Puff*, a pesar de que habíamos hecho todo el papeleo antes de salir de Miami.

Hasta la fecha, no sabemos si los problemas que surgieron con *Puff* tenían algo que ver con nuestros pasaportes diplomáticos o si todos los que nos rodeaban habían tenido un día horroroso. Independientemente de los motivos, no era entrar con buen pie, y los tres —Connie y yo y por supuesto *Puff*— estábamos inquietos por la experiencia.

Cuando acabamos con los trámites necesarios de *Puff*, era plena noche. El agente pasó a ser incluso más imbécil y nos llevó en coche hasta una pensión que se caía a pedazos en una apartada barriada. Dejó bien claro que ningún hotel en Bogotá nos admitiría con un gato. Se limitó a dejarnos en el bordillo como diciendo «¡Suerte con eso!».

Connie y yo cargamos con nuestro equipaje hasta la habitación del segundo piso. Cosa rara, la puerta del cuarto no llegaba hasta el techo. La abertura era lo suficientemente grande como para que yo o cualquier otra persona trepara. De hecho, no estaba nada claro dónde nos íbamos a meter, y nuestro equipaje ocupaba casi todo el suelo, por lo que teníamos que intentar esquivarlo cada vez que pasábamos de una parte a otra de la habitación.

Antes de irnos a dormir puse mi pistola 9 mm en la mesilla. Al acostarnos en el colchón desgastado y hundido, caíamos rodando hacia el centro y chocábamos en mi lado de la cama. *Puff* debía de notar que algo estaba pasando y saltó a la cama con nosotros. Ni siquiera él estaba a gusto esa primera noche en Bogotá.

A pesar del cansancio, ninguno pudimos conciliar el sueño. Fue entonces cuando oímos los tiros fuera de la pensión. Agarré de inmediato mi pistola, pero luego los disparos se convirtieron en ráfagas de ametralladora. Miré mi pequeña arma y pensé: «¿Qué voy a hacer con esto?».

Aunque el fuego de ametralladora duró solo unos segundos, Connie y yo nos miramos y empezamos a preguntarnos en qué nos habíamos metido esta vez. Pero también nos dijimos que aprenderíamos a sacar lo mejor de nuestra nueva aventura.

Tal vez la actitud positiva ayudó, porque, al día siguiente —el primero en la embajada—, uno de mis supervisores nos ofreció su departamento provisional para que pudiéramos marcharnos de la pensión con *Puff*. Ruben Prieto y su mujer, Frances, habían estado viviendo en un hotel en la moderna Zona Rosa y tenían previsto trasladarse a un alojamiento temporal, pero cuando les hablé de nuestra angustiosa llegada, él y su mujer renunciaron amablemente a su departamento provisional y se quedaron en su hotel. Al igual que nosotros, eran amantes de los gatos. Nos quedamos unos meses ahí hasta que encontramos un lugar permanente para vivir.

Esa primera semana fue más que nada de orientación y no me asignaron ningún cometido especial. Enseguida me gustaron Javier y Gary, y me emocionó que me dijeran que trabajaría con ellos en la operación de Escobar. Claro está, ya sabía mucho sobre Escobar a partir de mis propias investigaciones en Miami, pero jamás pensé que sería uno de los agentes principales del caso en la operación en Colombia. Además, tuve mucha suerte porque, cuando llegó el momento de trabajar con la PNC, Javier y Gary ya habían creado una relación de confianza y respeto con ellos. Aunque sabía que aún tenía que ganarme por mí mismo la confianza y el respeto de los colombianos, me aceptaron mucho más rápido gracias a que Javier y Gary respondieron enseguida por mí. Con el tiempo, Gary fue ascendido y trasladado a Barranquilla como agente residente responsable, por lo que Javier y yo acabamos trabajando juntos como compañeros.

Bogotá parecía estar en alerta máxima la semana que Connie y yo llegamos. Había tanques del ejército en las calles y soldados malencarados empuñando AK-47 por doquier. Había jeeps militares con ametralladoras calibre 30 montadas en la parte trasera y manejadas por soldados que parecían muy jóvenes.

La propia embajada de Estados Unidos era una minifortaleza. Varios grupos de personal de seguridad vigilaban el edificio. Había equipos de seguridad colombianos que custodiaban el perímetro. Llevaban unos feos uniformes marrones y portaban revólveres calibre 38 o escopetas calibre 12. La Policía Nacional de Colombia tenía asimismo agentes permanentes patrullando el perímetro. También llevaban revólveres y armas largas, normalmente un fusil Galil de 7.62 mm. Además, había policías de paisano entremezclados con los visitantes, y cámaras por todas partes.

Una vez dentro del recinto, había más guardias con uniformes marrones y miembros de la Oficina Regional de Seguridad de la embajada, una representación del Departamento de Estado encargada de la seguridad de la embajada y de su personal.

La entrada principal al edificio estaba custodiada por marines estadounidenses con pistolas calibre 45, escopetas calibre 12 y fusiles M-16 y AR-15. Estaban en el interior, en un puesto blindado desde donde tenían acceso a todas las cámaras y vigilaban todas las puertas de seguridad cerradas. Parte de su trabajo consistía en comprobar las oficinas durante la noche y asegurarse de que nadie dejaba documentos sensibles tirados por ahí. Si lo hacías, te daban el aviso de despido. Si acumulabas más de tres de esos trocitos de papel, se consideraba que habías violado la seguridad y te enviaban de vuelta a Estados Unidos.

Los guardias de seguridad privados se encargaban de comprobar tu coche cuando accedías a la embajada. Abrían el capó y miraban debajo del vehículo con una linterna y un espejo en busca de artefactos explosivos. El siguiente control de seguridad lo hacían los marines en la puerta principal.

Después de pasar todos los controles de seguridad y obtener nuestras identificaciones, empecé a trabajar codo con codo con Javier. Me impresionó desde el momento en que lo conocí. Había llegado a Colombia tres años antes. Hablaba español, y enseguida pude advertir que se le había pegado incluso el acento de Medellín y Bogotá. Conocía a todo el mundo: los policías, los narcotraficantes de poca monta a los que había logrado convertir en informantes y todos los bares buenos.

Al principio trabajamos desde las oficinas en el sótano, pero con el tiempo todos nos trasladamos al tercer piso de la embajada, que pasó a ser un ala exclusiva de la DEA, detrás de una pesada puerta de seguridad. Javier y yo compartíamos oficina, y nuestras ventanas daban a la zona del estacionamiento junto a la entrada principal del recinto de la embajada. El personal de seguridad nos pidió que mantuviéramos siempre las cortinas corridas y evitar así que nadie de fuera pudiera ver nuestras oficinas. Esto se aplicaba a toda la embajada. Javier y yo teníamos cada uno una mesa y varios archiveros, y dado que yo era el principal instructor en armas de fuego, teníamos casilleros con llave donde guardaba toda la munición y las armas de la DEA.

Mi nuevo jefe, Joe Toft, me echó bronca casi nada más llegar. Fue muy amable, pero dejó muy claro que necesitaba tener cualquier información que recogiéramos antes que nadie. Su función era básicamente enviar nuestros resultados al embajador, y más valía asegurarnos de que así fuera. Más tarde supe que recibía presiones constantes del cuartel general de la DEA en Washington, así como de otros organismos dentro de la embajada. Existía mucha rivalidad entre la DEA y la CIA, y Toft quería que la DEA estuviera al frente, lo que implicaba que la información que facilitaba al embajador tenía que ser precisa. Si la que le entregábamos a él se basaba únicamente en datos sin confirmar, quería saberlo de antemano, y luego quería saber qué estábamos haciendo exactamente para respaldarlos.

Uno de los principales problemas que acabaría teniendo con Toft era que tendía a creer al primero que le pasaba información. Tenía una estrecha relación con los jefes de la PNC y el DAS en Bogotá, y si le contaban algo antes que nosotros, siempre creía su versión antes que la nuestra. Luego nos regañaba por no haberle pasado los datos más pronto. Eso a pesar de que a menudo la información no era completa o ni siquiera precisa. Las peores reprimendas que recibí fueron las de Toft, y eran consecuencia directa de haber recibido datos confidenciales incompletos de otra persona. Me echaba bronca en el pasillo de la DEA, donde todo el mundo podía ver y oír. Estaba muy equivocado, por supuesto, pero cuando llegó la hora de disculparse, me llamó a su despacho y cerró la puerta. Toft jamás podía admitir que se había equivocado delante de los demás.

A pesar de su temperamento, sabía que Toft nos apoyaba y que anhelaba con desespero ganar, y eso implicaba capturar a Pablo Escobar. Para hacerlo, teníamos prácticamente todo a nuestra disposición, desde armas hasta helicópteros e incluso nuestros propios vehículos blindados. Como agentes de la DEA, nos entregaron unos Ford Bronco a prueba de balas. Teníamos prioridad sobre otros empleados de la embajada, y eso fue motivo de muchos celos, ya que a la mayoría del personal los recogían y los llevaban en una camioneta blindada de la embajada que tardaba una eternidad en serpentear a través de la maraña del tráfico matutino de la ciudad. A los empleados de la embajada no se les permitía tomar taxis locales o transporte público.

Bogotá era una ciudad de poco más de cuatro millones de habitantes cuyas carreteras se habían construido para una fracción de esa densidad de población. La camioneta de la embajada solía hacer muchas paradas para recoger a los empleados repartidos por toda la ciudad. Además del suplicio de esos desplazamientos diarios, estaba el hecho de que, debido al racionamiento, a menudo se cortaba la luz y no había semáforos. El resultado era el desbarajuste, el caos, un desastre. No estoy seguro de que se pueda entender de verdad a menos que lo vivas. Imagina el tráfico de Nueva York con semáforos que no funcionan. Para colmo, los colombianos conducen como locos, por lo que cada vez que salíamos a la carretera sentíamos que nos jugábamos la vida.

Connie y yo vivimos un trágico suceso una noche al regresar a casa desde la embajada. Parecía que esa noche íbamos a tardar una eternidad en llegar a casa debido al racionamiento eléctrico y a la ausencia de semáforos. Cuando por fin llegamos, encontramos a *Puff* desplomado en el suelo, respirando aún, pero con dificultad. Debido a lo tarde que era, el consultorio de la veterinaria estaba cerrada. Pero Connie pudo llamarla a su casa y le explicó el estado de *Puff*. La veterinaria accedió a recibirnos en su consultorio, aunque de nuevo tuvimos que lidiar con el horrible tráfico. Llegamos allí quince minutos antes que ella. Por desgracia, *Puff* murió en el regazo de Connie.

Desbordados por las medidas de seguridad y las particularidades culturales de la vida en Colombia, Connie y yo vivimos algunos momentos de tensión, pero sobre todo aprendimos a reírnos de nosotros mismos. Y nos reíamos; todo era divertido, desde la constante mala pronunciación de mi nombre como «Steek» o «Stick»* hasta el enorme tráfico de Bogotá y las diminutas tazas de café azucarado, llamadas tintos, que me obligaban a beber ¡en cada reunión! Soy un tipo de Coca-Cola *light*, y antes de Colombia jamás había bebido café.

A ciertas costumbres nunca llegamos a habituarnos. Por ejemplo, éramos los únicos comensales en los restaurantes a las seis de la tarde; el resto del país cenaba pasadas las nueve. Se convirtió en un chiste entre nosotros y la mesera de uno de

---

* «Palo» en inglés. *(N. de la t.)*

nuestros restaurantes preferidos. No recuerdo ahora su nombre, pero era el único lugar donde podías comer un sándwich de carne y queso decente. A pesar de nuestra preferencia por cenar pronto, la mesera siempre nos acompañaba hasta la mesa, y prácticamente teníamos todo el restaurante para nosotros.

Una noche, mientras esperábamos la comida, un par de chiquillos de la calle, sucios, empezaron a mirarnos a través de las ventanas delanteras del restaurante. Connie y yo nos sentimos culpables y pedimos un sándwich para ellos. Cuando se los llevé fuera, de quince a veinte niños de la calle aparecieron de la nada junto con dos adultos. Todos estaban sucios y llevaban ropas raídas, y tenían aspecto de ser indigentes. Connie y yo sacamos todos los pesos que teníamos, que no eran muchos, y pedimos sándwiches para todos ellos. El encargado del restaurante dudó y dijo que los indigentes no podían entrar en el local. Le dijimos que lo entendíamos, y sacamos los sándwiches y se los dimos al grupo hambriento. Agradecieron mucho la comida y todos insistieron en darnos la mano. Luego se sentaron formando un gran círculo. Los adultos desenvolvieron los sándwiches de uno en uno y los fueron pasando. Cuando ese bocadillo salió de sus manos, quitaron el envoltorio al siguiente y lo hicieron circular. De este modo, todos tuvieron una porción justa e igual cantidad. Nos impresionó su disciplina y preocupación mutua. Este comportamiento no era en absoluto lo que nos habían hecho creer acerca de los indigentes en Colombia. Sabíamos que podían ser peligrosos y se protegerían entre ellos, pero también vimos atenciones y sentimos personalmente su gratitud.

Pero vivíamos en una zona de guerra y aprendimos a no dar nada por hecho. La violencia era constante. Las escenas reales de carnicerías se sucedían en la pantalla de nuestro televisor casi todas las noches. Incluso si a menudo no teníamos ni idea de lo que decían los presentadores de las noticias y los reporteros, no podíamos huir de esas imágenes terribles. En Bogotá las sirenas de las ambulancias y los camiones de bomberos parecían envolver la ciudad como la niebla de primera hora de la mañana, que ocultaba las espectaculares montañas que nos rodeaban.

Connie y yo sabíamos que cada coche estacionado podía tal vez explotar, y teníamos casi prohibido conducir por el país por nuestra cuenta por miedo a los secuestradores. Bogotá se consideraba un lugar inhóspito; no se permitían familias con niños. Años después de marcharnos de Colombia, me cuesta recordar la fuerte presión que caracterizaba nuestra vida cotidiana en Bogotá. Como estadounidense y agente de la DEA, el precio por mi cabeza era de trescientos mil dólares, un buen pellizco para algún sicario ambicioso.

No tuve el valor o el coraje de contárselo a Connie hasta mucho después, cuando estuvimos a salvo fuera de ahí. Después de todo, ella ya tenía bastante encima.

Connie no hablaba español y tenía que dedicarse a trabajos administrativos en la embajada porque los cónyuges del personal de la DEA tenían prohibido trabajar fuera. Sencillamente era demasiado peligroso.

Aun así, no me podía quejar de nuestro nuevo modo de vida. Nos mudamos a un departamento espectacular en la parte elegante del norte de Bogotá. Era enorme, con cuatro habitaciones, un recibidor de mármol y ventanas con unas impresionantes vistas de los Andes hacia el norte y un club hípico al este. Cada vez que miraba a los caballos a medio galope, bellamente almohazados, y a sus jinetes de punta en blanco con sus botas negras lustradas, tenía la impresión de estar observando otra realidad. Bien podría haber sido una escena del Palm Beach Polo & Country Club. Pero así era como vivían los ricos en Bogotá, en una burbuja de opulencia muy alejada de los decrépitos barrios bajos que rodeaban la ciudad, un lugar gobernado por la violencia y la corrupción. De todos modos, agradecíamos escapar de esa realidad de vez en cuando y vivir en un lugar tan bonito, a pesar de ser un recinto amurallado con guardias armados en todos los accesos. Vivíamos al lado del mejor centro comercial de la ciudad y habíamos traído incluso nuestro coche, un Pontiac Grand Am gris de 1989. El problema era que casi no había Pontiac en Colombia, así que cuando lo usábamos para dar una vuelta, siempre llamaba la atención, y en los estacionamientos la gente se arremolinaba alrededor del coche a echar un vistazo.

Los fines de semana nos gustaba andar de fiesta. A menudo íbamos a Den, donde servían cervezas heladas y podías servirte rodajas de rosbif y mostaza en la barra. Javier y yo solíamos ir a tomar una copa y un sándwich rápido después de trabajar cuando nos quedábamos hasta muy tarde, o, si era viernes por la noche, acudíamos al Mr. Ribs. No era raro encontrarse con entre quince y treinta empleados de la DEA y sus esposas o novias al ir de copas. Esto era un incumplimiento total de la seguridad de la embajada. Las normas decían que no podían estar más de tres empleados en el mismo establecimiento a la vez. La teoría era que si se sabía que un lugar estaba frecuentado por personal de la embajada, podría convertirse en blanco de los narcos y grupos terroristas. La teoría también era que si atacaban un sitio, cuantos menos estadounidenses estuvieran presentes, mejor. Pero la gente de la DEA no siempre seguía las normas, como tampoco el resto del personal de la embajada que se nos unía en el Mr. Ribs. Los hombres de la Oficina Regional de Seguridad eran habituales, y ¡eran los encargados de hacer cumplir las normas en la embajada, además de nuestros amigos!

Pero la mayor parte del tiempo organizábamos fiestas épicas los fines de semana en nuestras casas, y muchas veces contratábamos a una banda de mariachis. Teníamos siempre un equipo de música a todo volumen para poder bailar. En ocasiones, contábamos con meseros que llevaban la comida y la bebida y limpiaban todo. Estos saraos siempre duraban hasta la madrugada. Si se trataba de una fiesta de despedida de un empleado de la embajada, teníamos una tradición llamada «el círculo de oro». El oro en cuestión era el tequila Gold Jose Cuervo. Formábamos un círculo, abríamos la botella, tirábamos el tapón y empezábamos a tomar tragos directamente. Una vez nos bebimos cinco botellas en una sola noche. Fue bastante horrible. Al día siguiente algunos de nosotros nos encontramos a media tarde en un restaurante al aire libre con el fin de comer algo grasiento y afrontar nuestras resacas juntos.

Los marines que trabajaban en la embajada organizaban buenas fiestas en la vivienda que compartían, que me recordaba a una casa de la fraternidad. La planta baja era la zona común, donde se celebraban las juergas. Había una zona de bar, una estancia con una mesa de billar y una cocina. Pasada la cocina había una piscina cubierta. Los marines siempre invitaban a varias chicas colombianas jóvenes y guapas, pese a que los que estábamos casados solíamos ir con nuestras esposas. La música estaba invariablemente alta y la cerveza, fría.

Durante las vacaciones y los grandes eventos deportivos en Estados Unidos como el Super Bowl y los torneos de futbol universitario hacíamos cenas en los departamentos de unos y otros. Cada uno llevaba comida, bebidas, hielo, lo que necesitáramos. Connie y yo organizábamos en casa las cenas de Acción de Gracias y el Super Bowl. Esos acontecimientos eran una especie de sabor a terruño para todos. Comíamos bien, disfrutábamos de varias copas y nos asegurábamos de que a nuestros guardias tampoco les faltara comida.

Necesitábamos esos buenos ratos para desahogarnos. Todos nosotros nos preparábamos para el peor día, pero no sé cómo también logramos llevar vidas bastante normales. Aún no sé cómo lo hicimos.

Lo vimos todo en la televisión: la entrega de Pablo Escobar.

Ninguno de nosotros lo vio venir y todos nos lo tomamos fatal; un duro golpe a nuestros esfuerzos por llevarlo ante la justicia. Era el 19 de junio de 1991 y yo estaba en Medellín, pero Toft me llamó de inmediato para que regresara a Bogotá una vez se anunció la entrega. En la embajada todos observamos los acontecimientos en directo y en un gran silencio, estupefactos: el helicóptero amarillo del Gobierno aterrizando cerca de la prisión de estilo rancho que tenía piscina, jacuzzi, campo de futbol y lo que suponíamos que eran unas lujosas habitaciones cerca de Envigado, la ciudad natal de Escobar, en las montañas de Medellín. La enorme «cárcel» se hallaba en el antiguo centro de rehabilitación de drogadictos, reformada siguiendo las indicaciones de Escobar; era tan espectacular que la apodaron la Catedral. También estaba dotada de fuertes medidas de seguridad que se habían diseñado para evitar que Escobar huyera, pero también para que estuviera a salvo de sus enemigos. Alrededor del complejo rehabilitado había una doble cerca que medía unos tres metros de altura, con quince hileras de alambre de espino electrificado a cinco mil voltios y siete torres de vigilancia, además de dos garitas de guardia a la entrada del recinto. Escobar había accedido a pagar todos sus gastos para el funcionamiento de la prisión y también le había prometido al Gobierno que no habría visitas ni sobrevuelos. Además de llevarse consigo a un grupo de sus sicarios de más confianza a fin de que lo protegieran, incluso repartió panfletos cuando se instaló en la Catedral y pidió a los campesinos locales que lo informaran de cualquier actividad sospechosa a cambio de dinero.

Escobar, que tenía por entonces cuarenta y un años, fue el primero en salir del helicóptero. Llevaba jeans y una chamarra blanca de piel, y una barba incipiente que se había dejado crecer en la clandestinidad. Los reporteros describieron sin aliento cómo el hombre más buscado del mundo entregaba su pistola cargada 9 mm al alcaide antes de ser escoltado a su celda de cinco estrellas, que contaba con un baño personalizado, una obsesión de Escobar. Inodoros por estrenar y otros accesorios de baño no faltaban en los cientos de refugios que usó mientras se ocultaba. Lo seguía el padre Rafael García Herreros, el «cura de la televisión», de ochenta y dos años, que lo había ayudado a negociar la entrega con el Gobierno. El carismático clérigo de pelo cano era el invitado de *El minuto de Dios*, el programa de televisión más longevo del país, donde aparecía dando un breve sermón justo antes de las noticias vespertinas nacionales. En una de sus transmisiones días antes de la entrega prevista de Escobar, se refirió al sanguinario narcotraficante como «un buen hombre».

—Pablo, entrégate a mí cuanto antes —dijo el cura en una de sus apariciones televisivas—. Tengo un buen puesto para ti en la Universidad de la Paz.

La Universidad de la Paz era el nombre que el clérigo había dado a la Catedral. García Herreros incluso prometió a su público que Escobar emplearía su tiempo en la cárcel en estudiar la carrera de Derecho. Escobar ya se había adjudicado a sí mismo el papel de pacificador al describir su entrega a un periodista de Medellín que lo acompañó en el helicóptero como «un acto de paz».

—A estos siete años de persecución, quiero añadir todos los años necesarios de reclusión para contribuir a la paz de mi familia y la paz de Colombia —dijo.

Todo era bastante surrealista, algo que podría leerse en un relato corto de Gabriel García Márquez. De hecho, el autor y periodista escribió sobre la entrega, que negoció su amigo, el diplomático y político Luis Alberto Villamizar Cárdenas.

Escobar pidió a Villamizar, uno de sus enemigos acérrimos y firme defensor de la extradición, que protegiera sus derechos cuando se entregó porque se decía que estaba impresionado con el modo en que Villamizar, un aliado político de Galán que había sobrevivido al intento de asesinato ordenado por Escobar, había negociado la espectacular liberación de su mujer y su hermana, que habían sido secuestradas por sus propios sicarios en 1990 y retenidas durante cinco meses.

—Durante todos estos años Escobar ha sido la cruz de mi familia, y la mía —dijo Villamizar a García Márquez, quien años más tarde escribió acerca de su calvario en *Noticia de un secuestro*—. Primero me amenaza. Luego atenta contra mi vida, y es un milagro que escapara. Sigue amenazándome. Asesina a Galán. Secuestra a mi mujer y a mi hermana, y ahora quiere que defienda sus derechos.

Como ya he dicho, toda la historia era surrealista. Y la respuesta oficial del Gobierno hizo que fuera aún más patético.

—Quiero destacar que el compromiso del Gobierno en la lucha contra el narcotráfico sigue siendo inquebrantable —dijo Gaviria a la nación, con cara seria, tras la histórica entrega—. Ningún país ha pagado un precio tan alto en la guerra contra las drogas como Colombia, institucionalmente y con miles de vidas, y la comunidad internacional debe asumir su responsabilidad en este conflicto, que afecta tanto a consumidores como a productores.

Ninguno de nosotros tenía conocimiento de las conversaciones de alto nivel que continuaban entre el embajador de Estados Unidos y Gaviria, pero la sensación general era que el presidente había cedido ante el terrorismo. En la embajada el grupo de las fuerzas de seguridad estaba furioso, al igual que la policía colombiana. Todos sentimos que habíamos perdido y que Escobar había desafiado al país y había ganado, porque Colombia dejó que se entregara en su propia prisión e

188

incluso le permitió contratar a sus propios guardias. Y todos sabíamos que iba a seguir enviando un montón de cocaína por todo el mundo, pero, en esta ocasión, estaría bien protegido por el Gobierno colombiano.

Sabía que los hombres del Bloque de Búsqueda estaban muy decepcionados porque el año antes de la entrega estuvieron cada vez más cerca de capturar a Escobar, y sabían que el capo de la droga seguía huyendo y estaba desesperado. Por nuestra parte, habíamos procesado a decenas de traficantes con el fin de extraditarlos a Estados Unidos, y había muchos más esperando el juicio en las cárceles colombianas.

—Incluso si el emperador no ha caído, el imperio se está desmoronando —dijo el general Miguel Maza Márquez, director del DAS, en sus famosas declaraciones en verano de 1990 cuando las fuerzas de seguridad de élite dieron un golpe tras otro y fueron debilitando la estructura de Escobar.

En junio de 1990 un equipo del Bloque de Búsqueda asesinó al comandante militar *de facto* del Cártel de Medellín, Jhon Jairo Arias Tascón, apodado Pinina, cuando opuso resistencia al ser detenido en Medellín. Las autoridades decían que Pinina organizaba a los sicarios de Escobar y las actividades terroristas del grupo. Un mes más tarde Carlos Henao, cuñado de Escobar y un importante director de seguridad del cártel, fue detenido, al igual que Edgar Escobar Taborda, jefe de propaganda del cártel y autor de los comunicados de prensa firmados por Los Extraditables. Conocido como el Poeta, enviaba diligentemente cartas a los medios de comunicación, a la oficina federal de derechos humanos y al fiscal general, donde declaraba que las fuerzas de élite del Bloque de Búsqueda se estaban comportando como salvajes al torturar y matar a miembros del cártel. Escobar estaba tan desesperado que empezó a imponer un «impuesto de guerra» en los envíos de cocaína y hacía pagar a sus colegas traficantes del cártel un porcentaje adicional en sus cargamentos para poder financiar su guerra contra el Gobierno.

Estoy seguro de que Escobar se sorprendió de la ola de ataques contra él cuando ofreció en secreto negociar un alto al fuego con Gaviria en el verano de 1990. Al menos durante unos días hubo una tregua en los coches bomba, que ya habían matado a miles de personas en todo el país. Entonces, el 11 de agosto de 1990 —cuatro días después de que Gaviria jurara su cargo—, la PNC dio un golpe devastador al Cártel de Medellín cuando mataron a tiros a Gustavo Gaviria, primo de Escobar y su mano derecha. Gustavo coordinaba el tráfico en las rutas importantes a través de México, Panamá, Haití y Puerto Rico. Fue asesinado a tiros en una redada en un refugio de Medellín. Gustavo Gaviria, que había sido inseparable de Escobar desde la infancia, llevaba los asuntos de negocios del imperio de la cocaína.

El golpe tuvo la misma importancia que la eliminación de Rodríguez Gacha. Desconsolado, Escobar se enfureció con la policía y el Gobierno, y la violencia estalló de nuevo.

Aun así, el Gobierno prosiguió sus negociaciones secretas con Escobar. Oímos algunos rumores, sobre todo entre los hombres de la DIJIN, acerca de que el Gobierno estaba hablando con Escobar y contemplando la idea de una entrega en una prisión diseñada por él y con sus propios guardias. Pero en ese momento no los creímos. Parecía una auténtica locura.

Hasta que ocurrió de verdad.

Por eso los policías colombianos se lo tomaron como algo personal. Los hombres de Escobar habían sobornado a la policía, y un teniente de la PNC incluso se había vuelto corrupto. Pedro Fernando Chunza-Plazas había sido el encargado de enseñarles a los sicarios de Escobar a poner coches bomba y asesinar a policías en Medellín. Chunza era tan importante para el Cártel de Medellín que Escobar lo puso al mando de la protección de su propia familia.

Cuando Escobar no estaba enviando a sus sicarios a misiones terroristas, estaba pagando a congresistas colombianos a través de sus abogados para que votaran no a la extradición.

Al final, fue la campaña de terror y los sobornos de Escobar lo que puso a Gaviria entre la espada y la pared. Siempre dijimos que no se puede y no se debe negociar con un terrorista, pero eso es lo que hizo el Gobierno de Gaviria. Y mientras su Gobierno se mostraba increíblemente débil al ceder ante las exigencias de Escobar, un argumento importante era que se hacía para salvar a las personas inocentes de saltar por los aires a causa de un inesperado coche bomba. Horas antes de la entrega el Congreso colombiano había votado prohibir totalmente la extradición, lo que proporcionaba a Escobar un cierto nivel de protección contra un cambio de opinión de Gaviria.

Las siguientes semanas tras negociar la entrega de Escobar, una aparente paz volvió a Colombia. Los coches bomba cesaron y los colombianos parecían disfrutar de retomar su vida normal. Pero los hombres que habían arriesgado su vida en la búsqueda de Escobar se sintieron sumamente traicionados, y el nuevo Gobierno mostraba su debilidad al acceder a las exigencias del capo de la droga. El Gobierno no solo permitió a Escobar declararse culpable de un único delito grave, que comportaba una pena de cinco años, sino que se dejó que el delincuente más buscado del mundo también se quedase con todas sus ganancias ilícitas: sus miles de millones, sus casas, sus coches llamativos. Nadie ni siquiera habló de confiscarle sus bienes.

Una vez a salvo dentro de su lujosa celda, la policía sabía que no podían tocarlo. El Bloque de Búsqueda de Medellín se disolvió, y a Martínez le concedieron un puesto diplomático en España. En la embajada volvimos a trabajar en casos de estupefacientes.

Estaba perplejo. Todo el asunto me dejó un mal sabor de boca. Todo y nada había cambiado. La cocaína seguía saliendo del país. Pablo Escobar se había enfrentado al Gobierno colombiano y había ganado. Y no me podía quitar de encima la sensación de que con Escobar dirigiendo sus operaciones de drogas desde su cómoda cárcel, la muerte de cada policía colombiano había sido en vano.

STEVE

Uno de mis primeros trabajos en Colombia no tenía nada que ver con Pablo Escobar.

No hace falta decir que Escobar seguía siendo nuestro objetivo, e intentamos recabar toda la información y los datos que podíamos sobre sus movimientos en «prisión». Sabíamos que no iba a dejar su actividad delictiva o sus intentos de volverse más rico y poderoso, pero obtener cualquier información sobre Escobar durante ese tiempo era extremadamente difícil, sobre todo porque una de las estipulaciones de su entrega nos prohibía acercarnos a la Catedral. No podíamos interceptar ninguna de sus comunicaciones, algo muy insólito. Los datos de los informantes eran casi inexistentes. Y no podíamos aproximarnos lo suficiente al perímetro de la prisión para efectuar cualquier tipo de vigilancia.

Con la investigación sobre Escobar dándose contra un muro poco después de mi llegada a Colombia, decidí dedicarme a estudiar cada expediente que tuviéramos sobre el cártel de Medellín.

Fue entonces cuando me asignaron a Carlos Lehder. Para ser más exactos, mi tarea consistía en organizar una minioperación de tipo militar con objeto de sacar a sus familiares cercanos de Colombia y reubicarlos lo antes posible en un lugar no revelado en Estados Unidos. Lehder, cofundador del Cártel de Medellín, era el único miembro de alto nivel de la actividad delictiva que sería procesado en Estados Unidos por contrabando de drogas. Tras un juicio de siete meses en el tribunal federal de Jacksonville, Florida, fue condenado a ciento treinta y cinco años y a cadena perpetua sin posibilidad de libertad condicional. Con el fin de reducir su condena y garantizar la seguridad de su familia en Colombia, llegó a un acuerdo de conformidad con los fiscales federales para actuar como testigo clave en el juicio del hombre fuerte de Panamá, Manuel Antonio Noriega, antiguo aliado de Estados Unidos e informante de la CIA que fue fundamental en la lucha contra la propagación del comunismo en América Central y el Caribe, parte importante del escándalo Irán-Contra, que implicaba traficar con drogas y armas y ayudar así a los agentes encubiertos a armar a los guerrilleros de la Contra en su guerra en oposición a los sandinistas de Nicaragua a mediados de los ochenta.

En los meses previos al inicio del juicio a Noriega en septiembre de 1991, iba de un lado a otro de Bogotá intentando encontrar un lugar seguro para la mujer y la hija de Lehder. Con toda razón, Lehder temía que sus enemigos en Colombia atacasen a su familia y evitar de este modo que él confesara sobre la relación de Noriega con el cártel. Sabía que Escobar ya había enviado a sus matones a Estados Unidos con objeto de liquidar a cualquier testigo.

En lo que prometía ser una declaración polémica, Lehder contó cómo Noriega hizo negocios con el Cártel de Medellín y, en efecto, les vendió el uso de su país como punto de transbordo a cambio de un porcentaje de las ganancias del narcotráfico. A la vez que ayudaba al cártel, también aportaba información a la DEA y a la CIA. En 1982, cuando era jefe de Inteligencia y Control de Drogas en Panamá, Noriega ofreció a Escobar «construir un cocainoducto» hasta Estados Unidos.

También le ofreció lavar dinero al cártel. Después de una visita clandestina a la finca de Escobar en Medellín, el capo de la droga prometió a Noriega mil dólares por cada kilo de cocaína enviado a través de Panamá. Lehder calculó que cada mes se había transportado más de una tonelada de cocaína a través del país rumbo a Estados Unidos. También le prometió a Noriega un 5 por ciento de los sesenta millones de dólares estimados, que se depositaron en bancos panameños cada semana durante el auge del negocio de las drogas. ¡Y todo esto mientras Estados Unidos le pagaba doscientos mil dólares anuales por hacer de informante!

En 1988 Estados Unidos estaba bastante cansado del doble juego de Noriega, y fue inculpado en un tribunal federal estadounidense por tráfico de drogas. En diciembre de 1989, tras ser acusado de haber amañado las elecciones nacionales en Panamá, el presidente George H. W. Bush puso en marcha la Operación Causa Justa. Durante la invasión militar de Panamá por parte de Estados Unidos, Noriega buscó refugio en la embajada del Vaticano en la ciudad de Panamá. Es célebre el modo en que los soldados estadounidenses lo hicieron salir: reproduciendo a todo volumen música *rock* de The Clash, Van Halen y U2 en un bucle sin fin durante tres días y tres noches. El 3 de enero de 1990 Noriega se entregó y pasó a ser prisionero de Estados Unidos. Fue trasladado en avión a Miami para ser juzgado por tráfico de drogas, extorsión y lavado de dinero.

Lehder había sido testigo presencial de las reuniones del coronel con el cártel y fue el encargado de transportar drogas dentro y fuera de Panamá. Mientras se preparaba para subir al estrado, me asignaron la misión secreta de poner a salvo a su familia.

Garantizar la seguridad de su familia era una empresa tan delicada que solo unos cuantos miembros de la Policía Nacional de Colombia, de mucha confianza y alto rango, se dieron cuenta de ello, y la estructura de la DEA pensó que sería más seguro para la familia si nos encargábamos solamente nosotros del traslado, sin las autoridades colombianas.

Toft me dio un fajo de pasaportes colombianos para la familia Lehder. Además de su esposa y su hija, había otros familiares que también tenían que salir de Colombia. Todos los pasaportes ya llevaban el sello del visado a Estados Unidos. Llamé a la mujer de Lehder y le dije que había dispuesto un lugar seguro donde quedarse hasta que hubieran finalizado los últimos preparativos. Luego, una de nuestras secretarias reservó, a nombre de uno de nuestros guardaespaldas, un hotel en la elegante Zona Rosa de Bogotá durante unos días, mientras se ultimaban los detalles para sacarla a ella y a su familia del país. Usamos a nuestros escoltas locales durante gran parte de los preparativos. Los escoltas de la DEA eran casi todos agentes de policía colombianos jubilados que habían recibido el visto bueno de nuestra agencia, y a quienes se contrató como seguridad a tiempo completo e iban siempre armados. Le dimos dinero suficiente a uno de nuestros escoltas para que protegiera las habitaciones del hotel, y regresó con las llaves del cuarto.

Luego llamé a la mujer de Lehder y le dije que se reuniera conmigo cerca del hotel. No queríamos que la familia fuera vista allí en compañía de un grupo de estadounidenses porque habría llamado demasiado la atención. Me encontré con el reducido grupo, del que formaba parte la adorada hija pequeña de Lehder, Mónica. Parecían estar muy nerviosos y asustados. Le di las llaves de la habitación a la mujer de Lehder e hice todo lo posible por tranquilizarlos, y les ordené que permanecieran dentro y pidieran la comida al servicio de habitaciones.

Sin que lo supieran, teníamos apostados varios escoltas de la DEA dentro del hotel y en los alrededores, para protegerlos.

A última hora del día reservamos los boletos de avión a través de una agencia de viajes colombiana. La DEA tenía una estrecha relación laboral con el propietario de una agencia de viajes local, y accedió a comprar los boletos usando nombres falsos. Esto, por supuesto, fue antes del 11-S, por lo que las medidas de seguridad no eran muy estrictas. Sabíamos que podíamos cambiar los nombres de los boletos en el mostrador de la compañía aérea cuando todos llegaran al aeropuerto. La familia permaneció en el hotel, sin contratiempos. Hablamos varias veces por teléfono con la mujer de Lehder, pero las llamadas eran muy crípticas porque nunca se sabía quién podía estar escuchando. Fuimos al hotel su última noche en Bogotá, pero un escolta habló con la esposa de modo que nadie la viera charlar con un gringo.

Siguiendo nuestras instrucciones, el escolta le dijo a la familia que estuvieran preparados para ir al aeropuerto a las cinco de la mañana siguiente. Habíamos reservado los boletos con American Airlines, que tenía un único vuelo diario entre Bogotá y Miami que salía a primera hora de la mañana.

A la mañana siguiente varios agentes de la DEA y yo, acompañados de bastantes escoltas, llegamos al hotel y escoltamos a la familia de Lehder en nuestros vehículos. Había dos todoterrenos para los miembros de la familia, a quienes acompañaban dos agentes y un conductor, y los seguía un tercer vehículo con seguridad adicional. Todos nuestros agentes iban armados con pistolas y tenían ametralladoras preparadas en caso de un ataque.

El Gobierno colombiano había autorizado a los agentes de la DEA a portar armas en su país, y todos llevábamos permisos de armas ocultos. Nuestros escoltas tenían revólveres, y algunos de ellos subfusiles uzi. Siguiendo una ruta planificada previamente que nos mantendría alejados de las principales carreteras, llegamos sin problemas al aeropuerto internacional El Dorado.

Una vez allí, nos estacionamos en la zona reservada a diplomáticos, que estaba situada cerca de la entrada principal a la terminal internacional. Dos escoltas y dos agentes de la DEA hicieron un reconocimiento rápido del aeropuerto en busca de algo con aspecto sospechoso. Todo parecía estar en orden, así que hicimos salir a la familia de nuestros todoterrenos y agarramos su equipaje, y los acompañamos hasta el edificio de la terminal internacional. La DEA tenía una estrecha relación laboral con el personal de American Airlines en Bogotá, y ya habíamos organizado poder registrarlos deprisa, de modo que la familia pudiera trasladarse a un lugar menos público y más seguro a esperar el vuelo. Una vez accedimos al aeropuerto, nos encontramos con nuestra persona de contacto de American Airlines, que llevó a la familia y su equipaje a una fila aparte, cambió los nombres de los boletos que habíamos reservado con anterioridad y puso los nombres reales de la familia Lehder, registró sus maletas y los acompañó a través del control de seguridad del aeropuerto. Todos se fueron a una sala de espera privada.

Cuando el vuelo estuvo listo para embarcar, American Airlines permitió que la familia lo hiciera en primer lugar y evitarse así hacer cola. La familia colaboró mucho con nosotros, y la esposa nos agradeció nuestra ayuda cuando subieron al avión. El vuelo despegó sin incidentes, y los Lehder llegaron sanos y salvos a Miami pocas horas después. Una vez en Miami, miembros del Servicio de Alguaciles de Estados Unidos los recibieron y nunca más volví a saber de ellos.

No pensé mucho en la familia Lehder hasta un año después, cuando llegó una extraña carta a la embajada de Estados Unidos en Bogotá que iba dirigida a mí. La dirección del remitente indicaba que se había enviado desde la Agencia Federal de Prisiones de Estados Unidos, Sección de Vigilancia de Reclusos, Washington, D. C. Y la dirección del sobre estaba escrita en español. Eso era muy raro. De hecho, nunca había recibido o incluso visto nada igual. El sobre contenía una sola página de un cuaderno con un mensaje manuscrito dirigido a mí. La carta decía: «USA-92, Steve Murphy, agente especial de la DEA, Bogotá, Colombia. Le agradezco sinceramente que haya ayudado a mi familia y a mi país. A su disposición, CL».

Había recibido cartas de reclusos antes de ofrecerse a ayudar aportando información sobre investigaciones en curso, aunque normalmente esas se toman con pinzas. Pero jamás había recibido una nota de agradecimiento de un recluso.

Le mostré la carta a Javier. Claro está, ambos supimos de inmediato de quién era.

JAVIER

Lo apodamos Oscar.

Aún no puedo revelar su verdadera identidad. Digamos que fue una fuente, una buena fuente, que contó su historia al fiscal general de Colombia y luego a nosotros. La información de Oscar era tan importante que decidimos llevarlo a Estados Unidos para interrogarlo a fondo. Más tarde testificó en secreto en el Congreso. Sabíamos que Escobar intentaría matarlo, motivo por el cual lo pusimos en el programa de protección de testigos en Estados Unidos.

Nos reunimos con él en Medellín y nos ofreció un angustioso panorama de lo que en verdad estaba sucediendo en la Catedral un año después de que Escobar atravesara las puertas de la prisión en un gran espectáculo de entrega pacífica a las autoridades.

Oscar nos contó lo que ya habíamos sospechado desde el principio: que Escobar estaba reuniéndose con los delincuentes dentro de la cárcel, donde tenía acceso a radiotransmisores, máquinas de fax y teléfonos seguros. Ordenaba secuestrar y asesinar a sus enemigos, entre ellos cualquier posible testigo del juicio de Noriega en Miami. Uno de sus sicarios incluso fue capturado en Estados Unidos mientras cumplía órdenes de Escobar.

Oscar sabía de lo que hablaba. Nos contó que fue el único superviviente de una masacre de traficantes que había ordenado Escobar desde su celda.

Todo empezó con una bolsa con dinero —dinero podrido— después de que los sicarios de Escobar la encontraran bajo tierra, con los billetes estropeados porque no se habían enterrado correctamente. Los sicarios devolvieron el dinero a Escobar en la prisión y le dijeron que lo habían encontrado en unos terrenos que pertenecían a Gerardo Moncada, uno de los traficantes de Escobar, en Medellín. Los sicarios le contaron a Escobar que Moncada y su compañero, Fernando Galeano, se lo habían ocultado al no decirle nada acerca del dinero. Oscar dijo que los sicarios tenían celos de Moncada y Galeano y acudieron a Escobar para quitarlos de en medio. El plan pareció funcionar, porque Escobar acabó perdiendo los papeles y gritó que había sido traicionado por dos de sus socios de más confianza. Exigió que llevaran a ambos hombres a prisión para tener una «conversación». Ni Moncada ni Galeano pensaron mucho en la petición de su jefe, que quería reunirse con ellos. Incluso prescindieron de su jefe de seguridad, Diego Fernando Murillo Bejarano, más conocido como Don Berna.

Pero cuando Moncada entró y vio la bolsa del dinero estropeado en el suelo, supo de inmediato lo que estaba pensando Escobar. A Moncada se le trabó la lengua en cuanto empezó a decirle a Escobar que no le estaban ocultando nada. Habían enterrado el dinero unos cinco años antes y se habían olvidado por completo. Escobar guardó silencio, pero todos en la estancia podían sentir la tensión. Los acusó de estafarle veinte millones de dólares procedentes del tráfico de cocaína y les recordó que si ellos podían hacer negocios era porque él había sacrificado su propia libertad para luchar contra la extradición. Les dijo que le debían doscientos mil dólares por cada envío de coca que mandaran al extranjero. Cuando los dos hombres, que habían sido amigos de infancia y socios de negocios durante años, se negaron al oír el precio, Escobar apenas pudo contener su ira. Según Oscar, agarró un palo largo y empezó a aporrear a Moncada. Los sicarios se metieron en medio y mataron a Galeano. Quemaron los cuerpos y los cortaron en trozos pequeños. Y luego Escobar dejó claro que se apoderaría de todos los bienes de Moncada y Galeano: fincas, empresas y casas. También ordenó asesinar a sus familias y a sus socios comerciales. En un espeluznante recordatorio de su dominio, instruyó a sus matones a que enviaran los penes carbonizados de los dos hombres a sus esposas.

El salvajismo de Escobar acabaría llevándolo a su propia ruina.

La información de Oscar resultó ser tan demoledora que el Gobierno colombiano no pudo seguir ignorando lo que estaba ocurriendo en la Catedral. Gaviria le ordenó a Escobar trasladarse a una prisión más segura, un cuartel reconvertido del ejército a las afueras de Medellín. Como es lógico, el capo de la droga se negó tranquilamente a ir y exigió reunirse con altos cargos federales en la Catedral. Fue entonces cuando se envió a la prisión al viceministro de Justicia, Eduardo Mendoza, y al director de Prisiones del país, el teniente coronel Hernando Navas, para negociar el traslado. Los funcionarios gubernamentales, ingenuos, llegaron sin escoltas armados y le dijeron a Escobar que iba a ser trasladado al cuartel y que regresaría a la Catedral cuando se hubiera mejorado la seguridad.

Pero cuando llegaron a la cárcel, Escobar no estaba de humor para hablar. Después de ser escoltados hasta la *suite* privada del narcotraficante en la prisión, sus secuaces rodearon a los dos funcionarios gubernamentales y les dijeron que saldrían muertos de allí. Mendoza y Navas fueron tomados como rehenes, junto con el alcaide de la prisión. Mendoza describiría más tarde cómo el sicario en quien más confiaba Escobar, Popeye, apretó el cañón de un uzi en su cabeza y prometió matarlo. A eso de las cuatro de la madrugada, mientras los matones de Escobar seguían con sus amenazas de muerte, Mendoza oyó dos explosiones seguidas de gritos y disparos. Cientos de tropas gubernamentales habían irrumpido en la prisión con la intención de rescatar a los rehenes y capturar a Escobar, que logró huir con su hermano, Roberto, y un puñado de reclusos a través de un túnel. A pesar de que las tropas, armadas hasta los dientes, y sus perros rastreadores rodearon las inmediaciones de Envigado en busca de Escobar y sus esbirros, ya se habían largado y escondido en uno de los numerosos refugios que mantenía el cártel en Medellín y sus alrededores.

Mendoza, sus ropas hechas jirones, dijo después en rueda de prensa que lo salvó un soldado y se vio obligado a arrastrarse a través del fango durante la trifulca para evitar la lluvia de balas que rebotaban en los muros de la prisión.

Me enteré de la huida de Escobar cuando puse las noticias a la mañana siguiente. Cuando fui a la embajada, había agitación y todos hacían preguntas. No teníamos mucha información esa mañana, pero todo el mundo seguía acudiendo a la oficina y nos preguntaba qué estaba pasando. El embajador estaba hablando con el presidente colombiano, Joe Toft hablaba con el jefe de la PNC y nosotros hablábamos con nuestros colegas de la policía colombiana. Y estoy seguro de que la CIA estaba hablando con sus homólogos de las fuerzas armadas colombianas y de inteligencia. No pasó mucho tiempo antes de que Toft nos llamara a su despacho a Steve y a mí y nos dijera que el embajador nos quería en Medellín de inmediato; el avión de la DEA ya estaba esperando en el aeropuerto de Bogotá. La petición provenía de la PNC, que le dijo a Toft que el estado de confusión era total. Los medios de comunicación se estaban volviendo locos con la fuga; alguien en una emisora de radio que afirmaba ser Escobar dijo que el Gobierno colombiano había incumplido el acuerdo y que él no había hecho nada malo.

Ambos regresamos a casa a meter algo de ropa en una bolsa y corrimos hacia el aeropuerto. Toft dijo que nuestro Gobierno quería un inventario de lo que había en la prisión para ver si había cualquier información procesable.

Al igual que todos los demás en las dependencias de la DEA, estábamos emocionados.

La fuga implicaba que teníamos total libertad para ir tras nuestro mayor objetivo. ¡Retomábamos la búsqueda! Era nuestra oportunidad de ver que al fin se hacía justicia con Escobar.

El helicóptero Huey, provisto de dos ametralladoras calibre 30 a cada lado, nos estaba esperando a nuestra llegada al aeropuerto Rionegro de Medellín. No pudimos dejar de advertir que el parabrisas del helicóptero de la PNC había sido reparado con objeto de tapar un evidente orificio de bala. De hecho, durante los siguientes dieciocho meses de la búsqueda de Escobar, cada helicóptero de la policía colombiana en el que volamos tenía al menos un balazo. Intercambiamos cuatro risas nerviosas con el piloto cuando despegamos y pusimos rumbo a la academia Carlos Holguín, ansiosos por obtener el permiso oficial del comandante de la PNC para entrar en la Catedral.

Aunque Steve ya llevaba un año en Colombia, aún tenía algunas dudas sobre él. Todavía le faltaba práctica con el español, pero puedo decir que lo intentaba y aprovechaba cualquier oportunidad para hablarlo. No éramos muy íntimos, y mientras Escobar estaba en la cárcel, nos sentábamos juntos durante las presentaciones de la DEA y llevamos a cabo algunas operaciones, pero ninguna del calibre de la búsqueda de Escobar.

No me fiaba de él porque, en muchos sentidos, Steve y yo éramos el día y la noche. Pero aunque tal vez parecíamos una extraña pareja, nuestras diferencias correrían a nuestro favor como equipo. Steve era superorganizado, y yo odiaba el papeleo. Pero había creado una gran red de contactos en los cuerpos de seguridad colombianos a los que podíamos llamar en cualquier momento.

Esta nueva búsqueda de Escobar nos uniría y, en muchos sentidos, Steve se convertiría en mi compañero de mayor confianza y mi mejor amigo.

La Virgen María se me apareció mientras me tumbaba bien despierto y daba vueltas en la cama de Pablo Escobar.

Nunca imaginé que pasaría así mi primera noche en la Catedral, pero entonces tampoco pensé que algún día entraría en la guarida del león, la lujosa serie de habitaciones que hacían las veces de calabozo del multimillonario narcotraficante.

Al principio, todo tuvo un carácter militar oficial. Toft nos había enviado a la Catedral a recoger toda la información que pudiéramos encontrar en la prisión un día después de la fuga temeraria de Escobar. Pero cuando Steve y yo aterrizamos en la academia Carlos Holguín de Medellín, tuvimos que obtener un permiso oficial para visitar la cárcel. Debíamos presentarnos formalmente al oficial al mando, un hombre que, para ser francos, nunca nos gustó y que había tomado el relevo de Hugo Martínez cuando lo enviaron a España tras la entrega de Escobar. El coronel Lino Pinzón era alto y engreído; imponía en su uniforme perfectamente almidonado de la PNC. Siempre tuvimos la sensación de que nunca nos quiso, a los estadóunidenses, a su alrededor, y ¿quién podía culparlo? Nos habríamos sentido igual si se hubieran cambiado los papeles. En cualquier caso, no hubo un recibimiento cordial ni tazas azucaradas de tinto cuando nos reunimos con él en su despacho para hablar de la logística al entrar en la Catedral. Pinzón dejó claro que él estaba al mando y tomaría las decisiones sobre cómo llevar a cabo la nueva persecución. Tras una breve conversación, casi todo el tiempo un monólogo, nos echó. Por muy importante que fuera para nosotros esta nueva misión de localizar a Escobar, ni Steve ni yo percibimos en ningún momento un sentido de urgencia por parte del coronel.

En los días posteriores a la fuga de Escobar, en la base reinaba la confusión, y supuse que Pinzón tenía su propio modo de intentar controlarla. No había ninguna infraestructura preparada para capturar a Escobar y las consultas a los compañeros de los cuerpos de seguridad como nosotros y los hombres de la DIJIN eran escasas. Cuando aparecieron en la base un par de agentes de la DIJIN vestidos de paisano dispuestos a empezar su trabajo, Pinzón los recibió formalmente; estaba decidido a actuar con mano dura. Fue una mala idea desde el principio, y las cosas solo empeoraron a medida que pasaban los días. Los efectivos de la inteligencia colombiana odiaban a Pinzón, que los obligaba a levantarse a las seis de la mañana, junto con otros jóvenes alumnos de la PNC, para hacer flexiones. Esto ocurría después de que hubieran pasado toda la noche fuera buscando pistas sobre Escobar. Los hombres de la DIJIN estaban acostumbrados a responder únicamente ante su propio jefe en Bogotá, pero Pinzón insistía en que respondieran ante él. Vimos enseguida la pintada en la pared y supimos que la situación no podía continuar. Una de las primeras peticiones que le hicimos a Toft fue que urgiera a su colega

Octavio Vargas Silva, el artífice del Bloque de Búsqueda original, a traer de inmediato a Martínez y devolverle su antiguo trabajo como líder del Bloque de Búsqueda sobre el terreno en Medellín. Casi se lo rogamos. Teníamos la impresión de que Martínez era el único con quien podíamos trabajar.

Tras las formalidades en la academia, Steve y yo volvimos al helicóptero Huey y volamos hasta la cercana Envigado, a unos veinte minutos de distancia. El aparato tuvo que tomar tierra en una colina cubierta de hierba a unos tres kilómetros de la Catedral porque Escobar había instalado postes alrededor de la propiedad para evitar cualquier tipo de aterrizaje armado. También había un cañón en los terrenos cuya función era derribar los aviones que se acercaran demasiado. Tengo que reconocerlo: pensaba en todo como un estratega militar. Le preocupaban sin duda los posibles ataques de sus enemigos en el Gobierno y en los carteles rivales.

Fuimos a pie colina arriba por un camino sucio y repleto de baches, arrasado en parte por las tormentas y lleno de grandes rocas. Un pequeño grupo de agentes de la DIJIN nos recibió a la entrada de la prisión. Ya habían hecho un reconocimiento de todo el lugar y nos mostraron el campo de tiro, donde los prisioneros hacían sus prácticas, y la casa del alcaide, que estaba nada más pasar las barreras de seguridad. En la parte posterior de la prisión había un agujero en la cerca perimetral trasera. No era una entrada; tan solo una abertura en la valla para que la gente pudiera entrar y salir sin tener que pasar por ningún puesto de control. También había un campo de futbol de tamaño reglamentario, con sus luces para los partidos nocturnos. Más tarde encontramos trofeos en varias celdas que indicaban que Escobar celebraba sus propios torneos en la cárcel.

En el interior el lugar estaba hecho un desastre después del tiroteo entre las autoridades colombianas y los hombres de

Escobar. Nuestros zapatos crujían sobre los cristales rotos de las ventanas hechas añicos por los disparos, y las paredes estaban despostilladas debido a un sinfín de orificios de bala.

En el edificio principal había unas cuantas oficinas para el personal de la prisión, seguidas de dos series de barrotes de acero pintados de verde, los únicos que vi en el interior de toda la cárcel, construidos en apariencia para impresionar, como si en cierto modo demostraran que el complejo tipo resort al que estábamos a punto de entrar fuera de hecho una prisión. Era el chistecito privado de Escobar: una concesión para las autoridades colombianas de que en efecto estaba en la cárcel, ¡aunque fuera una diseñada por él!

Pasados los barrotes había una enfermería, almacenes, una cocina y más oficinas. Mesas de billar y *ping-pong*, y una gran sala de juegos dominada por una pintura al óleo grande y chillona de Escobar y el padre Rafael García Herreros. Escobar había invertido millones en obras de beneficencia de curas católicos y, claro está, lo usó para ayudar a negociar con el Gobierno colombiano cuando escenificó su gran espectáculo de entrega.

La prisión se parecía mucho a lo que habíamos imaginado: un club de campo con objetos de lujo, como televisores, refrigeradores y equipos de música de última generación. Pese a todo, nos maravilló su diseño y organización. Ni la inteligencia estadounidense ni la colombiana tenían la más mínima idea de cómo los esbirros de Escobar se las habían ingeniado para llevar todos esos objetos enormes hasta lo alto de la colina. Tampoco teníamos ninguna información de que Escobar hubiera contratado a arquitectos y constructores para edificar chalés en la ladera detrás de la cárcel. Más tarde supimos por los funcionarios de la PNC que Escobar nunca durmió en el mismo sitio más de dos noches consecutivas. Eso incluía su propia «celda» en la prisión. Usaba las casitas de campo cercanas para las fiestas y dormía de forma alterna en cada una de ellas. Todas las viviendas estaban bellamente decoradas, con macetas, cestos colgantes, y tenían lujosas tapicerías y cortinas. En una de ellas había un baño construido como un búnker, con paredes de cemento armado de un metro de grosor tal vez. Uno de los dormitorios en cada uno de los chalés tenía una puerta oculta que conducía a un túnel que permitía escapar a toda prisa a las montañas. Sabíamos que Escobar tenía planes para convertir la prisión en un resort en cuanto hubiera cumplido su condena.

El dinero se había enterrado por toda la propiedad, o eso nos dijeron. Poco después de huir, oímos rumores de que tres agentes de policía de bajo rango que vigilaban la prisión habían encontrado una caleta* con millones de dólares y habían mantenido en secreto su descubrimiento. Cuando volvieron a Bogotá, se jubilaron. Nadie dijo jamás cuánto habían encontrado, pero seguramente era una cantidad enorme. También supimos que un campesino halló un alijo de dinero en la orilla de un río que estaba metido en un agujero de tierra cerca de la cárcel. El campesino admitió ante la policía que había tomado algo de dinero, pero cuando los agentes le preguntaron que por qué no se lo había llevado todo, respondió que no tenía tiempo porque debía correr a casa para ordeñar sus vacas.

En aquellas primeras semanas, intensas y caóticas, en la prisión, los helicópteros despegaban y aterrizaban sin parar, transportando a un ejército de expertos para que rastrearan los edificios y la zona circundante. Trajimos radares terrestres especiales e investigadores especializados en buscar restos humanos enterrados, pero no encontramos ninguno en los terrenos de la prisión.

La propia «celda» de Escobar era un dormitorio y un despacho enormes, y estaba asombrosamente ordenada. La cama

* Escondite. (N. de la t.)

estaba hecha, y el baño, impecable. Escobar tenía fijación con los baños limpios y espaciosos, y cada vez que allanábamos un refugio de los que usaba, siempre encontrábamos un baño extrañamente reluciente y con accesorios nuevos.

El departamento privado también albergaba numerosas armas distintas. Contaba asimismo con brazaletes de seguridad y un telescopio muy potente y moderno montado cerca de la baranda del patio, nada más salir de la puerta de su calabozo. Un agente de la PNC nos dijo que Escobar lo usaba para poder ver a su mujer y a sus hijos cuando hablaba con ellos por teléfono.

En la oficina contigua hallamos un rollo de película en la papelera. Cuando lo revelamos, encontramos fotos de Escobar, entre ellas la ahora tristemente célebre imagen de él con un jersey azul que habíamos convertido en carteles de se BUSCA y en la que ofrecíamos dos millones de dólares por información que nos llevara hasta su captura. Aparte, el Gobierno colombiano ofreció más de seis millones de dólares. Y hablando de carteles de se BUSCA, tenía todos los que se habían publicado contra él en Colombia y casi todos los artículos que habían aparecido sobre él en sus archivos. También había pilas de libros de tapa dura autopublicados firmados por Escobar y sus sicarios. Los volúmenes encuadernados en cuero, que mostraban caricaturas burlándose de Estados Unidos, estaban todos firmados por Escobar y metidos en cajas de regalo, también realizadas en cuero flexible y de la mejor calidad. Nadie averiguó jamás quién los imprimió. Teníamos cosas más importantes que hacer.

Nos quedamos fascinados por lo que estábamos encontrando y nos dimos prisa para fotografiarlo todo. Además de las montañas de libros satíricos, encontramos ejemplares sobre cómo cuidar a las palomas mensajeras. Se hallaron varios palomares por toda la prisión, incluso fuera de la celda de Escobar. Las palomas se usaban para enviar mensajes a varios socios de Escobar y miembros del cártel.

Dentro del despacho de Escobar encontramos también una caja fuerte vacía. No hay duda de que se llevó el dinero que guardaba ahí cuando se fugó. Había además negligés de encaje y juguetes sexuales, entre ellos vibradores, bien ordenados en un armario. En los archivos de correspondencia de Escobar, que estaban sorprendentemente pulcros y organizados de forma metódica, conservaba todas las notas amenazadoras de sus enemigos. También hallamos cartas de madres que ofrecían a sus hijas para que mantuvieran relaciones sexuales con el capo de la droga.

A pesar de ser mujeriego, se consagró a sus hijos. Fuera de la celda había una sala de estar que daba a un parque infantil, junto con una casa de muñecas que contaba con electricidad y agua corriente.

Enseguida nos unimos a los agentes de inteligencia y a Alonzo Arango Salazar —el segundo al mando en la DIJIN—, que dirigía la escena mientras revisaban a fondo las posesiones de Escobar. Teníamos una buena relación con Arango, quien nos recibió con los brazos abiertos, y nos unimos a él en el registro sistemático de la prisión, un proceso que tardaríamos unos tres meses en terminar. Entre los expertos que trajimos estaba el agente de la Agencia de Control de Bebidas Alcohólicas, Tabaco, Armas de Fuego y Explosivos (ATF) J. J. Ballesteros, que se quedó en la prisión varias semanas registrando el ingente alijo de armas y rastreando el origen de las que confiscamos. J. J. estaba destinado en Bogotá y fue asignado a la oficina de la DEA en la embajada. Nunca le dijo a sus jefes en el cuartel general de la ATF en Washington que se había unido a nosotros en la búsqueda en Envigado, y permaneció en la cárcel varios días antes de que nadie supiera que había desaparecido. Cuando la cúpula de la ATF en D. C. se enteró, le ordenaron que regresara de inmediato a Bogotá, algo muy malo para nosotros. J. J. se había ganado una excelente reputación en la PNC; hablaba español con fluidez, y su trabajo en la Catedral nos resultó muy útil.

El vuelo de J. J. desde la cárcel fue uno de los momentos más alegres que viví durante la búsqueda. El otro fue el reto de Arango. Tenía un sentido del humor un tanto retorcido, a decir verdad, y me desafió a dormir en la cama de Escobar aquella primera noche. Al anochecer, Steve ya había regresado a Bogotá para organizar la búsqueda de Escobar desde el cuartel general de la DEA, y yo estaba solo con los policías colombianos y los agentes de la DIJIN asignados a la cárcel. Los agentes colombianos durmieron en los dormitorios anexos al departamento de Escobar, sin lugar a dudas las habitaciones que ocupó en su día el pequeño ejército de sicarios de Escobar.

Solo conseguí pasar una noche en la cama de Escobar, y el resto de las noches que dormí en la prisión me uní a los hombres de la PNC en los dormitorios. La cama no tenía nada de malo. De hecho, era increíblemente cómoda: grande y personalizada, con una base de cemento y dos colchones firmes puestos uno encima de otro. Me aseguré de cambiar las sábanas, y cuando llegó el momento de irme a la cama, me metí bajo el colorido edredón. Un silencio inquietante envolvía la habitación, y di mil vueltas, bien despierto. No conseguía conciliar el sueño, a pesar de estar agotado por el vuelo desde Bogotá y por la frenética y emocionante jornada que pasé registrando las cosas de Escobar.

Fuera, el aire de la montaña era fresco y vigorizante. Estábamos tan lejos en el campo que solo había oscuridad, tan palpable y profunda que se me puso la piel de gallina. Vi la Virgen en cuanto entré en la habitación. En ese momento, espabilado, encendí la lámpara de la mesilla y me levanté a pasear por el cuarto. Allí estaba, iluminada bajo el resplandor de la lámpara. Era de cerámica; la viva imagen de la serenidad mientras sostenía al Niño Jesús en sus brazos. No podía dejar de pensar cómo un tipo que había asesinado a miles de personas inocentes podía rezar a la Virgen María y se atrevía a buscar su protección, su bendición.

Volví a la cama, pero pasé toda la noche en vela intentando entender a Pablo Escobar, cómo podía ser que su alma malvada albergara un atisbo de bondad, de fe en Dios y en la Virgen. Cuanto más lo pensaba, más furioso me ponía. Imágenes de los féretros de policías muertos en todos los funerales a los que había asistido desde que llegué a Colombia, los restos retorcidos del atentado de Avianca y el pánico en las calles de Bogotá tras el asesinato de Galán, todos pasaron por mi mente.

Fue imposible dormir.

El sonido metálico de las ollas en la cocina cercana a las cinco de la mañana marcó un bienvenido final a mi noche de tortura. Los hombres de la PNC estaban preparando el desayuno, y el ligero aroma a nuez y a tierra de un café recién hecho flotó en la habitación. No me gusta demasiado el café y rara vez, si acaso, lo bebo, pero su olor me devolvió a la realidad y marcó el comienzo de un nuevo día, y, en cierto modo, renovó mis fuerzas ante la ingente tarea que nos esperaba: llevar al sanguinario capo de la droga ante la justicia.

STEVE

Fue el pollo hervido lo que me hizo daño: gris y apergaminado, con restos de plumas que aún sobresalían de la piel dura y rugosa. Me forcé a comerlo con el arroz y las papas que nos servían en casi todas las comidas en la base Holguín, porque no siempre teníamos un trozo de pollo u otra proteína. Era lo que comían los policías colombianos, y era importante que demostráramos que estábamos con ellos durante el largo trayecto de la renovada búsqueda de Pablo Escobar.

Así que me comí el pollo. Cuando no había pollo, solo quedaba el arroz y las papas. Como los dos eran insípidos, le echábamos catsup al arroz para darle un poco de sabor. Hasta el día de hoy, todavía me gusta comer arroz.

Con el fin de infundirles confianza, dormíamos en literas en las habitaciones compartidas, con hasta siete policías por cuarto. Los colchones estaban llenos de bultos y húmedos, y tan solo nos dieron una manta fina del ejército para soportar el frío de la montaña. Por las mañanas, de la ducha solo salía agua fría a borbotones. El papel higiénico y el jabón eran un lujo.

La base Holguín era el centro de coordinación de la búsqueda, y tanto Javier como yo pensábamos que era importante pasar la noche con los policías locales y soportar las mismas penalidades que ellos, motivo por el que acabé comiendo todo ese pollo y, los primeros días por lo menos, recibiendo órdenes de Pinzón, que estaba yendo demasiado lejos. Por suerte, la presión que hicimos para traer de nuevo a Martínez al final dio sus frutos, y Toft y el embajador lograron persuadir al director de la PNC, el general Octavio Vargas Silva, quien a su vez convenció al presidente colombiano de que Hugo Martínez era el único hombre para el trabajo. Dos meses después de la huida de Escobar, Martínez volvió de España a la base Holguín para dirigir la búsqueda.

Fue entonces cuando vi por vez primera al coronel. Era alto y estaba en gran forma física. Tenía una mata de pelo oscuro y siempre llevaba trajes de faena verdes. Era amable, pero tenía un aire de autoridad profesional. Nunca estaba de cháchara y siempre te miraba a los ojos cuando te hablaba. Escuchaba lo que tenías que decir y era indefectiblemente educado, pero jamás hubo duda alguna de quién estaba al mando. No necesitaba decir que era el jefe; tan solo sabías que era él.

Cuando conocí a Martínez, llevaba en Colombia más de un año. Acabé teniendo una buena relación con él gracias a Javier, que me avaló como su compañero, por lo que Martínez me acogió en el Bloque de Búsqueda desde el principio. La puerta de su despacho siempre estaba abierta para mí, y tenía paciencia para lidiar con mi español chapurreado y mis infinitas preguntas.

Javier y yo no fuimos los únicos felices con tener de nuevo a Martínez al mando; la sensación de emoción y alivio se propagó por todo el escalafón. De pronto, hubo un sentimiento de esperanza colectivo, y todos teníamos la impresión de que esa vez íbamos a atrapar de verdad a Escobar. A Javier y a mí nos gustaba bromear con que habíamos logrado reunir al grupo, y estábamos despegando, a todo trapo.

Durante las semanas posteriores a la fuga de Escobar, Toft quería asegurarse de que al menos uno de los dos estaba siempre en Medellín y el otro, en la embajada. Nuestro trabajo consistía en supervisar el registro de la prisión y extraer cualquier fragmento de información, pero nuestra prioridad era encontrar a Escobar. Fue un periodo intenso, con expertos en inteligencia y otros analistas entrando y saliendo, además de los grupos de funcionarios gubernamentales curiosos que se comportaban como turistas morbosos deseosos de echar un vistazo a la prisión en la que vivió el criminal más famoso del mundo durante un año.

Ninguno de nosotros tenía en realidad tiempo libre y empezamos a trabajar muchas horas. En Bogotá intentábamos regresar a nuestros departamentos al menos una vez al día, para dormir un poco, bañarnos y cambiarnos de ropa. Era bastante caótico, pero se convirtió en un caos controlado. En Navidad nos dijeron que uno de los dos tenía que quedarse en el país. Javier, que estaba soltero, gentilmente se ofreció voluntario para que Connie y yo pudiéramos volver a casa para ver a nuestras familias. Tomaría vacaciones en otro momento, pero lo cierto es que en aquellos intensos dieciocho meses durante la segunda búsqueda vivimos y respiramos Pablo Escobar casi todo el tiempo. Ninguno de los dos tenía mucha vida social. Solo veía a Connie de vez en cuando, y Javier trabajaba prácticamente a destajo.

No creo que a ninguno de los dos nos importara trabajar todo el día. Ambos queríamos con desespero encontrar a Escobar y sentíamos que el único modo de avanzar era vigilar de cerca la línea para informantes que habíamos establecido en la base e ir a todas las redadas a las que Martínez nos permitiera unirnos. En teoría, iba contra la política de Estados Unidos que acompañáramos a la policía colombiana en sus redadas, y Javier y yo mantuvimos largas conversaciones acerca de desobedecer las órdenes que nos obligaban a permanecer dentro del perímetro de la base en Medellín. Sabíamos que esa orden existía por nuestra propia seguridad, y todo el personal estadounidense en la base tenía que obedecer la misma norma. Pero también sabíamos que no podíamos desempeñar nuestra labor de forma adecuada si nos quedábamos atrás y esperábamos tan solo a que la PNC hiciera el trabajo y arriesgara sus vidas: perseguir a Escobar y a su organización. Así que, al principio de nuestra época en Medellín, Javier y yo coincidimos en que necesitábamos salir con la PNC, sobre todo con la unidad de élite de la DIJIN. Decidimos que saldríamos de la base con la PNC cuando sintiéramos que era por un buen motivo. Y acordamos que no les diríamos a los demás estadounidenses que estábamos fuera. De ese modo, no los pondríamos en un aprieto al tener que informar de nuestras actividades a Bogotá. Los militares estadounidenses eran muy listos y es probable que supieran lo que tramábamos, pero nunca nos preguntaron, y jamás se los dijimos.

Esta vida de no preguntes, no lo cuentes se prolongó a lo largo del año y medio que duró la persecución de Escobar durante la segunda caza al hombre. No puedo decir si Toft sabía que dejábamos la base y acompañábamos a la PNC en las operaciones y misiones de vigilancia, pero era un tipo inteligente, así que seguramente sospechó que algo se estaba cociendo. Por ejemplo, recibimos algunas órdenes que sugerían que sabía que estábamos participando en redadas. Las órdenes eran no llevar armas largas —escopetas o fusiles— ni ningún tipo de ropa de color caqui que nos hiciera parecer policías o militares colombianos. No cuestionamos las órdenes, y Toft nos dejó en paz.

Siempre nos asegurábamos de que tuviera conocimiento de la información que estábamos recogiendo en Medellín, las misiones que llevaba a cabo la PNC y sus resultados. Sabía que estábamos difundiendo inteligencia obtenida en Medellín a otras oficinas de la DEA en el mundo y se aseguró de que dispusiéramos de los recursos necesarios para hacer nuestro trabajo allí. Pero nunca nos preguntó si íbamos a salir de la base, y nosotros jamás lo mencionamos.

Los colombianos también sabían que estábamos quebrantando las normas y tuvieron mucho cuidado de no ponernos nunca en una situación en la que nuestras vidas corrieran un gran peligro. Por tanto, siempre dejábamos que ellos tomaran la delantera. A su vez, procuraron asegurarse de que estuviéramos fuera de peligro, aunque eso era una especie de quimera, porque cada día que pasábamos en Medellín arriesgábamos la vida.

Pero nuestros mayores problemas no tenían nada que ver con el peligro que nos rodeaba, la comida asquerosa, nuestra relación con los policías colombianos o incluso las largas horas de trabajo. Aún me duele admitir que nuestros principales obstáculos en la colosal búsqueda de Pablo Escobar solían ser nuestros compañeros estadounidenses.

Las relaciones entre la DEA y los servicios de inteligencia de Estados Unidos, como la CIA y la Agencia de Seguridad

Nacional (NSA), en Colombia fueron tensas en el mejor de los casos. Había una competencia malsana entre nosotros y la CIA, en gran medida debido a que el jefe de la central de la CIA en Colombia parecía despreciar nuestro trabajo.

Como agentes de la DEA al mando en Colombia, Javier y yo nos centramos en hacer cumplir la ley y llevar a Escobar ante la justicia. A grandes rasgos, siempre buscábamos pruebas que pudieran usarse contra cualquier narcotraficante en un tribunal de Estados Unidos. La CIA tenía otra misión, y su atención estaba puesta en grupos insurgentes como las FARC y sus conexiones con los regímenes comunistas. Las FARC se habían vuelto tan poderosas —mataron a decenas en las fuerzas de seguridad colombianas— que el 9 de noviembre de 1992 Gaviria declaró el estado de excepción. Arremetió contra «los terroristas, los asesinos y los secuestradores, contra el puñado de fanáticos desquiciados que no habían leído en los periódicos la historia del final del totalitarismo comunista».

Y ni hablar de que Gaviria sabía que las FARC ya no se dedicaban únicamente a propagar su ideología marxista. Como muy bien señaló Gaviria, «solo buscaban el enriquecimiento de sus dirigentes y el aumento de sus talonarios a base de secuestros, extorsión, asesinos a sueldo y protección».

El estado de excepción de Gaviria fue una bendición para la caza de Escobar porque cualquier criminal que nos aportara información que nos permitiera acercarnos a su captura podía ver reducida su condena de forma considerable. Aunque la Corte Constitucional del país —el más alto órgano judicial de Colombia— estuvo a punto de desestimar esta disposición en mayo de 1993, aprovechamos los pocos meses en los que estuvo en vigor y recogimos mucha información de sicarios capturados y delincuentes de poca monta que nos dieron valiosas pistas sobre Escobar.

Los primeros días recibimos mucha información y datos confidenciales que corroboraban la íntima relación entre las FARC y los cárteles de la cocaína. Sabíamos que miembros de las FARC estaban velando por la seguridad de los laboratorios de cocaína que el Cártel de Medellín tenía en la selva. Diligentemente, pasamos esta información al personal de la CIA. Pero los líderes de la CIA o bien no querían admitir que había un intercambio entre las drogas y el comunismo, porque los límites eran difusos, o bien había otros motivos que nunca nos revelaron. A pesar de todo, se creó una relación laboral terrible entre la DEA y la CIA; y lo más triste es que tanto los cárteles de la droga como los grupos insurgentes sacaron partido de esta lucha interna.

En Medellín incluso lograron meter cizaña entre nosotros y la Fuerza Delta del ejército y el Equipo 6 de los SEAL de la armada, que fueron destinados a la base Holguín en cuanto huyó Escobar. Desde el principio fue evidente que los espías tenían acceso a datos confidenciales relacionados con Escobar, pero se negaron a compartirlos con nosotros porque no teníamos los permisos de seguridad «adecuados». Fue necesaria la intervención de Joe Toft, que acudió al embajador estadounidense, Morris Busby, para obtener nuestros permisos, pero aun así la CIA cedió su información a regañadientes y de forma fragmentaria. Todavía puedo recordar la humillación al ir a sus oficinas en la embajada de Estados Unidos en Bogotá. Siempre que entrábamos, encendían una luz azul intermitente en su oficina para que todos supieran que había un «intruso» entre ellos. Después nos pedían que nos sentáramos en una mesa para niños situada fuera del despacho del jefe de la central y su ayudante, donde se nos permitía revisar los datos. En todo momento teníamos dos pares de ojos observando todo lo que hacíamos. Créeme, nunca nos sentimos bienvenidos.

Al final, nunca encontramos que su información nos fuera muy útil para nuestra misión. En muchas ocasiones vimos que sus cables contenían exactamente los mismos datos que habíamos comunicado días antes. Sin embargo, en esos informes jamás se decía que la información provenía ¡de la DEA! Cualquier dato confidencial sobre Escobar en los informes de la CIA se atribuían siempre a «una fuente fidedigna de información». Es obvio que esto demostraba que la CIA tenía acceso a todos los informes y cables que preparábamos, pero nosotros no contábamos con la misma cortesía profesional.

Las cosas empeoraron tanto que Javier y yo creímos que la CIA estaba interceptando los teléfonos de nuestras casas con el fin de averiguar si hablábamos entre nosotros de otra información. Es ilegal que la CIA investigue a ciudadanos estadounidenses, así que, si esto era cierto, habían estado cometiendo un delito. No teníamos ninguna prueba, pero encontramos numerosos casos en los que la CIA conocía los más mínimos detalles de nuestras conversaciones. Además, cuando colgábamos el teléfono después de hablar, levantábamos inmediatamente después el auricular y la línea estaba en completo silencio; nunca había tono de llamada. Mientras esperábamos en línea, oíamos varios clics antes de que volviera el tono de marcado.

¿Estábamos siendo demasiado paranoicos? Tal vez, pero no íbamos a correr ningún riesgo mientras continuábamos con la misión más importante de nuestras carreras. Si no era la CIA quien controlaba nuestros teléfonos, podría haber sido el Gobierno colombiano. En un viaje a Estados Unidos compré varias máquinas de fax. Instalamos una en el departamento de Javier y otra en mi casa de Bogotá, y teníamos otra en la academia Carlos Holguín. Ya disponíamos de una en nuestra oficina de la embajada. En aquel tiempo la tecnología de interceptación de faxes era relativamente nueva y no se usaba mucho, así que cada vez que Javier y yo teníamos algo importante que decirnos, lo escribíamos en un trozo de papel y lo enviábamos por medio del fax.

Cuando necesitábamos hablar por teléfono, ideamos nuestro propio código especial. Usábamos distintos términos, de modo que nadie supiera exactamente a qué nos estábamos refiriendo. Buena parte de las conversaciones eran deducciones, y si no sabías de qué o de quién estábamos hablando, es muy probable que no pudieras averiguarlo. Para algunos delincuentes concretos, usábamos apodos u otras palabras que solo conocíamos nosotros. Podíamos referirnos a la persona de la que habíamos estado hablando sin siquiera mencionar su nombre. Para los lugares, nos remitíamos a hechos anteriores que ocurrieron en ese sitio o cerca de él, en vez de decir dónde exactamente. Para los acontecimientos, hacíamos referencia a casos similares que ya habían ocurrido. Por ejemplo, para hablar de un objetivo actual, mencionábamos a un drogadicto al que ya habían matado en un tiroteo con la policía. Si disponíamos de información sobre un lugar fuera de Medellín, aludíamos a ese sitio nombrando a alguien que ambos supiéramos que había vivido allí. Así, si hablábamos sobre Barranquilla, decíamos «donde vive Gary», o si era Cali, decíamos «donde trabajaron Javier y Max», o si se trataba de Miami, decíamos «donde vivía». Nueva York era «donde estaba Sam».

En retrospectiva, tal vez éramos demasiado cautos, pero estábamos de los nervios, viviendo en un lugar donde habíamos sido el blanco de los criminales, con recompensas por nuestras cabezas que valían cientos de miles de dólares. Sí, estábamos paranoicos perdidos. Y a medida que se intensificaba la búsqueda de Escobar, aún lo estuvimos más. Javier y yo sabíamos que no podíamos confiar en nadie.

Y después de que la CIA amenazara a Javier con meterlo en la cárcel, sabíamos que estábamos simplemente solos.

Era imposible no reconocer la voz de Pablo Escobar, incluso por encima de las interferencias de la radio. Era profunda y gutural. Hablaba con frases fragmentadas a toda velocidad y con un marcado acento paisa.* Parecía feliz de saludar a su hijo adolescente, Juan Pablo, con quien hablaba todos los días a las cinco de la tarde. Pero, tras su fuga, nuestra capacidad para rastrear esas llamadas se volvió intermitente, y los oficiales de la inteligencia colombiana en la base de la PNC apenas sabían nada de Escobar desde hacía casi cuatro meses, en buena parte porque no estaban trabajando con la frecuencia de radio correcta.

Conseguí la frecuencia gracias a un informante que trabajaba para la fiscalía. El informante había hablado varias veces con Juan Pablo para negociar una entrega. Había memorizado la frecuencia y me la había pasado. Más tarde fue asesinado por los sicarios de Escobar. Le di la frecuencia a dos agentes de la CIA destinados en la base Holguín.

Teníamos nuestro propio centro de recogida de datos en la base del que se encargaban agentes de la PNC. El Gobierno de Colombia también creó una línea telefónica anónima y ofreció una abultada recompensa a quien ofreciera información sobre el paradero de Escobar. Además, pagó por alegres anuncios de televisión en los que animaba a sus ciudadanos a llamar al número con cualquier dato. Con todo el entusiasmo que produce ganar la lotería, los anuncios prometían hasta la saciedad un máximo de 6 200 000 dólares y una nueva vida en el extranjero a todo aquel que proporcionara información que pudiera llevar a la captura de Escobar.

Los visados de Estados Unidos significaban mucho en Colombia, y Steve y yo logramos obtener muchos datos de los

---

* Natural del departamento de Antioquia. *(N. de la t.)*

policías de menor rango y de agentes de inteligencia con quienes trabamos amistad en la base al prometerles visados. Les comprábamos las hamburguesas y las cervezas cuando querían huir de las exiguas raciones de la base y dirigirse al cercano Candilejas Bar. Los comandantes Hugo Aguilar y Danilo González se convirtieron en buenos amigos y siempre compartían información con nosotros. Ambos trabajaban día y noche y eran los responsables del éxito de muchas redadas contra el Cártel de Medellín. Cuando se enteraron de que podíamos facilitarles visados a Estados Unidos en virtud de un programa especial de la embajada que aceleraba el papeleo a cambio de colaboración e información sobre Escobar, ¡prácticamente hacían cola para ayudarnos! Rellenábamos un formulario oficial en el que declarábamos que nos habían ayudado, y obtenían un visado de entrada de cinco años, algo que para ellos era como oro. Pronto nos vimos hasta arriba con los pasaportes de los demás agentes. A la larga, esto era estupendo para nosotros, ya que forjamos más relaciones personales que nos ayudaron a hacer un mejor trabajo.

En la base también nos inundaron con pitazos. A veces, quienes llamaban solo querían hablar con un gringo porque no confiaban en la policía colombiana, así que, mientras estaba en la base, pasaba la mayor parte de mi tiempo en el centro de recogida de datos. Siempre que Steve y yo respondíamos a la línea anónima, nos reuníamos con los posibles informantes en la terminal de autobuses de Medellín. No queríamos que vinieran al Bloque de Búsqueda. La línea para los informantes y el centro de datos se controlaban veinticuatro horas al día.

La finalidad principal del centro de datos era interceptar las conversaciones de Escobar y los miembros del cártel e intentar localizar y capturar a todos los criminales que pudiéramos encontrar. El acceso al centro de datos se realizaba a través del despacho de Martínez, donde había una estantería empotrada. Dentro había un botón oculto. Al pulsarlo, se liberaba el mecanismo que mantenía el mueble en su sitio. Una vez suelto, la estantería se desplazaba hacia el despacho del coronel y así podíamos acceder al centro de datos. La CIA tenía pleno conocimiento de este centro de la PNC, y meses después de iniciar la nueva búsqueda de Escobar, los agentes hablaron con Martínez a fin de poner en marcha su propia sala paralela. Martínez estuvo de acuerdo, siempre que sus hombres tuvieran acceso a cualquier tipo de información que recogiera la CIA.

El centro de datos de la CIA en la base Holguín era diminuto, y el poco espacio disponible en el suelo parecía estar lleno de enormes montones de documentos, computadoras y una máquina pequeña —parecida a un equipo de radioaficionado— que interceptaba frecuencias de radio. Aparté unos documentos de una silla y me senté mientras esperaba la llamada de Escobar a su hijo a última hora de la tarde. Exactamente a las cinco en punto, los dos agentes de la CIA que controlaban la radio me hicieron un gesto para que me acercara.

¡Lo teníamos!

Supe de inmediato que era Escobar, puesto que había oído su voz en interceptaciones en los últimos años. Hablaba deprisa y con un fuerte acento, una especie de español sureño, de pronunciación lenta, salpicado de «pues» cada pocas palabras. Tras años estudiando sus hábitos, ya conocíamos los códigos. Por ejemplo, los tombos era la expresión usada para la PNC, en referencia a los sombreros ladeados de tipo safari, de tres puntas, que llevaban. Los lugares se indicaban con números. Caleta 3 era un escondite en una finca. Todos estábamos extasiados mientras escuchábamos la breve conversación. Una vez más, era la primera vez en meses que habíamos sabido algo de él. Los agentes de la CIA grabaron la llamada de Escobar y luego la reprodujeron para mí en una cinta de casete. Pregunté si podía llevársela al coronel Martínez para que escuchara la conversación entre el capo de la droga y su hijo. Cuando accedieron, crucé el vestíbulo para ir en busca de Martínez y decirle que tenía una sorpresa para él. Supo de inmediato que eran buenas noticias, y ocupamos nuestro sitio en el cuartito, lo más cerca posible de la mesa donde estaba colocada la grabadora de casetes. Cuando oyó a Escobar y a Juan Pablo hablando a través de las interferencias, una mirada de lo que solo puedo describir como pura alegría inundó su rostro. Todos escuchamos con atención la breve conversación, que detallaba la necesidad de Juan Pablo de ponerse en contacto con el fiscal general Gustavo de Greiff Restrepo para negociar la entrega de Escobar. Sin que el presidente colombiano lo supiera, De Greiff se había convertido en corrupto y estaba ofreciendo en secreto a Escobar protección y una pena de cárcel corta siempre y cuando se entregara. Supusimos que De Greiff quería ser el próximo héroe colombiano y aprovechar el tirón hacia la presidencia de Colombia. De Greiff estaba negociando las condiciones de entrega por medio de uno de sus adjuntos en Medellín, que de algún modo logró trabar amistad con Juan Pablo y acabó dándome la frecuencia de radio. Al radioteléfono, Escobar instó a su hijo a que obtuviera el mejor acuerdo de entrega posible de la oficina de De Greiff. Estaba dispuesto a volver a la cárcel, le dijo a su hijo, pero tenía que ser la Catedral u otra prisión en Medellín.

—Dios te bendiga —dijo Escobar, pronunciando la conocida bendición con la que concluía todas las conversaciones con Juan Pablo.

Siempre le decía que lo quería e interrumpía todo con un «¡hágale pues! ¡muévete ya!». Entonces oímos un clic, que significaba que había apagado su radioteléfono.

Martínez estaba muy emocionado y, mientras íbamos camino de su despacho, me pidió una copia de la cinta de casete, que accedí a darle. Supuse que no era gran cosa, así que volví a la oficina minúscula y les pedí una copia a los hombres de la CIA. Me dijeron que regresara pasada una media hora. Me fui a mi habitación a escribir un informe sobre la conversación que había oído en la cinta y, cinco minutos después, alguien llamó a la puerta. Era un agente de la PNC que dijo que los gringos —que era como los policías colombianos se referían a todos los estadounidenses, incluida la CIA— querían hablar conmigo. Cuando volví a su minisala, me pasaron el teléfono: el jefe de la central de la CIA estaba al otro lado de la línea. Prácticamente gritaba al auricular.

—¡Bajo ningún concepto le vas a dar a Martínez una copia de esa cinta! —gritó—. ¿Está claro, Peña?

Para ser sincero, no estaba nada claro.

Cuando vacilé, la furiosa voz al aparato me amenazó con detenerme y llevarme ante el tribunal acusado de cargos de traición.

¿Traición?

Me quedé helado, y mi mente voló a la humillación de mis últimos días de prácticas en la Universidad de Texas. Me sentí como el alumno joven, sentado nervioso frente al comandante de la prisión de Huntsville mientras me llamaba mexicano holgazán y me amenazaba con arruinar mi carrera en la policía incluso antes de que empezara. Todo porque quería cambiar mi turno para asistir a la boda de un familiar.

Pero mientras escuchaba la diatriba del jefe de la central de la CIA, supe que algo no iba bien. Aun así, repetía la amenaza, y finalicé la conversación prometiendo a regañadientes que no compartiría la grabación con Martínez.

Alterado y furioso, volví a mi habitación, y mientras trataba de localizar a Joe Toft en Bogotá, otro agente de la PNC llamó a la puerta. Esta vez, quien quería verme era Martínez. Me acerqué a paso lento hasta él, mientras le daba vueltas a la cabeza sobre cómo iba a darle la noticia. Al final, decidí ser franco con el hombre que era casi nuestra única esperanza de capturar a Escobar.

Hasta el día de hoy, jamás he olvidado la mirada de traición y tristeza que vi aparecer en el rostro de Martínez cuando le conté lo que había ocurrido con la cinta. Por mi parte, me sentí totalmente avergonzado ante su presencia. Ahí estaba yo, en su despacho, en su base vigilada por sus tropas. Nosotros, los estadounidenses, estábamos ahí como sus huéspedes. Le dije que si estuviera en su lugar, echaría de inmediato a todos los gringos, incluida la DEA.

No había más que decir, y parecía casi indigno intentar expresar con claridad los celos mezquinos y la rivalidad entre agencias, que parecía ser la causa principal del suceso.

Le di a Martínez la frecuencia, que anotó en un trozo de papel y se lo dio a uno de sus hombres que estaba a cargo de la radio. Luego se fue a Bogotá a consultarlo con su jefe, Vargas. El alboroto innecesario sobre la cinta de casete casi da al traste con nuestra colaboración con los cargos de la policía colombiana más capaces y trabajadores. Estoy seguro de que hubo llamadas de pánico de aquí para allá entre Toft y Vargas a fin de limar asperezas sobre lo que amenazaba con convertirse en un conflicto internacional.

Decepcionado, volví a mi litera, reinicié mi anticuada laptop y seguí escribiendo mi informe.

STEVE

La carta de Pablo Escobar estaba manuscrita en letras mayúsculas en papel sin pautar e iba dirigida al coronel Martínez en la academia Carlos Holguín. También se enviaron copias al fiscal general de Colombia, al gobernador de Antioquia y al alcalde de Medellín. La firma iba acompañada de una huella dactilar.

He sido informado de las amenazas telefónicas que usted ordenó contra mi madre un día después de que «personal» bajo su mando hiciera estallar un coche bomba en el edificio donde viven algunos de mis familiares. Quiero que sepa que sus actos terroristas no han detenido mi batalla y que mi postura no ha cambiado.

La carta estaba fechada el 28 de enero de 1993, y cuando la vimos, supimos qué significaba: Pablo Escobar estaba desesperado. Sabíamos que sus legiones de fieles sicarios habían sido asesinados, su propiedad había saltado por los aires o se había confiscado, y su familia estaba en peligro.

Pero mientras el Bloque de Búsqueda estaba estrechando el cerco, las amenazas provenían de otra parte. Los propios enemigos de Escobar habían decidido vengarse, «para borrar a Pablo Escobar del mapa».

El misterioso grupo justiciero se autodenominó Perseguidos por Pablo Escobar y se referían a sí mismos como los Pepes. Los Pepes estaban financiados por miembros rivales del Cártel de Cali y lo que quedaba de las familias Moncada y Galeano, esto es, los parientes de los traficantes asesinados Fernando Galeano y Gerardo Moncada, cuyos despiadados asesinatos en la Catedral obligaron a Escobar a fugarse de la prisión.

—Queremos que Pablo Escobar sienta en su propia carne los efectos de su tipo de terrorismo —dijo el grupo en su primer comunicado de prensa en enero de 1993—. Cada vez que Pablo Escobar perpetre un acto terrorista contra personas indefensas, responderemos de forma similar.

Durante los primeros meses de 1993, los Pepes continuaron con su oleada sanguinaria; una táctica de tierra quemada que los vio asesinar a más de veinte de los socios más cercanos a Escobar y explosionar once coches bomba en Medellín. Además de matar a muchos de los abogados, contadores y socios de negocios de Escobar, fueron por las empleadas domésticas que limpiaban las casas de su familia y los tutores que enseñaban a sus hijos. También fueron tras las casas de los familiares lejanos de Escobar y obligaron a muchos de ellos a abandonar el país. Algunos intentaron fijar su residencia en Chile, pero las autoridades allí estaban demasiado asustadas para dejar que se quedaran.

Los Pepes tenían un sentido casi teatral de venganza simbólica al convertir en blanco a las personas y propiedades que estaban cerca del corazón de Escobar. Pensemos en La Manuela, la finca de ocho hectáreas situada cerca del lugar natal del narcotraficante, Rionegro. La finca era una de las casas preferidas de Escobar, a la que le puso el nombre de su hija pequeña. La extensa vivienda de estilo rancho que dominaba la propiedad tenía un campo de futbol, pistas de tenis e incluso una discoteca. Los Pepes la incendiaron casi por completo. Más tarde los saqueadores cayeron sobre los restos carbonizados de la mansión y escarbaron en los muros con la esperanza de encontrar paquetes ocultos con dinero.

Incluso la preciada colección de coches antiguos de Escobar se convirtió en objetivo de los Pepes, que prendieron fuego a un almacén donde el traficante guardaba sus coches de época, entre ellos un Pontiac 1933 que, según afirmaba Escobar, había pertenecido a Al Capone.

Tal vez Escobar, en su carta a Martínez, aún no se había enterado de quiénes eran los autores de los nuevos ataques que empezaban a caerle encima a él y a su familia. Siguió acusando a la PNC y tuvo el descaro de reprenderlos por usar la tortura y la violencia contra sus propios matones. En su carta hacía referencia a los «cientos de jóvenes que ustedes han matado en su centro de tortura en la academia Carlos Holguín».

Si en la academia de policía había tortura, lo desconocíamos. En los dieciocho meses que Javier y yo vivimos ahí de forma alterna estuvimos rodeados por representantes de distintos sectores de las fuerzas del orden y por observadores de derechos humanos nombrados por la Fiscalía General en Bogotá, que nos vigilaban a nosotros y a la policía colombiana. Eran los organismos de control encargados de garantizar que en la base Carlos Holguín no se producía ninguna violación de los derechos humanos. Además de los colombianos, nuestros compatriotas estadounidenses de la CIA y el Equipo 6 de los SEAL también informaban de nuestras actividades a la embajada.

Cuando la PNC interrogaba a un acusado en la base —o en cualquier otro lugar, ya puestos—, nunca estábamos presentes. Las autoridades colombianas nos decían de viva voz lo que le habían sonsacado al acusado o nos entregaban un informe de inteligencia. Si la PNC quería que pagáramos al informante, lo inscribíamos tras el papeleo de la DEA y lo interrogábamos nosotros. Estábamos dispuestos a pasar por alto algunos procedimientos poco ortodoxos con tal de hacer el trabajo, pero ni Javier ni yo nos pasamos jamás de la raya. Después de todo, el manual de la DEA está claro como el agua en lo que se refiere a nuestras obligaciones. Además de defender la Constitución de Estados Unidos dondequiera que podamos encontrarnos, tenemos prohibido someter a los detenidos a «ningún tratamiento cruel o inhumano», y «si el representante de la DEA observa dicha actividad, se retirará en muestra de desaprobación».

Lo que podíamos ofrecer a un detenido imputado si considerábamos necesaria su información era dinero y a veces una nueva vida en Estados Unidos. En la despiadada zona de guerra que era Colombia durante la segunda persecución de Escobar, la principal preocupación de un acusado era siempre la seguridad. Si Escobar se enteraba de que uno de sus antiguos sicarios había colaborado con la policía o con nosotros, casi con toda seguridad estaba condenado a muerte. Les ofrecíamos seguridad y la posibilidad de reubicarlos en un lugar no revelado en Estados Unidos.

Si en algún momento precisamos un recordatorio de que Escobar estaba dispuesto a atacar, incluso en su estado, acorralado y desesperado, este se hallaba en las cartas que enviaba cada vez con más frecuencia a Martínez después de que los Pepes entraran en escena. Escobar había declarado una guerra sin cuartel en Colombia a mediados de enero de 1993, dos semanas antes de enviar la primera carta a Martínez.

«Tomaré represalias contra los familiares del Gobierno», escribió en mayúsculas bien apretadas. «No se olviden de que ustedes también tienen familia».

Martínez no era ajeno a las amenazas. Escobar había sobornado a un cocinero para que intentara envenenar su comida, convencido a un cadete de la policía para que lo matara, lanzado una bomba incendiaria a su casa y enviado a uno de sus antiguos colegas durante la primera persecución en 1990 para que aceptara un soborno de seis millones de dólares con objeto de suspender la guerra contra él durante el primer Bloque de Búsqueda. A cambio del soborno, Escobar quería que el coronel pusiera fin a la búsqueda o, mejor aún, fingiera que dirigía la búsqueda, pero sin causarle ningún daño al propio Escobar. En un momento dado, mientras Martínez estaba escuchando hablar a Escobar en el teléfono intervenido, el capo de la droga se dirigió a él personalmente.

—Coronel, lo voy a matar —dijo Escobar—. Voy a matar a toda su familia hasta la tercera generación, y luego desenterraré a sus abuelos y les pegaré un tiro y los enterraré de nuevo. ¿Me oye?

Pero si estaba asustado, Martínez intentó que no se le notara, sobre todo delante de sus hombres de la PNC. Durante la segunda búsqueda de Escobar, tomó precauciones para garantizar la seguridad de su familia. Los sacó de su casa y los instaló en la base, donde podía vigilarlos. Vivían en una casa en la academia de policía, que era probablemente el lugar más seguro de Medellín. Martínez tenía que aclarar las condiciones con Vargas, porque todos y cada uno de los agentes que trabajaban en la búsqueda de Escobar querían vivir ahí con sus familias.

El hijo del coronel, el teniente Hugo Martínez, también trabajaba en la base. Al igual que su padre, era alto y delgado y estaba bien afeitado; se comportaba de forma profesional, la clase de persona que te gusta nada más verla. No daba la impresión de ser pretencioso o pedante, aunque su padre fuese el dirigente del Bloque de Búsqueda. El teniente tenía inclinación por la tecnología y aprendió a usar el equipo de radiogoniometría (RDF), que es el arte de localizar una determinada radiofrecuencia. Dentro de su rango, existen literalmente miles de frecuencias, y la dificultad estribaba en tratar de encontrar la que estaba usando Escobar. Este empleaba básicamente radioteléfonos, que funcionaban por radiofrecuencias, para comunicarse con su familia. Como sabía que estábamos escuchando sus llamadas, cambiaba de forma constante de frecuencia con el fin de desbaratar nuestros esfuerzos.

El joven teniente siempre nos contaba lo que había aprendido sobre el rastreo de frecuencias y decía que iría a la ciudad para practicar cómo usar su equipo de RDF. En esas sesiones prácticas intentaba triangular las conversaciones telefónicas mediante el equipo de radiogoniometría. Luego volvía a la base y se reunía con su padre para hablar de lo que había averiguado. También se pedía consejo a otros expertos técnicos. Cuando regresaba de sus diversos ejercicios sobre el terreno, el teniente trataba de explicar lo que había aprendido, qué errores había cometido y cómo solucionarlos. Javier y yo éramos de poca ayuda porque era un campo en el que no teníamos experiencia ni éramos especialistas. Además, carecía del vocabulario técnico en español para entender de verdad buena parte de lo que estaba diciendo, así que sus explicaciones sumamente detalladas me superaban. Algunos hombres de la PNC tenían sus dudas sobre el equipo que estaba usando el teniente, pero tal vez estuvieran también un poco celosos porque era el hijo del coronel.

En cuanto al coronel, a Martínez no le hacía mucha gracia que su hijo participara en la caza a Escobar, sobre todo por el riesgo que suponía.

Cuando se trataba de su familia, Martínez era protector, como es lógico. Y Javier y yo no pudimos evitar percatarnos de que estaba bastante asustado después de la primera carta de Escobar. ¿Quién no lo estaría? En un momento de pánico absoluto, Martínez amenazó con dejar el Bloque de Búsqueda, y preparamos a toda prisa visados estadounidenses para toda su familia. Pero aguantaron hasta el final. Quizá tenía que ver con la emoción por la segunda persecución. Todos tuvimos la corazonada de que algo había cambiado; la vida como fugitivo al fin estaba afectando a Escobar. Su preocupación por la seguridad de su mujer y sus hijos rayaba en el pánico. Luchaba por sacarlos de Colombia, y un mes después de enviar su retadora y amenazadora carta a Martínez, Escobar le dijo a su mujer, María Victoria, que tomara a su hija de ocho años, Manuela, y a su hijo de dieciséis, Juan Pablo, y se dirigieran a Miami. Pero cuando intentaron embarcar en el vuelo en el aeropuerto internacional de Bogotá, las autoridades colombianas impidieron a la familia acceder al avión.

Escobar estaba tan fuera de sí que hizo un llamamiento al Gobierno de Estados Unidos para que ayudara a su familia. En una entrevista con *The New York Times*, realizada por fax mientras estaba en la clandestinidad, Escobar prometió entregarse si Estados Unidos garantizaba la seguridad de su mujer y sus hijos y les ofrecía visados de residencia.

Huelga decir que rechazamos de inmediato esa oferta. Así que la guerra continuó.

Entre los Pepes y la PNC, teníamos la sensación de que no había escapatoria para Escobar. Menos de dos meses después de la llegada de la carta a la base, Escobar sufrió un golpe casi mortal. Javier se encontraba en Medellín cuando algunos miembros del Bloque de Búsqueda hicieron una redada a fin de capturar a Mario Castaño Molina, más conocido como el Chopo, el asesor más importante de Escobar. El Chopo era el encargado de coordinar las actividades terroristas de Escobar y de organizar el menguante ejército de sicarios que seguían siendo fieles a su jefe. También era el responsable en persona de decenas de asesinatos. La PNC supo de su paradero después de que sus homólogos en la DIJIN allanaran una finca en las afueras de Medellín en la que Escobar guardaba dinamita y armas. A cambio de una pena de cárcel corta, los dos sicarios capturados en la finca les dijeron a las autoridades dónde encontrar al Chopo, que se alojaba en un hotel de Medellín. Martínez estaba muy entusiasmado por haber localizado al segundo hombre de Escobar y les dijo a los ocho hombres del grupo operativo de la DIJIN que trajeran vivo al Chopo. Estaba convencido de que el Chopo conocía el paradero de Escobar. Mientras tanto, los efectivos de la DIJIN habían intervenido el teléfono del Chopo en el hotel, y estaban a la espera de atacar cuando interceptaron una llamada del sicario en el momento en que pedía el almuerzo. Cuando los hombres de la DIJIN llegaron al hotel, llamaron a la puerta.

—Le traemos su comida, señor —dijo uno de los agentes mientras los demás hombres blandían sus armas.

Cuando el Chopo abrió la puerta, uno de los agentes le ofreció hacer un trato: lo mantendrían con vida a cambio de información sobre dónde se escondía Escobar. Pero el sicario no estaba escuchando. El Chopo sacó una pistola automática Browning 9 mm y empezó a disparar a diestra y siniestra. Pero lo superaban en número y en armas, y los hombres de la DIJIN lo mataron a tiros. Murió al instante, su cuerpo contorsionado acribillado con cuarenta y ocho balas. Aunque no habían conseguido ninguna información del Chopo sobre Escobar, el Bloque de Búsqueda había dado el primero de una serie de grandes golpes mortales al capo de la droga. Vargas estaba tan eufórico que voló desde Bogotá para felicitar en persona a los miembros del Bloque de Búsqueda por su excelente trabajo policial.

En un informe confidencial que preparamos para Toft sobre lo que denominamos Operación Medellín en marzo de 1993, indicamos lo siguiente:

> Escobar está preocupado y sometido a una enorme presión debido a las operaciones diarias y constantes de la PNC encaminadas a detenerlo. Hasta el momento, la PNC ha ejecutado unas tres mil órdenes de registro con el propósito de arrestarlo.

Su objetivo eran sus contadores, abogados y financieros, así como sus sicarios. Las autoridades incautaron más de catorce millones de dólares en bienes del narcotraficante, entre ellos tres fincas en la zona de Medellín. Un total de veinticinco sicarios leales a Escobar habían sido asesinados, ya sea por la PNC o por los Pepes. Otros noventa y cinco habían sido detenidos, y veintidós se habían entregado de forma voluntaria a las autoridades.

Pero los daños colaterales eran también graves. Entre el 22 de julio de 1992, cuando Escobar huyó, y mediados de marzo de 1993, cuando redactamos nuestro informe para Toft, ciento treinta y seis agentes de policía habían perdido la vida en acto de servicio a manos de los sicarios de Escobar. El número de muertos en todo el país también había aumentado. Colombia había vivido su año más mortífero, con 29 000 homicidios en 1992, en comparación con los 25 110 del año precedente. En Medellín y Bogotá, ciento doce civiles habían muerto a causa de atentados fortuitos con coche bomba y cuatrocientos veintisiete habían resultado heridos.

Aproximadamente un mes después de la muerte del Chopo, Connie y yo volvíamos a nuestra casa en Bogotá cuando nos vimos envueltos en nubes de humo gris: las secuelas de un potente coche bomba. Ya habíamos visto las noticias en la embajada y nos quedamos sin aliento ante el frenesí del metal retorcido, el humo y los rostros ensangrentados de testigos conmocionados por el atentado del centro comercial Centro 93 en la elegante parte norte de la ciudad, a unas manzanas de donde vivíamos. Murieron veinte personas en ese atentado, entre ellas cuatro niños. La explosión de un coche cargado con doscientos kilos de explosivos redujo el moderno centro comercial a un montón de escombros. Las tiendas de una concurrida calle adyacente también fueron destruidas, y más de una veintena de coches en un estacionamiento cercano y en la calle quedaron hechos trizas. La explosión dejó a gran parte del norte de la ciudad inmersa en una densa nube de humo, incluso horas después de la detonación.

Connie y yo habíamos estado en ese centro comercial muchas veces; Connie acababa de estar dos días antes de la explosión. La parte delantera de la zona comercial era toda de cristal, así que, cuando explotó la bomba, es fácil imaginar lo que sucedió: millones de esquirlas de vidrio volaron por los aires y mataron y mutilaron a todo aquel que alcanzó.

Cuando regresamos a casa esa noche, Connie y yo vimos imágenes en la televisión de los bomberos llevando los cuerpos sin vida de niños pequeños. Al parecer, en el centro se encontraban muchas madres comprando material escolar con sus hijos pequeños cuando estalló la bomba. Sigo creyendo que el verdadero objetivo del artefacto era una de las farmacias, perteneciente a dirigentes del Cártel de Cali, que se hallaba enfrente de la zona comercial, pero la explosión había logrado su propósito: sembrar el pánico en todo el país.

Después de ver toda esa carnicería, nuestra primera reacción fue de conmoción al pensar cómo podía existir alguien tan despiadado. Luego nos enfurecimos por lo que le había ocurrido a tantas personas inocentes, una vez más. Y lo peor de todo fueron las muertes y mutilaciones de los niños.

Años después del suceso las imágenes de desesperación y devastación aún me persiguen. Recuerdo el llanto de una mujer angustiada al pasar por encima de los cascotes y los cuerpos sin vida mientras buscaba desesperadamente a su hijo y gritaba a la cámara «Desgraciado... Dios mío, ¿por qué no lo han atrapado?». Todos sabían que se refería a Pablo Escobar. Al igual que con cualquier otro acto brutal de terror perpetrado contra el pueblo colombiano, Pablo Escobar en realidad jamás se atribuyó ninguno de los atentados en los centros comerciales. Pero todos sabían que era el responsable.

Mientras Escobar se dedicaba a poner un montón de bombas por toda Colombia, los atentados en nuestros centros comerciales locales de algún modo afianzaron mi determinación de hacer todo lo posible para atraparlo. Ya estábamos comprometidos con nuestra misión, pero estos sucesos me lo confirmaron, y decidí hacer todo lo que estuviera en mis manos para sacarlo de las calles.

Los Pepes también sabían que Escobar estaba detrás del último atentado en el centro comercial y atacaron al día siguiente, en un perverso acto de venganza que casi puso en su contra a toda persona honrada. El sábado 17 de abril —un día después del atentado en el Centro 93—, quince hombres armados que trabajaban para los Pepes asesinaron a Guido Parra

Montoya, uno de los abogados de siempre de Escobar, y a su hijo de dieciséis años. Parra había sido el mediador principal entre Escobar y el Gobierno colombiano, y más tarde fue De Greiff, que intentó llegar a un acuerdo de entrega. Los Pepes atacaron sin piedad. Sacaron a rastras a padre e hijo de su departamento en Medellín, los mataron a tiros y metieron los cuerpos en la cajuela de un taxi robado.

¿QUÉ LE PARECE EL INTERCAMBIO POR EL ATENTADO DE BOGOTÁ?, rezaba el cartel manuscrito con el que habían envuelto la cabeza de una de las víctimas. En otro letrero ponía: LO SECUESTRAMOS POR TRABAJAR PARA PABLO ESCOBAR.

Los Pepes, que eran aficionados a estos gestos dramáticos, dejaron luego otro letrero atado al cuerpo mutilado de otro socio de Escobar. Luis Guillermo Londoño White, agente de cambio y encargado de las finanzas del cártel, fue denunciado por ser el TESTAFERRO SERVIL Y PROMOTOR DE LOS SECUESTROS PARA PABLO ESCOBAR, según el letrero garabateado que había junto a su cadáver y firmado por los Pepes. Todas las tarjetas de visita de los Pepes estaban diseñadas con el fin de rememorar la época en que Los Extraditables de Escobar dejaban una nota en la escena de sus crímenes, por lo general una tarjeta en el cuello de una víctima ensangrentada.

Si alguna vez albergamos algún tipo de simpatía por los Pepes o los vitoreamos en secreto por ir tras Escobar y sus socios, esos sentimientos se desvanecieron en un santiamén después del espeluznante asesinato de Parra y su hijo inocente.

Pese a todo, había un enorme interés en lo que hacían. Aunque no disponíamos de datos previos sobre quién formaba parte del grupo justiciero, Toft exigió novedades casi a cada hora acerca de sus actividades, sobre todo cuando aparecieron muertas varias personas importantes. A su manera, Toft no quería leer las acciones de los Pepes en los periódicos del día siguiente; necesitaba saber qué hacían en cuanto se producían los hechos. Los asuntos de los Pepes se convirtieron en la prioridad principal para la embajada de Estados Unidos, porque, con el tiempo, se acusó a la PNC de pasar información a los Pepes e incluso tal vez de trabajar con ellos.

Durante una reunión con una fuente secreta —un alto cargo político del Gobierno colombiano—, Toft, Javier y yo supimos que los Pepes se habían infiltrado, en efecto, en el Bloque de Búsqueda.

«Tenían bandidos trabajando con el Bloque de Búsqueda y a dos de ellos los identificaron como "Alberto" y "Bernardo"», escribimos tras interrogar a nuestro informante. La información que nos estaba dando provenía de Rodríguez Orejuela, del Cártel de Cali, quien insistió en que el general Vargas y el coronel Martínez de la PNC conocían el acuerdo y que el Cártel de Cali estaba ofreciendo «diez millones de dólares estadounidenses tras la captura o la muerte de Escobar».

Por cierto, nunca pudimos comprobar esta información, y todos dudábamos seriamente de que el general y el coronel estuvieran involucrados en semejantes asuntos turbios. Pero cuando algunos de los cobardes de Washington se enteraron de esto, quisieron retirar de Colombia las fuerzas especiales estadounidenses (la Fuerza Delta y el Equipo 6 de los SEAL) e intentaron evitar que Javier y yo viajáramos a Medellín o viviéramos allí.

¿Quiénes eran los cabecillas de los Pepes? Todos nosotros teníamos nuestras sospechas, y en un momento dado incluso Pablo Escobar acusó al coronel Martínez de ser su oscuro comandante.

Nos mantuvimos lejos de ellos lo máximo posible, pero hubo un momento en el que se acercaron demasiado, para mi gusto.

Con su poco más de metro y medio de altura y su pelo castaño suelto que le llegaba a los hombros, Dolly Moncada era menuda y guapa. Vestida con sencillez, con unos vaqueros bien planchados, una blusa de seda y sin maquillaje ni joyas, nadie diría que era una de las mujeres más ricas de Colombia.

De hecho, cuando la conocí, estaba convencido de que se hallaba en apuros. Era la viuda de Gerardo Moncada, el socio de Escobar que había sido asesinado en la Catedral. Mi encuentro con ella fue factible gracias a nuestro informante Oscar, que fue el primero en darnos la noticia de que Escobar había matado a Moncada y Galeano dentro de la prisión y luego había ordenado la matanza sistemática de toda su familia en Medellín, la masacre que había precipitado su huida de la cárcel.

De alguna forma, Dolly logró escapar de la carnicería, pero solo a duras penas. El día en que la conocí en su casa en lo alto de las colinas de Medellín, estaba visiblemente nerviosa y asustada. Tras la muerte de su marido, era casi una presa fácil: un enemigo de Escobar.

Siento debilidad por las mujeres hermosas, sobre todo cuando son vulnerables, así que le prometí que haría todo lo que pudiera para ayudarla.

Aun así, había algo en ella que me hacía desconfiar, algo que traicionaba el carácter duro que se escondía detrás de la apariencia suave y femenina que intentaba proyectar. Parecía frágil, aunque también era una mujer acostumbrada a estar al mando.

La conocí pocos días después de que los secuaces de Escobar saquearan su casa palaciega y la hubieran puesto patas arriba. Mientras hablábamos en su enorme sala, con unas vistas impresionantes de la ciudad de Medellín y la inmensa alberca en el jardín, miré a mi alrededor los platos rotos esparcidos por el suelo, los sofás y las sillas del revés. Nos contó, a mí y al representante de la Fiscalía General colombiana que me acompañaba en esa visita inusual, que los intrusos se habían llevado la mayoría de sus posesiones. Lo único que parecía estar intacto era una botella de cerámica de whisky. En aquella época bebía whisky, por lo que enseguida me percaté de la botella. Tenía incrustado un retrato de la princesa Diana y del príncipe Carlos y estaba numerada. Me di cuenta de que era una pieza de coleccionista. Me pregunté dónde la habrían conseguido y cuánto pagaron por ella.

Cuando Dolly me vio observando la botella, la tomó, nerviosa, y me la dio. Le di las gracias y la volví a dejar. Jamás había aceptado un soborno en toda mi carrera en la policía, y no iba a empezar a hacerlo en ese momento.

Cuando habló, su voz era trémula, y se retorció las manos para evitar el temblor. Me dijo que tenía cinco niños pequeños a los que cuidar, y era evidente que estaba al borde de la desesperación, así que hice todo lo posible por tranquilizarla. Tenía mucho miedo, y con razón, de que Escobar la matara a ella y a su familia. Era demasiado peligroso interrogarla en Medellín, así que hicimos los preparativos para que volara a Washington con su familia. Le aseguré que Estados Unidos la ayudaría, y cuando me marché de su mansión, me dediqué enseguida a conseguir visados de residencia para ella y varios familiares. En aquel momento pensé que era imposible que estuviera sin un céntimo. Debía de tener dinero —tal vez millones de dólares— guardado. No obstante, la DEA pagó todos los boletos de avión, e incluso acompañé a la familia —eran diez en total— a Washington y los entregué a nuestros agentes antes de regresar a Colombia. Se suponía que estarían en un hotel donde nuestros colegas de la DEA los interrogarían a fondo, pero cuando llegaron los agentes para hacerlo, Dolly y el resto de su familia simplemente habían desaparecido. Nunca cumplieron con sus obligaciones de hablarnos sobre Escobar o los Pepes.

Además de Dolly Moncada, también conocí a Don Berna, aunque, una vez más, no tenía ni idea de que estaba vinculado a los Pepes. Sabía muy poco acerca de él; tan solo que el fiscal general De Greiff lo había autorizado a visitar al Bloque de Búsqueda y a usarlo como informante. De algún modo, había convencido a De Greiff de que podría aportar información valiosa en la búsqueda de Escobar. Así que, con el respaldo del fiscal general, se permitió que Don Berna viniera a la base. A pesar de todo, Steve y yo fuimos muy cautos con él porque no acabábamos de entender cuál era su papel. Visitó al Bloque de Búsqueda en algunas ocasiones. Era difícil no verlo. Era un hombretón con un bigote poblado, aficionado a las camisas de manga corta y a los jeans. Llegó en un convoy de vehículos todoterreno —por lo general, Toyotas Land Cruiser negros y relucientes— y parecía estar siempre rodeado por una decena de guardaespaldas armados. A menudo lo veía hablar con los hombres de la DIJIN. Una vez, Martínez, quien se negó a reunirse con él, me confesó que tenía sus dudas sobre la información que Don Berna estaba compartiendo con sus hombres. Pero todos le seguimos la corriente, de acuerdo a las instrucciones de De Greiff.

Fue uno de los miembros de élite del Bloque de Búsqueda, Danilo, quien me presentó a Don Berna. Recuerdo que lo más llamativo de él, además de su barriga, era su gigantesco reloj. Me soreprendió mirándolo, y le dije que era un bonito reloj. Entonces se lo sacó de la muñeca y me lo dio. Me quedé muy sorprendido y empecé a protestar diciéndole que no podía aceptar semejante valioso regalo. Era un Rado de oro, que costaría seguramente muchos miles de dólares. Me entró el pánico, pero Danilo me instó a que lo aceptara. Dijo que Don Berna se sentiría ofendido si lo declinaba.

—Quizá podría incluso matarte si lo rechazas —se rio Danilo.

No tenía gracia.

Lo tomé, pero escribí al instante un informe para Toft y envié el reloj a la oficina central de la DEA en Bogotá. Al igual que con la botella de whisky de Dolly Moncada, en modo alguno quería que pareciera un chanchullo.

En varias ocasiones, cuando miembros de los equipos de avanzada del Bloque de Búsqueda estaban en diversas misiones y teníamos que salir y encontrarnos con nuevos informantes fuera de la base, Don Berna enviaba a sus secuaces, que hacían una ronda de estilo militar para asegurarse de que no había moros en la costa. Cuando llegaban a la estación de autobuses en la que solíamos encontrarnos con los informantes, la gente se apartaba de inmediato de él y sus hombres y daban un gran rodeo. Siempre nos veíamos con las personas que llamaban a través de la línea anónima en la terminal de autobuses, ya que era muy grande y facilitaba el anonimato. La de Medellín es la más concurrida de Colombia, con cientos de autobuses que entran y salen a diario, además de un sinfín de restaurantes y negocios. Era un lugar estupendo para perderse y mejor aún para interrogar a un supuesto informante, porque podíamos mezclarnos con la multitud.

Nos reunimos con muchos informantes en la estación de autobuses; concertábamos nuestras citas en lugares con nombres como Kokorico o Pollos Frisby, que era una versión colombiana del Kentucky Fried Chicken, pero mucho mejor. Debo admitir que para nosotros siempre era un regalo salir de la base y comer algo más que arroz, frijoles y un diminuto trozo de pollo, que es lo que tomábamos en la mayoría de nuestras comidas. Nunca nos importó mucho conducir hasta la terminal de autobuses, incluso si 70 por ciento de los soplones no tenía nada que contarnos y su información jamás daba resul-

241

tado. Pero 30 por ciento de las entrevistas aportó datos viables. Recuerdo que uno de los informantes nos dio datos económicos, e hicimos una redada en un centro comercial perteneciente a Luis Carlos Molina, un gran financiero que estaba dando millones a Escobar. También había organizado el asesinato de Guillermo Cano Isaza, editor de *El Espectador*, que fue acribillado a tiros por órdenes de Escobar en 1986. Cuando hicimos la redada, recuerdo atacar las oficinas principales e incautar medio millón de dólares en efectivo. Molina no estaba allí, pero el representante de la Fiscalía General que nos acompañó decomisó el dinero. Más tarde los hombres de Escobar asesinaron al informante.

En esos meses finales de la búsqueda de Escobar había mucha actividad en la base Holguín. Además de las visitas frecuentes de Don Berna, otro «informante» resultó ser un tipo pelirrojo y con barba a quien todos llamaban Chaplin. Luego supimos que era un topo de los cabecillas del Cártel de Cali, a quien enviaron a vigilar el trabajo de la PNC.

También yo empecé a prestar atención a un coronel de la PNC al que acababan de liberar las FARC después de haber pasado cinco años de cautiverio en la selva y que se había trasladado a una de las casas de la base con su familia. El coronel había sufrido mucho maltrato físico y mental y parecía ido. No tenía nada que ver con el Bloque de Búsqueda, pero se le permitió quedarse porque no tenía otro lugar al que ir. El coronel, cuyo nombre nunca llegué a aprenderme, era un crudo recordatorio —si es que hacía falta alguno— del coste humano de las diversas guerras que estaban desmembrando el país.

Uno de los aspectos positivos eran nuestras interacciones con el comandante Jesús Gómez Padilla, el segundo al mando de la división uniformada. Fue uno de los grandes héroes anónimos de la búsqueda. Chapurreaba inglés y siempre trataba de protegernos a Steve y a mí. Gómez había recibido formación de las fuerzas estadounidenses y era un maestro en operaciones sobre el terreno, sobre todo en las selvas que rodeaban Medellín. Fuimos con él a muchas operaciones, principalmente en la selva y en las montañas, a perseguir a Escobar. En una ocasión nos llevó a una operación a una finca propiedad de Escobar, a raíz de una información que habíamos obtenido de uno de los familiares de Escobar que acudió a nosotros en la base. Nos llamó a través de la línea anónima y nos dijo que Escobar estaba escondido en la finca. Salimos de inmediato, pero acababa de irse. Uno de los problemas resultó ser que ella no tenía teléfono y tenía que ir andando a una tienda cercana para llamarnos por la línea para informantes, motivo por el que nos llevó algunas horas montar la operación. Tras hacer un inventario de la finca, encontramos varios carteles y fotografías que mostraban a Escobar vestido como Pancho Villa, el revolucionario mexicano, y con atuendo de gánster a la vieja usanza.

En otra ocasión conseguimos un pitazo de una mujer que solo quería hablar con un gringo, así que me puse al teléfono. Me dijo que uno de los sicarios de Escobar estaba saliendo con una amiga suya y que esa noche se encontraría con ella en una discoteca de Medellín.

Sabía que teníamos que actuar ya, pero era sábado por la noche, a última hora, y la base estaba casi vacía, así que me puse en contacto con uno de los capitanes, apodado Galletas. Reunió de inmediato a un equipo de avanzada formado por cuatro hombres de la DIJIN y fuimos a la discoteca a encontrarnos con nuestra informante. Me dijo que llevaría un vestido rojo y estaría sentada en la barra de lo que resultó ser un salón de baile, de estilo rústico, frecuentado por gente de la clase obrera que bailaba toda la noche al son de la salsa y el merengue.

La discoteca era oscura y ruidosa, con unas ochenta personas abarrotando la pista de baile llena de aserrín y otras de pie junto a la tosca barra de madera bebiendo cerveza y tomando tragos de aguardiente. Vi enseguida a la informante: una morena de pelo largo, con tacones y un vestido rojo corto y ajustado. Llevaba mis jeans de siempre y una polo, para mezclarme entre la multitud, pero cuando me acerqué a la barra, la guapa informante supo de inmediato quién era y empezó a caminar hacia mí y me arrastró hasta la pista de baile mientras los agentes colombianos —mis refuerzos— se quedaban en la puerta. Por teléfono había dicho que no quería tratar con los policías colombianos porque no se fiaba de ellos. Nunca le pregunté por qué, pero le había dicho a los dos agentes de la PNC que me acompañaron que se quedaran atrás. La pista estaba a rebosar de parejas sudorosas, y la música vibrante estaba alta. Apenas podía oír lo que me estaba diciendo mientras me rozaba y me hablaba al oído. Al acercarnos a una pareja en la pista, me hizo un gesto con los ojos en dirección a un adolescente flaco y bajo de tez oscura que estaba bailando un ritmo lento con una chica joven. Abrazaba tan fuerte a su compañera que no se percató cuando me acerqué por un lado. Saqué la pistola y la coloqué en su estómago, y le dije que estaba detenido. Hubo una ligera escaramuza cuando intentó enfrentarse a mí y salir disparado. El baile se detuvo en el momento en que alguien vio mi pistola. Oí gritos y me di cuenta de que la gente intentaba salir corriendo del bar, pero me concentré y aferré mi arma con una mano y el hombro del joven con la otra. La música paró de golpe. Al intentar huir, los hombres de la PNC avanzaron con rapidez para reducirlo, pasando junto a juerguistas asustados, rompiendo botellas de cerveza y destrozando copas de aguardiente mientras arrastraban al maleante fuera del bar y lo metían de un empujón en el asiento trasero de una patrulla estacionada a la salida de la discoteca. Pese al pánico, nadie resultó herido. Después de abandonar el local con nuestro cautivo a rastras, volvió a sonar la música salsa y las parejas se dirigieron otra vez a la pista de baile. Siguieron bailando como si nada hubiera ocurrido.

Lo interrogamos en la base en presencia de Juan, un representante de la oficina de De Greiff, que hizo las preguntas y luego me permitió hacer las mías. Juan era bastante serio casi siempre, pero también muy divertido, y se convirtió para nosotros en un buen amigo y un estrecho aliado en la base.

Juan era alto y fornido, y no le tenía miedo a nadie ni a nada. La PNC lo respetaba mucho. Fue Juan quien trabó amistad con Juan Pablo y nos consiguió la radiofrecuencia de Escobar. Confiaba por completo en nosotros y nos dejaba tener cualquier información que obtuviera en las redadas de la PNC en Medellín. Steve y yo nos asegurábamos de llevarlo a tomar café y hamburguesas, y dormíamos en la misma habitación cuando estábamos en la base.

Juan fue quien más habló cuando nos sentamos a interrogar al joven prisionero. El sicario tenía tan solo diecisiete años, pero era un veterano de la guerra del narcotráfico en Medellín. Nos dijo, en un tono de voz muy arrogante, que ya había matado a diez agentes de policía. Con el mismo tono, que me irritaba de veras, dijo que amaba a Pablo Escobar y que estaba feliz de matar y morir por él. Cobraba cien dólares por cada policía muerto y le daba la mayor parte de sus ganancias a su madre. Escobar le había dado una nueva vida en el barrio bajo donde creció, afirmó, y le había permitido sacar a su madre de una vida mísera. En ese momento tenía un refrigerador nuevo, comida y un techo bajo el que estar, y esas eran las únicas cosas que en realidad le importaban. Si sobraba algo de dinero de sus fechorías, lo empleaba en comprarse unos tenis nuevos, unos jeans y una cerveza. Sabía que la esperanza de vida entre los sicarios de Escobar era de tan solo veintidós años y que su vida de delincuente probablemente se vería truncada por una bala de un policía o moriría en un ataque de los justicieros. Además de los adinerados socios de Escobar en el cártel, los Pepes —junto con algunos miembros corruptos del Departamento de Policía— tenían como objetivo los jóvenes sicarios que trabajaban para Escobar. Las organizaciones de derechos humanos habían relatado numerosas masacres de jóvenes en las comunas paupérrimas que rodeaban la ciudad. Mientras, sabía que nunca abandonaría el barrio empobrecido donde pasó toda su vida, pero daba igual. Repetía que moriría por Escobar, a quien consideraba un santo. Cuando oí eso, supe que era una de las principales razones de que Escobar aún anduviera suelto y por qué nuestro trabajo para darle caza había demostrado ser tan infructuoso con los años. Era ese retorcido código de honor y lealtad lo que permitía a Escobar ocultarse a plena luz, protegido por su propia gente, dispuesta a sacrificar su vida por él.

Tras su detención, la informante me llamó de nuevo, y me las arreglé para que la DEA le pagara cinco mil dólares por el pitazo. Nunca supe qué pasó con el joven sicario gallito y mordaz. Pero no me olvidaré de lo que me dijo cuando le pedí que nos dijera su nombre.

—Angelito —dijo.

STEVE

Intentaba llamar a Connie una vez al día cuando estaba en Medellín. Si no conseguía hablar con ella, le transmitía mensajes a través de Javier, a quien llamaba todas las mañanas a primera hora a la embajada para informarle lo que había sucedido la noche anterior en Medellín.

Si tenía tiempo, y si Connie había llegado al trabajo en la embajada, él la buscaba para que pudiéramos hablar unos minutos. Pero muchas veces ni siquiera tenía tiempo de hablar porque salíamos a una operación o un reconocimiento. Cuando esto sucedía, Javier siempre se empeñaba en que Connie supiera que estaba bien y que la llamaría más tarde. Creo que ella tan solo quería saber que me encontraba bien y poder proseguir así con la jornada.

Connie ya estaba acostumbrada a mis ausencias lejos de casa. Empezaron cuando estábamos en Miami y trabajaba muchas horas. En el tiempo que estuvimos en el sur de Florida, con frecuencia pasaba fuera días enteros mientras iba detrás de sospechosos o realizaba entregas vigiladas, y viajaba a cualquier lugar del mundo que necesitáramos visitar. Pero cuando Escobar huyó y Javier y yo empezamos a vivir de forma alterna en la base de Medellín, «estar fuera de casa» alcanzó una nueva dimensión.

Connie nunca permitió que sus rudimentos de español o el temor a un coche bomba fortuito se interpusieran en su vida en Bogotá. Cuando salía, hacía uso del escaso español que sabía, que acompañaba de muchos gestos con las manos y sonrisas. Pienso que fue su capacidad de reírse de sí misma lo que hizo que los colombianos la aceptaran con los brazos abiertos. Cuando Connie no estaba trabajando o tenía el día libre, y yo no estaba en casa, pasaba el tiempo con amigos, tanto estadounidenses como colombianos. También le encantaba leer, ir de compras y caminar al aire libre y hacer un poco de ejercicio. A pesar de todas las advertencias del Departamento de Estado sobre estar en alerta constante en Bogotá, Connie intentaba hacer lo mismo que en Estados Unidos. Durante los dieciocho meses de la caza a Escobar, Connie pasó mucho tiempo sola, pero rara vez se lamentó. Sabía lo que Javier y yo estábamos haciendo y que eso era la prioridad principal para la embajada y para Colombia, así que hizo todo lo posible por apoyarme.

Por supuesto, había inconvenientes: tenía que ir al trabajo y regresar a casa en la camioneta segura de la embajada —un trayecto que solía durar más de sesenta minutos en hora pico—

y tenía que llevar un *walkie-talkie* sintonizado con la frecuencia de los marines en la embajada, por si se encontraba en una situación peligrosa y necesitaba ayuda. Connie es muy inteligente y aprendió rápido a estar al tanto de lo que la rodeaba. Siempre que salía sola por Bogotá, se fijaba mucho en lo que hacían quienes la rodeaban y si la seguían, o bien si alguien le prestaba demasiada atención.

Para pasar el tiempo y contener su ansiedad, Connie hacía varios trabajos en la embajada de Estados Unidos. Al no poder ejercer de enfermera en Colombia, se metió de lleno a cuidar de la comunidad de expatriados estadounidenses que trabajaban para la embajada. Debido a la violencia que había en Colombia en esa época, los cónyuges del personal de la embajada no podían desempeñar una actividad laboral en ningún sitio excepto ahí, así que Connie trabajaba con otra esposa de un agente de la DEA, Mary Lou Rinehart, como oficial de enlace con la comunidad. Su principal responsabilidad era preparar paquetes de bienvenida para los nuevos ciudadanos de Estados Unidos empleados en la embajada y ayudarlos a instalarse en Bogotá. También planificaban muchas de las funciones sociales en las que participaba el personal, coordinaban y supervisaban la fiesta navideña anual del Ejército de Salvación para los niños desfavorecidos colombianos, y hacían mucha labor de voluntariado con las iglesias católicas que ayudaban a los indigentes en Bogotá. También gestionaba casi todo lo que fuera menester.

Entre las muchas labores importantes de los oficiales de enlace con la comunidad estaba mantener el horario de la cancha de tenis en la residencia del embajador. Si bien puede parecer banal, no lo era en absoluto. Los lunes por la mañana los empleados de la embajada hacían cola en la oficina del oficial de enlace con la comunidad para elegir la franja horaria que querían en las canchas de tenis. Connie se aseguraba siempre

248

de cuidar a Toft, un jugador de tenis competitivo, para que pudiera elegir el día y la hora que quisiera cada semana.

Tras la huida de Escobar, Connie también estuvo una temporada en la oficina de la DEA como encargada del archivo. Cuando estaba en Bogotá, como Connie trabajaba en la misma oficina, esto nos permitía vernos a lo largo de la jornada, pero también nos dábamos margen para que cada cual hiciera su respectivo trabajo. Connie almorzaba con sus amigos y yo iba con los míos, aunque la mayoría de los días comía en mi mesa o en la cafetería de la embajada debido a la carga de trabajo que teníamos con la búsqueda de Escobar.

Cuando Connie empezó a trabajar para la oficina de correos de Estados Unidos en la embajada, nuestra vida cambió para siempre.

Una de sus tareas era llevar el correo de Estados Unidos al aeropuerto internacional y asegurarse de que llegaba bien al avión, además de clasificar las cartas y los paquetes que llegaban desde Estados Unidos. Un día observó un ejemplar de la revista *Time* que incluía un artículo de portada sobre las adopciones internacionales. Según el semanario, Colombia era el país líder a nivel mundial en adopciones por parte de estadounidenses. Connie leyó el artículo con gran emoción y casi de inmediato se puso en contacto con el organismo gubernamental encargado de las adopciones en Bogotá.

De algún modo, Connie se hizo muy amiga de la mujer que estaba al frente del Instituto Colombiano de Bienestar Familiar, la agencia federal que supervisaba las adopciones en todo el país. Antes de que lo supiéramos, ¡estábamos en lista de espera para adoptar un niño en Colombia! Y con la ayuda de la nueva amiga de Connie —una mujer a la que llamaremos Alissa (no es su verdadero nombre)—, muchas barreras burocráticas fueron de repente abordables, por no decir que desaparecieron por completo. Pese a que pasamos por el proceso normal, Bienestar Familiar nos autorizó como padres adoptivos en un tiempo récord después de hacer una evaluación del hogar. Debo decir que también ayudó que fuéramos diplomáticos. Cuando Alissa nos dijo que tenía una posible niña en adopción, salimos volando hacia su oficina. Dijo que no podía mostrarnos el expediente de la niña que estaba en su mesa, pero cuando salió de la oficina para ir a una reunión, Connie y yo nos quedamos atrás y echamos un vistazo.

Me enamoré de inmediato de la bebé envuelta en mantas de la foto. Se llamaba Monica, y los dos repetimos el nombre; soñamos con cuánto amor prodigaríamos a esa preciosa criatura, cómo la acompañaríamos en el trauma de su primer diente, el primer día de guardería y su ¡baile de graduación! Nos estábamos adelantando, es cierto, y creo que ninguno de los dos durmió la noche anterior en que debíamos ir a recoger el diminuto bulto que se convertiría en nuestra hija. Al día siguiente nos trasladamos a Zipaquirá, una pequeña ciudad al norte de Bogotá, con un conductor de la DEA. Fuimos por una carretera empinada y estrecha hasta el centro de Bienestar Familiar, que no era exactamente un orfanato, sino más bien unas instalaciones locales para familias de acogida. El cuidado edificio de concreto blanco tenía un tejado rojo y estaba situado en una ligera pendiente en la parte baja de la colina. Connie y yo íbamos de la mano mientras atravesábamos la entrada soleada al aire libre hasta el mostrador donde estaba la recepcionista. Pese a ser un cálido día de octubre, las oficinas de Bienestar Familiar, con sus suelos de azulejos rojos, muebles sencillos de madera y salas cavernosas, nos parecieron frías y con mucha corriente.

Alissa se reunió con nosotros en las instalaciones de Bienestar Familiar en Zipaquirá, y la recepcionista y otros funcionarios la saludaron con afecto. Nos condujo por el pasillo principal hasta una sala grande, donde esperamos la llegada de la madre de acogida y la bebé. Tenía cuarenta y tantos años, iba bien vestida y era atractiva. Sostenía a Monica, y mientras daba instrucciones explícitas al personal de Bienestar Familiar sobre el horario de comidas de Monica, tanto Connie como yo notamos un triste deje de reticencia al dar a la bebé, que había estado a su cargo durante los últimos meses. Al final, la madre de acogida entregó a Monica a Alissa y, con lágrimas en los ojos, salió de la sala.

Con sus ojazos negros, su tez aceitunada perfecta y mechones castaño oscuro, Monica era una bebé preciosa y sana. Nos miró, al principio sin comprender; nos habían advertido que podría tardar un poco en sonreír, en aceptarnos. Podría sufrir algún tipo de ansiedad por separación, así que nos preparamos para la decepción. Pero parecía contenta y nos dejó acunarla sin quejarse en las ventosas oficinas. Monica no tardó mucho en acostumbrarse a nosotros. Sonrió en el coche cuando salimos de Zipaquirá, y se nos derritió el corazón. Éramos oficialmente sus padres adoptivos, y nos avisaron que los trámites para concluir la adopción tardarían algunas semanas. El pañal de Monica goteó sobre Connie camino de la embajada, donde enseguida se las presentamos a todos los de la oficina de la DEA: ¡su nueva familia estadounidense!

En esa época, durante la caza de Escobar, Bogotá se consideraba una zona no apta para niños, y si tenías un hijo mientras estabas destinado ahí, debías trasladarte seis meses después. Pero como estábamos inmersos en la persecución de Escobar, solicité a la DEA quedarme más tiempo. Así pues, todo el mundo mimaba a Monica —la única niña en la embajada—, incluido el eterno solterón de Javier.

En cuanto Monica entró en nuestra vida, Connie pasó a ser madre y ama de casa, que suponía mucho más trabajo del que jamás había hecho en la embajada.

Mientras nos asentábamos con nuestra criatura recién llegada, Pablo Escobar estaba cada vez más preocupado por su propia familia. A finales de noviembre de 1993 la familia se puso en marcha, esta vez a Fráncfort, donde tenían una casa.

Nos enteramos a través de la oficina de De Greiff que la mujer de Escobar, su hija de nueve años y Juan Pablo, acompañado de su novia de veintiuno, volarían a Fráncfort con Lufthansa; faltaba un día para la salida prevista del vuelo. No disponíamos de mucho tiempo antes de la hora programada del vuelo comercial, así que nos apresuramos a idear un plan, uno que llegara enseguida a los niveles más altos de los Gobiernos estadounidense y alemán.

Cuando consultamos la lista de pasajeros, vimos que todos habían reservado en primera clase, y nos dimos prisa para llevar a un agente al avión. Enviamos a uno llamado Ken Magee y lo dotamos de cámaras espía de última generación. Una de ellas era una cámara oculta diminuta de 35 mm, ubicada en una pequeña bolsa de equipo fotográfico. Los objetivos asomaban discretamente por un pequeño orificio. El disparador de la cámara estaba escondido en el asa, de tal modo que pudiera apuntar la bolsa en la dirección deseada para tomar la foto y sacarla sin tener que extraer la cámara. Era importante para nosotros documentar con quién viajaba la familia y con quién hablaban durante el viaje.

La PNC, siguiendo órdenes del general Vargas, envió al coronel Leonardo Gallego para que fuera en el vuelo. Conocíamos a Gallego y confiábamos en él; era un agente muy inteligente, capaz y de fiar. Nuestra oficina de la DEA en Fráncfort intervino junto con el Gobierno colombiano, además de, por supuesto, el cuartel general de la DEA en Washington y la embajada de Bogotá. Nuestra postura estaba muy clara: bajo ninguna circunstancia se les permitiría a los Escobar pedir asilo en Alemania y debían ser devueltos a Colombia lo antes posible. La familia nunca supo que teníamos un agente y un policía colombiano en el vuelo.

Horas antes de la salida prevista del vuelo, agarré mi propio equipo fotográfico y Javier y yo salimos corriendo hacia el aeropuerto internacional El Dorado. En primer lugar, queríamos confirmar que las personas que figuraban en la lista de pasajeros eran en efecto la familia Escobar. Y aunque era una posibilidad muy remota, queríamos echar un vistazo por si tal vez aparecía el propio Pablo Escobar. Sabíamos que eso no iba a pasar, pero sería una lástima si lo hacía y no estábamos preparados.

El panorama en el aeropuerto era un circo. Alguien había filtrado la historia a la prensa colombiana y había un montón de gente tomando fotos, por lo que no parecía estar fuera de lugar cuando empecé a disparar con mi diminuta Pentax de 35 mm que siempre llevaba en el bolsillo. De nuevo, queríamos saber si alguien más viajaría con la familia. Javier y yo nos quedamos atrás y observamos el desarrollo de la escena. Vimos bastantes guardias armados de la oficina de De Greiff que escoltaban a la familia. Iban de paisano y llevaban porras y fusiles, que usaban para hacer retroceder a los fotógrafos que intentaban grabar a los Escobar mientras atravesaban el aeropuerto. De Greiff había ordenado a los guardias que protegieran a la familia, a la que se le permitió acceder a una sala privada de la parte internacional del aeropuerto donde no estaban a la vista del resto de las personas que esperaban su vuelo. Por una parte, era una buena idea por cuestiones de seguridad, sobre todo porque los Pepes estaban intentando matarlos. Pero, por otra, ningún otro colombiano estaba recibiendo un trato de favor como ese, y estoy seguro de que De Greiff vio esto como una oportunidad para mostrarle a Escobar que la fiscalía estaba intentando ayudarlo. Si miro hacia atrás, creo que fue muy ingenuo por parte de De Greiff. Jamás creeré que Escobar tuviera ninguna intención de entregarse por segunda vez, como creía De Greiff. Pienso que Escobar solo quería que su familia fuera a un lugar donde no tuviera que preocuparse por su seguridad, y así empezar de nuevo su campaña de atentados y asesinatos a un nivel mayor de lo visto hasta entonces. También tuvimos la sensación de que De Greiff quería llevarse la gloria si Escobar se entregaba por segunda vez y ayudarle de este modo con su campaña a la presidencia de Colombia. Todo el asunto era sumamente autocomplaciente y tenía carga política.

En cuanto el avión despegó, Javier y yo regresamos a la embajada y nos pusimos a trabajar. Toft se reunió con el embajador Busby, que comprendió la gravedad de la situación. Si se autorizaba a la familia a quedarse en Alemania en virtud de las normas de asilo, bastante laxas, del país, perderíamos una ventaja importante para llevar a Escobar ante la justicia. Estaba seguro de que nos estábamos acercando, y cada vez cometía más errores al ponerse en contacto con su hijo y permitirnos que localizáramos con mayor exactitud sus escondites en Colombia.

El embajador no perdió el tiempo mientras el avión de Lufthansa estaba volando. Quería ejercer la mayor presión posible sobre Alemania para que devolviera a la familia y se dirigió directamente a «Washington», como nos dijo Toft. Con ello quería decir el secretario de Estado Warren Christopher e incluso el presidente Bill Clinton, a quien se instó que se pusiera en contacto con el canciller alemán Helmut Kohl con objeto de que los alemanes estuvieran al tanto de la situación. Como es lógico, todo el asunto era muy delicado y estaba en el punto de mira de los medios de comunicación en el mundo. Por su parte, el Gobierno colombiano respaldaba de lleno la postura de Estados Unidos y estaba presionando a los alemanes.

Cuando el vuelo llegó a Fráncfort, Toft nos dijo que las negociaciones con el Gobierno alemán seguían su curso. El avión rodó hasta una parte concreta de la pista, y condujeron a la familia Escobar en un autobús privado a una sala especial de «cuarentena» del aeropuerto de Fráncfort hasta que se tomara la decisión final. El coronel Gallego nos contó después que los alemanes no tenían ni idea de qué hacer y fueron presa del pánico. Muchas autoridades querían que se quedaran, mientras que otras querían que se marcharan. En un momento dado, se tomó la decisión de dejarlos pasar la noche en Alemania mientras se negociaba con el presidente colombiano, el canciller alemán y las autoridades estadounidenses. Magee, nuestro agente en el vuelo, nos llamó para confirmar lo que se estaba haciendo y que los agentes de la DEA de Fráncfort se hallaban en el aeropuerto con sus homólogos alemanes, controlando la situación. Era un *impasse* tenso. Magee nos dijo que las autoridades alemanas aún no habían tomado una decisión sobre los Escobar y se estaban inclinando por darles asilo. Más tarde supimos que los representantes de los tres Gobiernos discutieron acaloradamente hasta el último minuto. Los Escobar habían solicitado permanecer tres meses y estaban planeando pedir asilo cuando al final los alemanes decidieron mandarlos de regreso a Colombia.

Todos ellos solicitaron entrar en Alemania, donde querían estar tres meses como turistas —decía un atestado policial alemán—. Tras concluir el interrogatorio de la policía de fronteras, el Ministerio del Interior alemán decidió devolverlos.

Regresaron en el siguiente vuelo a Bogotá, donde Magee se sentó dos filas delante de ellos, acompañado de cuatro agentes de Inmigración alemanes. Magee logró fotografiar los pasaportes de la familia durante el vuelo, y cuando inspeccionó sus asientos en cuanto abandonaron el avión, halló varios sobres marcados con grandes sumas de dinero, ochenta mil dólares en total. Más tarde descubrimos que, además del dinero,

María Victoria, la mujer de Escobar, llevaba asimismo grandes cantidades de oro y joyas. Magee encontró también una carta arrugada escrita en inglés que decía, en parte: «Tenemos un amigo en Fráncfort. Dice que nos buscará para poder ayudarnos. Dile que llame a Gustavo de Greiff». A quienquiera que fuera destinada la nota nunca la recibió, puesto que los Escobar estuvieron vigilados en todo momento en cuanto llegaron a Fráncfort y no tuvieron oportunidad de entregarla.

Una vez que aterrizaron en Bogotá, el Gobierno colombiano ordenó a la oficina de De Greiff que no interviniera, pues ya no estaría a cargo de su protección. La familia fue escoltada por agentes de la PNC hasta el Tequendama, un imponente hotel de cinco estrellas en el centro de Bogotá. El enorme rascacielos contaba con más de quinientas *suites*, varios restaurantes, piscinas, tiendas y un spa. Le Corbusier había diseñado una parte en los años cincuenta y, en una época, la clase alta colombiana lo consideraba el *summum* de lo chic y la elegancia. El Tequendama solía acoger eventos y congresos internacionales y era el hotel elegido por los dignatarios que visitaban la ciudad.

Pero durante el reinado sangriento de Escobar, también era un objetivo, y Javier y yo nos libramos por los pelos de uno de los coches bomba del capo de la droga a finales de enero de 1993, dos semanas después de que Escobar proclamara su nueva guerra sin cuartel contra las autoridades colombianas en medio de la segunda persecución. Javier y yo teníamos previsto encontrarnos con un informante en el hotel, y estaba en mi camioneta esperando a la puerta del departamento de Javier cuando oí en la radio del coche que habían explotado dos potentes bombas en el centro de la ciudad: una en un estacionamiento, que destrozó decenas de vehículos estacionados, y otra en el Tequendama. Ambos artefactos contenían más de cuarenta y cinco kilos de explosivos. Fuimos en coche hacia el hotel, pero, a causa de las explosiones, el tráfico estaba parado. Decidimos volver a casa y nos pusimos en contacto con nuestro informante, que no estaba en el hotel cuando estallaron las bombas.

Al día de hoy, aún no sabemos si el blanco éramos nosotros.

Casi un año después, cuando los Escobar se trasladaron a su gigantesca *suite* en el Tequendama, aún había madera contrachapada en algunas de las ventanas del hotel que se habían hecho añicos durante la explosión. A la entrada había varios oficiales del ejército vestidos de SWAT y empuñando AK-47, acompañados de pastores alemanes de aspecto fiero que tiraban de las correas. Y cuando se difundió la noticia de que la familia Escobar estaba a punto de instalarse en el hotel, muchos de los huéspedes y residentes de la torre de departamentos cercana salieron corriendo.

La división de inteligencia de la Policía Nacional de Colombia había dispuesto que cablearan la *suite* de Escobar antes de que se instalaran. Luego, ubicaron a agentes un piso más arriba para que pudieran escuchar sus llamadas telefónicas a Escobar, que estaba cada vez más preocupado por la suerte de su familia. Todos esperábamos, ahora que su familia estaba en Colombia, que Escobar los llamara más a menudo y tal vez incluso permaneciera en línea y pudiéramos atraparlo por fin.

Los Pepes, que afirmaban haber cesado en gran medida su campaña de terror contra los socios de Escobar, emitieron un comunicado a los medios de información colombianos el día del regreso de su familia a Colombia en el que indicaban que estaban listos para reanudar su guerra contra el narcotraficante.

Escobar llamó casi después de que la familia, medio dormida, agotada y nerviosa, llegara al hotel. Instó a Juan Pablo a que se pusiera en contacto con organizaciones de derechos humanos y las Naciones Unidas. El 30 de noviembre de 1993 Escobar emitió su propio comunicado de prensa que llevaba su firma y huella dactilar. Iba dirigido a quienes sospechaba que componían el grupo de justicieros, entre ellos el coronel Martínez, los hermanos Castaño y miembros del Cártel de Cali.

La carta empezaba así:

> Sres. Pepes:
> Dicen en su falso comunicado que nunca han atacado a mi familia, y yo les pregunto: ¿por qué lanzaron una bomba al edificio donde vivía mi madre? ¿Por qué secuestraron a mi sobrino Nicolás? ¿Por qué torturaron y estrangularon a mi cuñado Carlos Henao? ¿Por qué intentaron secuestrar a mi hermana Gloria? Ustedes siempre se han caracterizado por ser hipócritas y mentirosos.

Escobar siguió acusando al grupo de tener fuertes lazos con las autoridades colombianas:

> La fiscalía tiene muchas pruebas contra ustedes. El Gobierno sabe que es el brazo militar de los Pepes, el mismo que masacra a jóvenes inocentes en las esquinas de las calles. Me han atacado diez mil veces. A ustedes no. Me han confiscado todo. A ustedes nada. El Gobierno jamás pedirá una orden de detención contra ustedes. El Gobierno jamás aplicará una justicia sin rostro a policías criminales y terroristas.

Dijera lo que dijera Escobar en su nota, que se envió a los medios de comunicación nacionales en Colombia, la realidad era que su familia había caído en una trampa, rehenes de una guerra despiadada que él había comenzado. Después de regresar a Colombia, María Victoria había suplicado a las autoridades que la dejaran salir del país, ir a cualquier lugar donde pudiera vivir en paz con sus hijos.

Para los Escobar, rodeados del ejército y la policía colombianos, el Tequendama era casi una prisión y para ellos acabaría siendo una maldición. Pero quizá esa maldición lo era para todos nosotros. Al fin y al cabo, *tequendama* significa «el que se precipita hacia abajo» en la lengua chibcha de la tribu muisca de Colombia. En muchos sentidos, demostraría ser el sitio más apropiado para la inminente caída.

CUARTA PARTE

CUARTA PARTE

JAVIER

Sabía que era una misión imposible incluso antes de subir al avión con destino a Miami. No quería ir, porque sabía que las interceptaciones de radiofrecuencia del teniente Martínez cada vez nos acercaban más al escondite de Pablo Escobar. Teníamos la certeza de que seguía en Medellín. También estábamos seguros de que su desesperación iba en aumento.

Los socios principales de Escobar estaban cayendo como moscas. Pocos días después de que la familia de Escobar intentara volar a Alemania a finales de noviembre, Juan Camilo Zapata, un importante traficante y blanqueador de dinero del Cártel de Medellín, fue acribillado a tiros por miembros del Bloque de Búsqueda en su finca de las afueras de Medellín. El 26 de noviembre de 1993, el día en que murió, envié el siguiente telegrama:

> La oficina del país en Bogotá recibió información de la Policía Nacional de Colombia y del grupo operativo de Medellín acerca de la muerte de Juan Camilo Zapata-Vasquez... Esto sucedió horas antes en Medellín, Colombia, mientras se intentaba entregar una orden judicial pendiente en la que se acusaba a Zapata de asesinato.

Zapata criaba caballos y era el propietario del castillo Marroquín, un fortín de estilo morisco en la parte norte de Bogotá, donde daba suntuosas fiestas y tenía una discoteca. Durante la primera búsqueda de Escobar, hicimos una redada en el castillo, pero ya se había largado. En esos primeros años de caza a Escobar, Zapata consiguió pasar desapercibido y no era muy conocido, ni siquiera para la policía colombiana, a pesar de que intentamos por todos los medios convencerlos de que era un pez gordo. Zapata, conocido como el Caballista por su apodo del hampa, también era el responsable de organizar los secuestros para el cártel. Encabezaba además las bandas de narcotraficantes en Bogotá.

El telegrama continuaba así:

> Según la PNC, pudieron determinar la ubicación de Zapata gracias al uso de equipos de rastreo electrónicos. A eso de las cinco y media de la tarde, la PNC y el grupo operativo de Medellín llegaron a la finca La Florida, situada en la comunidad antioqueña de Copacabana. Cuando la PNC se acercó, Zapata efectuó varios disparos con su pistola 9 mm. La PNC respondió al fuego y mató a Zapata.

Con Zapata y los demás fuera de la escena, todos sabíamos que nos estábamos acercando al objetivo.

El 1 de diciembre de 1993 Escobar cumplió cuarenta y cuatro años y se descuidó; lo celebró pasando más tiempo al radioteléfono con su familia. Luego averiguamos que incluso había hecho una pequeña fiesta a escondidas, con pastel de cumpleaños y porro incluidos, acompañado de un solitario guardaespaldas.

Una semana antes de su cumpleaños se podía sentir la expectación y el entusiasmo en la base. Se respiraba un positivismo electrizante. Escobar estaba hablando por teléfono con mayor frecuencia y sabíamos que andaba fatal de dinero, ya que todos sus blanqueadores y sicarios estaban siendo acorralados por las fuerzas del orden o habían sido asesinados. También nos vimos inundados de llamadas por la línea anónima y llovían los pitazos de colombianos que decían haber visto a Escobar en Medellín. Además, Steve y yo estábamos enviando unos diez teletipos diarios a nuestros agentes en todo el mundo con pitazos de otros miembros del Cártel de Medellín que habían abandonado Colombia. Las pistas, que condujeron a decenas de detenciones en Estados Unidos, se basaban en nuestras intensas interceptaciones telefónicas, los interrogatorios y los informantes. También estábamos recibiendo numerosos indicios de nuestros colegas en Estados Unidos y que trasladábamos al Bloque de Búsqueda.

En Colombia las llamadas entre Escobar y Juan Pablo eran cada vez más largas y frecuentes a medida que De Greiff seguía presionando al capo de la droga para que se entregara. Con su padre a la fuga, Juan Pablo, de diecisiete años, había tomado el mando de la organización.

> Juan Pablo es el principal responsable de coordinar las actividades diarias de Escobar (como la seguridad, el correo, las estrategias) —escribimos en un cable confidencial de la DEA el 21 de septiembre de 1993—. Se ha oído a Juan Pablo amenazar a personas en nombre de Pablo. [...] El protagonismo de Juan Pablo Escobar en la organización de su padre es otra señal de que Pablo Escobar está en su peor momento, puesto que se está apoyando en su hijo [...] para dirigir sus actividades.

En sus últimas dos semanas de vida, interceptamos a Escobar rogándole a su hijo que intentara conseguirle dinero, ya que todos sus proveedores habían muerto o habían pasado a la clandestinidad para huir de los Pepes y la policía. Fueron esas llamadas las que al final lo llevaron a su muerte, porque permitieron al teniente Martínez rastrearlo con mayor precisión. Todos sabíamos que el Bloque de Búsqueda estaba cada vez más cerca, y había una enorme sensación de emoción cuando salíamos a hacer redadas. En muchas ocasiones sabíamos que se nos había escapado por un pelo, y durante una de las últimas redadas en una finca en las afueras de Medellín, Escobar había abandonado la casa, pero se había ido a los bosques cercanos para conseguir una mejor cobertura de su teléfono. Cuando se percató de que la finca había sido allanada, de algún modo logró escapar. Pero aunque puede que falláramos por poco en atraparlo aquellos últimos días, teníamos la certeza total de que Escobar estaba donde siempre había estado: en su ciudad natal de Medellín, oculto a plena luz.

Pero la orden de ir a Miami venía directamente del embajador Busby, a quien los agentes federales habían comunicado que Escobar estaba camino de Haití y que el Navegante, nuestro viejo informante que nos había ayudado a cazar a Rodríguez Gacha, me daría la información, pero quería hacerlo en persona. Por aquel entonces, el Navegante vivía en un lugar no revelado en el sur de Florida. E insistió en darme —solo a mí— el pitazo sobre Escobar.

No quería ir. Discutí con Toft; discutí con Busby. Pero, en el fondo, no podía contradecir al embajador de Estados Unidos, y así, un día después del cumpleaños de Escobar —el 2 de diciembre de 1993—, me dirigí al aeropuerto internacional El Dorado y tomé el primer vuelo a Miami.

Cuando llegué a Miami por la tarde, uno de los agentes locales de la DEA me recibió en el aeropuerto y me llevó a un lugar de encuentro acordado previamente, un almacén tenebroso junto al aeropuerto internacional.

El Navegante estaba al teléfono cuando entré. En cuanto me vio, me di cuenta de que algo gordo estaba pasando. Tenía una expresión asustada en el rostro y puso los ojos como platos cuando me vio entrar en el almacén con el otro agente. Al acercarme, sostuvo el teléfono en el hombro y me miró directamente.

—Acaban de matar a Escobar —dijo.

El 2 de diciembre de 1993 era un jueves. Estaba en Medellín en la base Carlos Holguín, mientras a Javier lo habían enviado a Miami a seguir una posible pista. Sabíamos que sería una pérdida de tiempo, pero no se diferenciaba mucho de los miles de intentos fallidos y redadas infructuosas que habían caracterizado la segunda persecución de Pablo Escobar.

A decir verdad, Colombia estaba pudiendo conmigo, y contaba los días para que llegara la Navidad y regresar a Estados Unidos a pasar dos semanas de vacaciones. Serían las primeras Navidades de Monica con toda la familia, y absolutamente todos estaban como locos por conocerla. Tampoco podía esperar a ver a mis dos hijos, Josh y Zach.

Esa mañana me desperté pronto, en gran parte porque mi habitación estaba situada justo encima de la cocina. Incluso con las ventanas cerradas de nuestros barracones, podíamos oír el sonido metálico de ollas y sartenes del personal de la cocina a la hora de costumbre —las tres y media de la madrugada— mientras preparaban el desayuno para las tropas. Me levanté entre las cinco y las seis de la mañana, me vestí y salí a averiguar qué tenían planeado los comandantes de la PNC ese día.

Debido a las actividades de los Pepes, parecía que estaba llegando información más fidedigna. Cada día se realizaban más operaciones. Durante varias jornadas, el ambiente en la base fue de entusiasmo, como si supiéramos que estábamos a punto de capturar a Escobar. No habíamos visto tanta emoción durante muchos meses.

Primero comprobé qué tenían los otros gringos y con qué nuevos datos estaban trabajando. Curiosamente, encontré a uno de los hombres de la CIA guardando su equipo de recogida de datos y llevándolo a una camioneta que había alquilado. Mentiría si dijera que me dio pena verlos marchar.

Después hablé con los hombres a cargo de la línea anónima y luego con los que recogían información. A continuación llamé a la puerta del despacho del coronel Martínez, pero era demasiado pronto y aún no había llegado. A veces acudía a otras reuniones y se sabía que trabajaba en su dormitorio por las mañanas. También llamé a la oficina central de la DEA en la embajada para decirles que seguía vivito y coleando y para ver si tenían algo nuevo.

Poco después la unidad de la DIJIN con la que trabajábamos codo con codo salió de la base acompañada del teniente Hugo Martínez y de las unidades encargadas del equipo de radiogoniometría. El equipo usaba la triangulación para localizar de dónde procedían las frecuencias de radio. En ese tiempo los teléfonos móviles funcionaban mediante radiofrecuencias, y el teniente Martínez había pasado meses averiguando la que usaba Escobar para hablar con su familia, que, en aquel entonces, eran los únicos residentes del hotel Tequendama en Bogotá.

Conocíamos en qué frecuencia estaba hablando Escobar cuando se puso en contacto con su hijo para darle instrucciones y saber las novedades. Cada vez que el teniente Martínez se acercaba con su equipo de radiogonometría, los hombres de la DIJIN se organizaban en la zona general de la señal.

Después del almuerzo me quedé de pie en la puerta de la sala usada por la Fuerza Delta y los Navy SEAL (los otros gringos en la base) y vi al agente de la CIA salir de la base en coche con el equipo de vigilancia de la agencia, ajeno por completo al entusiasmo que los rodeaba. Al mismo tiempo, vi al equipo ejecutivo del coronel Martínez yendo a toda prisa al despacho del coronel. Los seguí para ver qué estaba pasando. Cuando llegué a la puerta, el coronel Martínez me hizo un gesto para que entrara en su oficina con los demás. Estaba hablando y escuchando a través de una radio portátil de la policía. Los otros agentes colombianos estaban evidentemente emocionados y hacían los preparativos para montar una operación de todo el Bloque de Búsqueda. Como es lógico, se tarda más de algunos minutos en tener equipados y listos a seiscientos agentes de policía, con los vehículos de transporte en marcha y estacionados, informar a los distintos niveles de mando de lo que está sucediendo y luego juntar a todas las tropas para salir.

No estaba seguro de con quién estaba hablando por radio el coronel Martínez, pero supuse que era el grupo de avanzada de la DIJIN. Creían que habían localizado a Escobar.

Y luego todo pareció ocurrir en un santiamén. El equipo ejecutivo de Martínez empezó a hablar de las distintas tácticas y alternativas, pero era evidente que el coronel Martínez tenía todo bajo control. Dijo a su gente sobre el terreno que estábamos reuniendo a todos y nos dirigiríamos allí lo antes posible. Daba la impresión de que quisiera que las tropas de primera línea esperaran hasta que llegara ayuda, pero también les dijo que siguieran adelante con su misión si no había elección.

Luego la radio enmudeció durante algunos minutos y temí que fuera otra falsa alarma. En los dieciocho meses que habían transcurrido desde que Escobar se fugó de la cárcel, habíamos pasado por miles de redadas y cientos de avistamientos de Escobar. En todos los casos nos eludió.

Aun así, algo había cambiado. Todos hablaban en voz baja con el coronel y se respiraba una sensación de emoción muy diferente. Me quedé completamente inmóvil, esforzándome por escuchar la radio de la policía.

Tras lo que pareció una eternidad, se oyó una voz triunfal por encima de las interferencias de la radio.

«¡Viva Colombia!».

Todo el mundo en la sala prorrumpió en un gran aplauso.

Todos supimos que Escobar estaba muerto.

No estoy seguro de haberle dicho nada al Navegante cuando oí la noticia. Tan solo me di la vuelta y le pedí al agente de la DEA que me llevara de regreso al aeropuerto, donde logré tomar un vuelo de vuelta a Bogotá. Steve también me llamó para contarme la gran noticia, y cuando embarqué en mi vuelo, todo el mundo sabía que Pablo Escobar había muerto.

El vuelo a Bogotá estaba lleno de periodistas que iban a cubrir la noticia. Reconocí a muchos de ellos de Telemundo y Univision, pero no dije nada a nadie.

Cuando me senté en el avión, pasaron por mi mente un sinfín de emociones distintas. Me sentía emocionado por la muerte de Escobar y estaba deseando regresar a Colombia lo antes posible. Pero también estaba furioso. Tras seis largos años siguiendo los pasos de Escobar en Colombia, me habían pedido salir del país por una pista que mi instinto me decía que era falsa. No sé muy bien cómo apareció en escena Haití. También habíamos recibido información de que Escobar se escondía en una iglesia de Bogotá. Pero nada encajaba. Escobar era una criatura de Medellín. Su mayor apoyo y sus mayores enemigos estaban en su ciudad natal, y nunca se alejó mucho. Había gastado millones en el desarrollo de la comunidad en los barrios bajos y miles de residentes pobres de la ciudad aún lo adoraban. Medellín era su zona de confort. Para colmo, sabíamos que estaba muy angustiado por la seguridad de su familia. Era poco probable que alguna vez se marchara de Medellín, no digamos ya de Colombia.

Cuando regresé a Bogotá, fui directo a la embajada. Toft salió de su despacho al oír que había llegado y me felicitó por la muerte de Escobar. Nunca más volvimos a hablar de Miami. Era como si nunca hubiera ocurrido.

Después de felicitar al coronel Martínez y a los demás, corrí a la sala donde estaba la línea anónima e informé de estos sucesos a la oficina de la DEA en Bogotá. Llamé a la recepción en la embajada, pero no pude comunicarme. Tras varios intentos, llamé a la oficina administrativa de la DEA. Uno de los auxiliares administrativos respondió al fin. Le pedí que me pusiera con Toft lo antes posible. Le dije que era urgente. Los minutos parecieron pasar muy despacio antes de oír su voz ronca al teléfono.

—La policía colombiana acaba de matar a Escobar —dije antes incluso de poder saludarlo.

Vargas, su amigo y jefe de la PNC, ya se había puesto en contacto con él. Se acabó ser el primero en contarle a Toft un acontecimiento importante como este. Sus propios contactos se me habían adelantado.

Le dije que estaba yendo al lugar en el barrio de Los Olivos, cerca del polideportivo Atanasio Girardot que había construido Escobar en su época dorada a principios de los ochenta, cuando aún seguía comportándose como Robin Hood. Le dije que le informaría más tarde.

—Asegúrate de ver bien el cuerpo —ordenó Toft—. Asegúrate de que está realmente muerto.

Corrí al cuartel a buscar mi equipo y mi cámara, pero, cuando volví a salir al patio, todo el Bloque de Búsqueda ya se había esfumado. Las únicas personas que quedaban eran los guardias y el personal civil. Por mi mente pasaron un sinfín de alternativas sobre cómo iba a llegar por mis propios medios al sitio donde acababa de tener lugar el tiroteo. En ese momento un único jeep regresó a las instalaciones. Era el coronel Martínez, su chofer y un guardaespaldas. Había vuelto a recoger su cámara de video, y cuando me invitó, salté dentro del vehículo y corrí al lugar de los hechos.

Era una zona residencial, tranquila, con filas de casas de dos o tres pisos. Enfrente había un canal de desagüe no muy grande que discurría por la calle, con unas cuantas pasarelas pequeñas sobre el agua. La conversación telefónica entre Juan Pablo y Escobar gracias a la cual identificamos su ubicación había llevado primero al teniente Martínez al lugar equivocado. Luego se dio cuenta de que había agua cerca que perjudicaba sus lecturas. Solo después de compensar y volver a calibrar su equipo teniendo en cuenta el agua pudo determinar el escondite exacto de Escobar en Los Olivos.

Cuando llegué con el séquito del coronel, la gente ya salía en tropel a las banquetas y se congregaba ante la casa; quería saber de qué iba todo aquel tiroteo. A medida que llegaban más y más agentes de policía, cada vez aparecían más mirones. Enseguida se corrió la voz de que habían matado a Escobar.

Acompañé al coronel Martínez a la casa de tres plantas y vi a varios de los agentes de la DIJIN, vestidos de paisano, con los que habíamos trabajado. Todos estaban entusiasmados y no veían el momento de decirme que habían matado a Escobar. Se estrecharon muchas manos y hubo muchas palmadas en la espalda. Supe que cuando el teniente Martínez localizó a Escobar mediante el equipo de radiogoniometría, los agentes de la DIJIN se apostaron rápidamente en la parte delantera y trasera de la casa. Preocupados por que Escobar pudiera tener una vía de fuga alternativa que ninguno conociera o que hubiera podido pedir refuerzos para que lo ayudaran a huir, los agentes de la DIJIN decidieron reventar la puerta y detenerlo de inmediato. Los agentes derribaron la puerta principal de la vivienda y entraron a toda prisa. El teniente Martínez ya había visto a Escobar a través de la ventana del segundo piso de la casa, pero los agentes no se arriesgaron. Buscaron y despejaron el primer piso. Subieron al segundo piso, donde había sido visto Escobar, y fue entonces cuando él empezó a disparar a la policía, que respondió a los tiros. Escobar llegó al tercer piso con la policía a la zaga. Había una ventana de ese piso junto al tejado de terracota de la casa de al lado, y el guardaespaldas de Escobar saltó al tejado y empezó a disparar su arma y cubrir así la huida de Escobar. La policía le ordenó que se detuviera y tirara el arma. Cuando siguió disparando, los agentes de la Policía Nacional de Colombia lo mataron y cayó desde el tejado. Álvaro de Jesús Agudelo, conocido como el Limón, voló tres metros y aterrizó en una zona herbosa junto a la casa. Murió antes siquiera de tocar el suelo.

Escobar trepó descalzo por la misma ventana y pasó al tejado de la casa contigua tratando de huir. Se mantuvo cerca de la pared de otra vivienda, que quedaba a la derecha de la ventana. Ese muro lo protegió un poco de los agentes en tierra, pero no de los que lo estaban persiguiendo. Escobar llevaba dos pistolas y disparó a los agentes que se encontraban detrás de él mientras cruzaba el tejado. Esos hombres y los que estaban en tierra respondieron a los disparos y dieron a Escobar varias veces. Escobar cayó, su cuerpo tendido en el tejado y su barriga blanca sobresaliendo de una polo azul marino desajustada.

El pum, pum de las balas que acabaron con la vida del mayor narcoterrorista del mundo se produjo tan rápido que costaba creer que estuviera muerto de verdad.

Pero lo estaba.

Tras años de decepciones en la búsqueda del narcotraficante más despiadado del mundo, fue un gran día para la Policía Nacional de Colombia. Estaban emocionados por su logro, y yo me alegraba mucho por ellos.

Y a pesar de que Escobar y su único guardaespaldas habían entablado un tiroteo con la policía, ninguno de los agentes había resultado herido. Uno de los hombres de la DIJIN se salvó de milagro. Cuando doblaba una esquina del segundo piso y se disponía a subir por las escaleras mientras perseguía a Escobar, tropezó y cayó de bruces. Justo en ese momento, Escobar le disparó. Si el agente no hubiera tropezado y caído al suelo, la bala de Escobar lo habría alcanzado. Esa caída acabó por salvarle la vida.

El coronel Martínez y yo, junto con varios agentes de la PNC, fuimos hacia la ventana del tercer piso por la que Escobar y su guardaespaldas habían salido al tejado de la casa de dos pisos que había al lado. Vi a casi todos los agentes de la DIJIN sobre el tejado, algunos sosteniendo aún sus armas largas, junto a un cuerpo tendido sobre las tejas. Eché un vistazo a los restos del hombre más buscado del mundo: no se parecía en nada al villano fornido, bigotudo y sonriente de los carteles de SE BUSCA. Escobar había engordado mucho durante su clandestinidad. Llevaba una barba desaliñada. Sus jeans salpicados de sangre parecían nuevos y estaban cuidadosamente arremangados hasta el tobillo; era evidente que le quedaban largos. Las plantas de los pies presentaban cortes y estaban mugrientas a causa de su carrera desesperada por la casa y por las tejas rotas e irregulares del tejado.

Cuando me vieron los agentes, me gritaron para que supiera que tenían a Escobar. Los saludé y luego tomé varias fotos.

Después acompañé al coronel Martínez y a su séquito escaleras abajo y dimos la vuelta alrededor del edificio hasta la calle de atrás. Cuando llegamos a la casa en cuyo tejado yacía Escobar, vi un cuerpo tendido en la hierba: los restos de Limón, el último sicario.

Tomé fotos, que examinaría y analizaría más tarde. Luego subimos por una escalera hasta el tejado donde estaba Escobar. Tomé muchas fotos del cuerpo de Escobar, así como de su doble pistolera de hombro y de las dos pistolas que había usado para disparar a la policía. También saqué fotos de los hombres de la DIJIN junto al cuerpo de Escobar. Muchos de los agentes, incluidos algunos uniformados, deseaban tener una foto con Escobar, así que se las tomé. Los agentes de la DIJIN querían unirse a mí en la foto con Escobar, a lo que accedí. Esa instantánea donde aparezco en el tejado, agachado detrás del cuerpo de Escobar y aferrando una de las mangas de su polo, se ha hecho famosa, pero también me creó algunas dificultades, sobre todo en Washington y Bogotá, pocos días después de la muerte de Escobar. La impresión que daba la imagen es que un estadounidense había matado a Escobar, cuando en realidad todo el trabajo lo hicieron los cuerpos de seguridad colombianos.

Pero no estaba pensando en una conveniencia diplomática. Al igual que a todos los que me rodeaban, me captaron en la euforia del momento. Después de muchos años de terror, cientos de policías muertos, los secuestros y las bombas que mataron a personas inocentes, Pablo Escobar estaba muerto. Déjame subrayarlo: estaba muerto. Si me captaron en ese momento, bueno, de acuerdo, lo admito: estaba exultante.

Mientras tomaba fotos, seguí examinando el cuerpo. Vi un total de tres heridas: una en la parte trasera de una pierna, otra en las nalgas y otra en la oreja derecha. Era evidente que la herida que lo había matado era el tiro en la oreja. Como policía joven, había recibido instrucción en investigaciones de asesinatos y suicidios, y había trabajado antes en ambas. Mientras observaba la zona alrededor del orificio de entrada en la oreja de Escobar, no vi ningún signo de quemaduras por pólvora, que indican un suicidio por arma de fuego o un disparo hecho a muy corta distancia. Claramente, esto no era un suicidio. Determinar la causa de la muerte era importante porque, años más tarde, su hijo, Juan Pablo, intentaría por su parte manipular la verdad y alegar que su padre se suicidó en el tejado. En cierto modo, se suponía que esto lo haría parecer valiente.

Pero el suicidio estaba descartado. La doble pistolera de hombro estaba tendida al lado del cuerpo de Escobar junto con dos pistolas 9 mm. La corredera de una de las armas estaba bloqueada, lo que indica que en esa pistola no había balas. Ya había visto señales de un tiroteo en la vivienda y había claros indicios de otro en el tejado. Tras examinar la escena y las pruebas, no tenía motivos para no creer a la policía colombiana y su versión sobre lo ocurrido. Después de todo, Javier y yo habíamos confiado nuestra vida a esos agentes durante el año y medio anterior, y ni una sola vez tuvimos la sospecha de que no nos estuvieran diciendo la verdad.

Mientras estábamos en el tejado, pude ver a la multitud arremolinarse en la banqueta. Acudían para ver si Escobar estaba en realidad muerto. Vi llegar, desesperadas, a la madre y la hermana de Escobar. Las observé mientras discutían con la policía. Luego la hermana se acercó a ver el cuerpo del guardaespaldas de Escobar y empezó a gritar a la policía que habían matado a la persona equivocada. No era su hermano, dijo. Trataron de calmarla y entonces le dijeron que el cuerpo de su hermano yacía sin vida en el tejado.

El ejército colombiano llegó y estableció un perímetro con objeto de mantener alejada a la gente de la vivienda mientras seguía la investigación. Los medios de comunicación locales empezaron a llegar al lugar, junto con personas de la oficina del forense. Hablé con el teniente coronel Norberto Peláez, uno de los mandos militares, y ambos coincidimos en que era mejor que no me vieran los medios de comunicación. No quería atribuirme ningún mérito de la Policía Nacional de Colombia ni tampoco ninguno de nosotros quería aparentar que los estadounidenses habían dirigido y llevado a cabo esta operación final. Bajé del tejado y regresé al interior de la vivienda donde había sido asesinado Escobar. Tomé muchas fotos de cada habitación y del contenido de la casa. Había un taxi amarillo estacionado en el garage del inmueble, lo que confirmó nuestras sospechas de que Escobar se movía con total libertad por Medellín mientras hablaba con su hijo a través de su celular. En la última conversación que mantuvieron, Juan Pablo revisó una lista de preguntas que formaban parte de una petición de entrevista de los medios de comunicación colombianos.

A primera hora de la tarde, había hecho cuatro carretes de fotos y estaba listo para regresar a la base. Peláez vino conmigo y me ofreció algunos agentes para que me protegieran. Estaban muy preocupados por mi seguridad e insistieron en llevarme de vuelta, lo cual agradecí. Aún seguíamos todos eufóricos por los acontecimientos de la jornada. Me reuní con los demás estadounidenses de la base y les relaté lo que había visto. Llamé a Connie para decirle que estaba bien y luego le expliqué todo a Toft. Le aseguré que no tenía ninguna duda de que Pablo Escobar estaba muerto de verdad.

Más tarde, esa misma noche, la madre de Escobar, Hermilda, y dos hermanas identificaron el cuerpo en el depósito de cadáveres de la ciudad, el mismo por el que habían pasado los cuerpos de más de cuatrocientos policías en los últimos dieciséis meses, todos ellos asesinados por los esbirros de Escobar durante la segunda persecución.

—¡Asesinos! —gritó desconsolada Hermilda a los policías que custodiaban el depósito.

Toft nos felicitó a todos y me informó que se estaban haciendo planes para llevarme de regreso a Bogotá.

A medida que la policía volvía a la base, la seguridad aumentó considerablemente. Todos se prepararon para las represalias. Sentíamos que era muy probable que nos atacaran en la base esa noche. Se incrementaron los guardias en el perímetro y todos tenían muy a mano sus armas.

Pero esa noche acabó siendo una de las más tranquilas que jamás haya pasado en Medellín. Debido a los esfuerzos de la policía y el Gobierno colombianos en su lucha contra Escobar, además de los violentos ataques de los Pepes, casi todos los miembros de la organización de Escobar habían sido asesinados o recluidos, así que la realidad era que no quedaba nadie para lanzar un ataque contra nosotros. A pesar de todo, no puedo decir que durmiera profundamente. Todo el mundo estaba emocionado por los hechos de la jornada, y pese a que todos sentíamos que nos habían quitado un peso de encima, aún nos rodeaba un halo de incredulidad.

¿De verdad lo habíamos hecho? ¿Realmente había acabado todo? Todo parecía un sueño.

En Bogotá, Gaviria salió en televisión para dar la feliz noticia, y en Washington, el presidente Clinton llamó por teléfono al presidente de Colombia: «Cientos de colombianos —agentes de policía valientes y personas inocentes— perdieron la vida como consecuencia del terrorismo de Escobar. Su labor honra la memoria de todas esas víctimas».

Cuando todos volvieron a la base, Peláez se me acercó y me informó que nadie más había tomado fotos ese día y que las mías eran las únicas que mostraban la escena poco después del tiroteo.

Siempre me gustó Peláez. Era afable y muy inteligente, y hablaba un inglés excelente. También se había graduado en la Academia Nacional del FBI, un programa de formación internacional para dirigentes a nivel ejecutivo, y sus subalternos lo admiraban mucho. Con su poco más de metro ochenta, era delgado, con el pelo y los ojos oscuros, y estaba en una excelente forma física. Era miembro del equipo ejecutivo del coronel Martínez y de su círculo más íntimo. Mientras viví en la base, Peláez solía invitarme a pasear por el recinto, y a veces salíamos por el barrio vecino por una hamburguesa y una cerveza. Incluso íbamos juntos por un helado y hablábamos de nuestras familias y de dónde nos criamos. Hasta le hablé a

Peláez de Connie y de mí, y de lo felices que estábamos de adoptar a Monica y cómo estábamos contando los días que faltaban para poder presentársela a nuestras familias en Estados Unidos. Quizá esto suene un poco cursi, pero esos paseos para comprar un helado me daban una cierta sensación de normalidad y permitían que me olvidara por unos minutos de la tensión y el estado de alerta máxima que caracterizaba nuestra vida diaria en la base.

Confiaba en Peláez, así que cuando me preguntó por mis fotos, accedí a dárselas sin dudarlo. Había hecho cuatro carretes de 35 mm, y Peláez se los dio a un comandante para que los revelara. El comandante acordó devolverme los negativos junto con las copias en papel que quisiera. A última hora de la tarde supe que se habían revelado los carretes, pero el comandante se negó a devolverme mis negativos o las fotos impresas. Cuando le pedí a Peláez que interviniera, recibí los negativos y las fotos, aunque no todos. El comandante había extraído varios negativos, que nunca volví a ver. La mayoría de ellos eran de los agentes de la DIJIN en el tejado con el cuerpo de Escobar: las fotos que tomé desde la ventana del tercer piso.

A la mañana siguiente recibí una llamada de la embajada en la que me informaban que Javier llegaría a la base policial de Medellín más tarde ese mismo día y ambos regresaríamos a Bogotá por la noche. Hice los preparativos necesarios para que un helicóptero de la policía recogiera a Javier en el aeropuerto de Medellín y lo llevara a la base. Preparé mi equipaje y empecé a despedirme de los demás estadounidenses y de nuestros amigos policías. Cuando llegó Javier, la celebración fue mayor porque él había formado parte de la persecución desde 1988. Mi gran pesar fue que no estuviera ahí cuando mataron a Escobar.

Habría preferido que hubiera estado presente y así compartir el júbilo cuando esta investigación llegó a su fin. Por otro lado, Javier nunca llevó una cámara consigo cuando estuvo en Medellín, por lo que jamás habría captado los acontecimientos históricos ese día si él hubiera estado en mi lugar.

Reporteros de todo el mundo llegaron a Medellín a cubrir la muerte del hombre más buscado del planeta y el tumultuoso funeral del día siguiente. Miles de admiradores de Escobar procedentes de los barrios bajos de Medellín abarrotaron la capillita donde su familia había organizado un velatorio con el ataúd abierto. El gentío luchaba por acercarse al féretro plateado y tocar su cuerpo mientras lo llevaban hasta la iglesia bajo una lluvia torrencial. Al grito de «¡Viva Pablo!», los dolientes se apoderaron del féretro antes incluso de que empezara la ceremonia religiosa. El descontrol de la muchedumbre fue tal que la familia Escobar se vio obligada a huir por su propia seguridad antes del entierro en la colina del cementerio Montesacro.

Pero no estábamos plantados ahí por eso. Nos daba igual; estábamos contentos de que estuviera muerto. Cuando Javier llegó, echamos otro vistazo a la casa en Los Olivos y revisamos la cartera de Escobar en busca de números y nombres y cualquier otra cosa que pudiera conducirnos a otros miembros del Cártel de Medellín. Pero no había nada.

Además, supimos por nuestros jefes de la embajada de un suceso la noche anterior, el mismo día que mataron a Escobar, que suponía una posible amenaza para Connie y para mí. Mi supervisor directo y su mujer vivían en la misma calle que nosotros, pero a unas veintisiete manzanas más al sur. Esa noche la mujer de mi supervisor estaba paseando al perro por la banqueta cerca de su departamento. Se percató de que había un coche con cuatro hombres en su interior que recorrían la calle arriba y abajo, como si buscaran una dirección. Al final, el vehículo se detuvo y le preguntaron si sabía dónde vivía el señor Murphy. Todas nuestras esposas tenían muy presente las posibles situaciones de peligro y cómo lidiar con ellas. Les dijo a los hombres que no conocía a ningún señor Murphy y volvió rápidamente a su departamento, donde había apostado un guardia armado. Nunca supimos nada más de esos hombres ni por qué estaban preguntando dónde vivía. Pero la DEA y la embajada lo tomaron como una grave amenaza y asignaron a un equipo de seguridad formado por tres hombres a nuestro edificio de departamentos. El destacamento se apostó a la entrada del complejo de tres edificios. Después de regresar a casa en Bogotá, fui a diario a trabajar a la embajada, pero Connie se quedaba en casa cuidando de Monica. Siempre nos pareció paradójico que esos guardias estuvieran ahí para protegernos a Connie y a mí, pero no supieran qué aspecto teníamos. Connie sacaba a pasear a Monica en su cochecito. Ambas pasaban junto al equipo de seguridad y ellos no tenían ni idea de quién era.

Esa tarde a Javier y a mí nos llevaron al aeropuerto de Medellín con un helicóptero de combate de la Policía Nacional de Colombia. En el aeropuerto de Rionegro embarcamos con rumbo a Bogotá. En El Dorado tomamos un taxi hacia la embajada, donde nos esperaban en la oficina de la DEA, ansiosos por ver las fotos que había tomado tras la muerte de Escobar. También sabía que algunas de las personas con las que colaboramos estrechamente querían felicitarnos a Javier y a mí. Ambos sabíamos que era su victoria y también la nuestra.

Había mucho tráfico, pues llegamos en hora pico un viernes de lluvia, y el taxista era bastante hábil en esquivar los embotellamientos. Se me hacía raro estar sentado en un taxi y no logré recordar la última vez que lo había hecho. En todos nuestros desplazamientos desde o hacia el aeropuerto, siempre habíamos ido en un coche blindado de la DEA y con escolta militar. Nuestro avión de Medellín llegó tarde, lo que explicaba que no hubiera nadie esperándonos. Subirnos a un taxi vestidos con nuestros jeans, polos y tenis en Colombia era una extraña sensación de liberación, una auténtica señal de que tal vez las cosas iban a volver a la normalidad en un país que había sido un campo de batalla durante muchos años.

Llegamos a la embajada sobre la hora de cenar, hora estadounidense. Entramos por la puerta principal y tomamos el elevador hasta el tercer piso, y usamos nuestras tarjetas magnéticas para acceder a las oficinas de la DEA desde el vestíbulo donde estaban los elevadores. Mientras caminábamos por el pasillo al llegar al piso, me pareció extraño que hubiera tanta gente pululando después del trabajo y hablando en voz alta sobre lo orgullosos que se sentían. Los viernes por la noche la embajada solía estar desierta, pues todo el mundo estaba deseando empezar el fin de semana. Cuando Javier y yo por fin entramos en la oficina y vimos las serpentinas y los globos, enseguida supimos qué estaba ocurriendo.

En una serpentina colgada en nuestra oficina estaba escrito, en mayúsculas y negritas: «¡PEG* ESTÁ MUERTO! ¡SÍ!», y recibimos un aplauso espontáneo de todas las personas con las que habíamos trabajado. Uno a uno, nos saludaron con abrazos y apretones de manos. Me sorprendió ver a Connie tan tarde un viernes sin nuestra hija pequeña, pero más tarde supe que lo había organizado todo y había dejado a Monica con Rosa, nuestra niñera de confianza, para que pudiéramos celebrar nuestro gran triunfo sobre Escobar. Cuando al fin conseguí llegar al fondo de la sala donde estaba esperando, me dio un largo abrazo y me llenó de besos. Sentí una mezcla de alivio y euforia en su abrazo. Nuestra apuesta por salir de Miami al final había dado sus frutos. Había sido una gran aventura, pero con dificultades. Y ahora que había llegado a su fin, pronto regresaríamos a casa con nuestra pequeña.

* Pablo Escobar Gaviria. (*N. de la t.*)

Javier y yo logramos llegar hasta nuestras mesas, donde dejamos las bolsas y nos preparamos para unirnos a la fiesta; pero apenas podíamos movernos porque cada vez había más gente que nos seguía para hacernos preguntas, felicitarnos o tan solo ofrecernos una cerveza fría. Connie y algunas personas de la oficina habían conseguido varias cajas de cerveza y mucha pizza con la que celebrarlo.

Cuando saqué las fotos que había tomado en Medellín el día anterior, todos se congregaron a mi alrededor, y, durante algunas horas, Javier y yo contamos una y otra vez la historia de cómo la PNC había encontrado y matado a Escobar. Todos querían copias de las fotos, pues comprendieron que eran parte de la historia; todos habían contribuido a poner fin al reino de Pablo Escobar, el hombre más buscado del mundo. Creo que todos nosotros en la DEA, así como en otros organismos con los que colaboramos, sentimos un profundo alivio tras la muerte de Escobar.

Después de todo, llevar a Escobar ante la justicia había sido un esfuerzo de equipo, no solo de Javier y mío y nuestros colegas en la policía colombiana. Otros trabajadores de la DEA habían contribuido mucho a esta caza al hombre, pero no obtuvieron el mismo reconocimiento. Su labor fue muy importante y todo sirvió para lograr el objetivo de presionar al máximo a Escobar, hasta que cometió el error fatal de permanecer demasiado tiempo al teléfono ese día. El caso Escobar tenía máxima prioridad en la embajada y, en cierto modo, hizo que otras investigaciones se ralentizaran. Los recursos se destinaban a la operación de Escobar y a nosotros. Ahora que Escobar ya no estaba, todos podíamos volver a trabajar en otros peligros que afectaban a los colombianos y a nuestro propio país.

La Policía Nacional de Colombia merece y se llevó la mayor parte del mérito por su duro trabajo, compromiso y sacrificio. Fueron verdaderos aliados y amigos, e hicieron todo lo posible por protegernos a Javier y a mí. Y todo el personal estadounidense que contribuyó a esta investigación también merece un reconocimiento a sus esfuerzos, no solo la gente de la embajada en Bogotá, sino en todo el mundo. Enviamos un sinfín de pistas a las oficinas internacionales de la DEA, así como a otros organismos de los cuerpos de seguridad de Estados Unidos, y cada uno de ellos siguió estas pistas de forma inmediata y profesional. Después de todos estos años, la ingente persecución de Pablo Escobar se sigue considerando uno de los mejores ejemplos de lo que se puede conseguir cuando los organismos y los países dejan de lado sus egos y diferencias y trabajan juntos en mejorar la humanidad.

Al final, nos quedamos sin cerveza y pizza, y salimos a buscar una discoteca. Connie se había encargado de que nuestros amigos pasaran la noche en nuestro departamento para poder cuidar de Monica. ¡Y ahí que nos fuimos a continuar la fiesta! No recuerdo ninguno de los restaurantes, las discotecas ni los bares en los que estuvimos esa noche, a pesar de que fue una de las mejores de mi vida.

Todos sabíamos que en el preciso instante en que Escobar fue asesinado a tiros —descalzo y desesperado en aquel tejado de terracota—, cada uno de los ciudadanos colombianos estaba más seguro. Semanas después, cuando revisamos la tasa de homicidios en Medellín, no nos sorprendió ver que había caído casi un 80 por ciento.

Estuvimos celebrándolo toda la noche y hasta la mañana siguiente.

Cuando el sol despuntaba en Bogotá, tomé con fuerza la mano de Connie al salir del bar y fuimos a la calle. Todo aparentaba ser más ligero esa mañana, e incluso el esmog que daba la impresión de envolver constantemente la ciudad parecía elevarse mientras los colombianos despertaban a una nueva y feliz jornada.

Cuando llegamos a nuestro departamento, estaba saliendo el sol.

Un vendedor de periódicos ya estaba vendiendo los diarios matutinos. Había visto algunos artículos de prensa colombianos que habían salido el día que Javier y yo volvimos a Bogotá. Incluso posamos con un ejemplar de *El Tiempo* que rezaba «¡Al fin cayó!» estampado en la portada.

Pero fue el titular de *La Prensa* el que me marcó aquella gloriosa mañana a primera hora: «¡Oh, júbilo inmortal! Colombia, entre el alivio y el delirio», proclamaba el titular destacado que dominaba toda la primera plana.

Yo mismo no podía haberlo expresado mejor.

CONCLUSIÓN

JAVIER

Tras la muerte de Escobar, los cárteles de la cocaína tardaron menos de dos semanas en ponerse en marcha de nuevo.

Claro está, el Cártel de Cali se había beneficiado mucho de la destrucción del Cártel de Medellín. Si se echa un vistazo a la historia de la lucha contra el narcotráfico, cuando se desarticula el grupo principal de traficantes, siempre hay otro dispuesto a ocupar su lugar. Más importante aún, los cabecillas del Cártel de Cali —los hermanos Orejuela— observaron todos los errores de Pablo Escobar cuando todavía estaba vivo y aprendieron de ellos. Los dirigentes del Cártel de Cali supieron lo importante que era mantener un perfil bajo y centrarse en mejorar sus redes de distribución. Siempre he dicho que el Cártel de Medellín funcionaba como un grupo de vaqueros del lejano Oeste, mientras que los traficantes de Cali eran más serios, más sofisticados, parecidos a hombres de negocios de Wall Street.

No estoy diciendo que la lucha contra el narcotráfico haya sido un completo fracaso. La búsqueda de Escobar había sido un gran éxito, pero tal vez lo fue porque era una guerra personal para muchos de los que participamos en ella. Todos habíamos perdido amigos y habíamos asistido a funerales de policías.

Vivíamos en medio de secuestros y coches bomba, además del atentado de Avianca, todos ellos causados por un hombre. Se tardó casi una década en librarse de Escobar, pero ayudamos a que los colombianos recuperaran su país y me siento orgulloso de ello. También me enorgullece decir que fue la primera vez en la historia que se había desarticulado un cártel entero.

Pero, pese a la muerte del narcotraficante más sanguinario, poco cambió en Colombia, donde los nuevos cárteles seguían controlando el proceso político. Como ejemplo, un informante nos dio una copia de una interceptación en la que aparecía Miguel Ángel Rodríguez Orejuela, jefe del Cártel de Cali, contándole a un socio que había dispuesto depositar más de tres millones y medio de dólares para la campaña presidencial de Ernesto Samper. Faltaban unos días para las elecciones, y Samper iba a la par con el otro candidato principal, Andrés Pastrana Arango.

El embajador Busby escuchó las cintas en absoluto silencio y se las dio a Joe Toft, que perdió los estribos. Las cintas también se le habían entregado al presidente Gaviria, quien las envió al fiscal general. Pero Toft estaba furioso y sabía que las autoridades seguramente no harían nada antes de la votación, por lo que solicitó permiso a Washington para filtrarlas a la prensa. Se lo denegaron, y todos nos sentamos de nuevo y vimos cómo Samper proclamaba a gritos su triunfo.

Pero era evidente que Toft, un veterano con treinta años de experiencia en las guerras contra el narcotráfico en Estados Unidos y Latinoamérica, ya había tenido suficiente. Filtró las cintas a reporteros colombianos y estadounidenses, y luego fue personalmente a la televisión colombiana a denunciar la «narcodemocracia» en la que se había convertido el país. Después presentó su dimisión a la DEA.

Ninguno de nosotros podía culparlo. Todos habíamos luchado con denuedo y durante mucho tiempo cuando Samper logró la victoria; el sacrificio de cientos de agentes de policía, juristas y periodistas valientes que habían combatido contra Escobar fue casi en vano.

Mientras me preparaba para abandonar Colombia después del triunfo de Samper, recordé aquella lejana noche de verano en la que mi viejo colega Gary Sheridan y yo nos quedamos de repente encerrados en un restaurante cuando los matones de Escobar asesinaron al candidato presidencial Luis Carlos Galán durante un acto electoral en las afueras de Bogotá.

El sicario Jhon Jairo Velásquez Vásquez, a quien la mayoría conocíamos como Popeye y que Escobar había elegido cuidadosamente, era uno de los secuaces que había apretado el gatillo. Popeye, que se jactaba de haber matado a casi trescientas personas mientras trabajaba para Escobar, aunque se sospecha que asesinó a muchas más, con el tiempo fue declarado culpable del asesinato de Galán e ingresó en prisión en Colombia. Pero, en 2014, salió de la cárcel tras pasar ahí veintidós de los treinta años de condena. Lo último que oí era que estaba guiando excursiones siniestras en Medellín en las que mostraba a los visitantes los lugares de algunas de las peores masacres en la ciudad y los llevaba al cementerio, donde indicaba todas las personas a las que había asesinado.

Es de locos tratar de encontrarle el sentido a lo que sucede en Colombia.

Y la locura fue a más. Hace algunos años, el general Miguel Maza Márquez, que fue un buen amigo de la DEA durante la persecución a Escobar y estaba al frente del ahora desaparecido DAS —el equivalente colombiano al FBI—, fue declarado culpable del asesinato de Galán. Me quedé hecho polvo cuando me enteré de que lo habían detenido por reducir la escolta de Galán poco antes de que fuera asesinado. No sé por qué modificó su equipo de seguridad, pero estoy bastante seguro de que no fue para que lo mataran. No había nadie más comprometido con la lucha contra Escobar que Maza, que había sobrevivido a siete atentados contra su vida por parte del Cártel de Medellín, entre ellos un coche bomba que había hecho explosión frente a su oficina en Bogotá.

Poco después de que dejara el Gobierno en el verano de 1994, Gustavo de Greiff emprendió una gira internacional en la que instaba al final de la lucha contra el narcotráfico en todo el mundo. El hombre responsable de procesar a los cárteles de la cocaína en Colombia ¡ahora quería legalizar las drogas! ¡Ya te dije que no hay quien entienda a Colombia! Desde luego, nunca tuvo sentido lo de De Greiff, cuya decisión de negociar con un asesino como Escobar dilató la guerra contra él y condujo a la muerte de miles de víctimas inocentes.

Pero tiene razón sobre la lucha contra el narcotráfico. A pesar de los miles de millones que se han destinado a las fuerzas del orden y a la sustitución de cosechas con el fin de ayudar a los agricultores pobres a alejarse del lucrativo cultivo de coca, gran parte de esta guerra ha sido un fracaso. Hace poco vi datos estadísticos recopilados por las Naciones Unidas que mostraban que, en 2017, Colombia alcanzó unos niveles sin precedentes en el cultivo de coca. Se producía coca suficiente como para fabricar más de mil trescientas toneladas de cocaína, más del 30 por ciento de la cosecha del año anterior, según la Oficina de las Naciones Unidas contra la Droga y el Delito en Colombia.

El consumo de drogas ilegales es un problema mundial. Hay traficantes que están esperando la oportunidad de dar un paso al frente y ganar dinero, sin importarles quiénes morirán debido al consumo o serán asesinados si se interponen en el negocio. Necesitamos más cuerpos de seguridad en todo el mundo que detengan a los responsables de enviar estos productos mortíferos. La peor amenaza para un narcotraficante extranjero es extraditarlo a Estados Unidos.

Pero también debemos tener presentes las prioridades en educación social, así como ayudar más a que la gente entienda el peligro que supone consumir drogas.

Siempre recordaré que Pablo Escobar, en sus laboratorios de cocaína en la selva, solía tener carteles que rezaban: SI TE SORPRENDEN USANDO EL PRODUCTO, TE MATARÉ.

A buen seguro, se pasó de la raya, pero la orden de Escobar era un mensaje excelente. Como sociedad, debemos ser más duros con las drogas. Necesitamos mejorar la educación sobre los peligros de la drogadicción. Tenemos que intensificar los programas como Educación para la Resistencia al Uso y al Abuso de las Drogas (DARE), que enseña a los escolares los peligros de la drogadicción y la pertenencia a bandas. Pero no podemos dejar esto únicamente en manos de los sistemas escolares; la sensibilización sobre las drogas ha de ser integral. Debe tener lugar en grupos religiosos y en el hogar. Es una cuestión y un problema de todos.

Si algo he aprendido en la DEA, es que luchar contra el narcotráfico exige un compromiso total de cada una de las personas del equipo. Si los buenos han de ganar, precisan del apoyo de todos.

Cuando llegué a Colombia en marzo de 1988 tenía problemas con las corbatas. No es que no me gustara llevar traje y corbata, es solo que mis dedos se volvían torpes a la hora de hacer el nudo. No eran hábiles ni tenían la práctica suficiente en estas sutilezas, en gran parte porque me he pasado la mayor parte de mi carrera persiguiendo a los malos por todo Texas y México.

Podía apretar el gatillo en cualquier arma de fuego, pero era un inútil con una corbata. Créeme, nunca había necesidad de llevar traje y corbata cuando estabas bebiendo cerveza rancia en las mugrientas ciudades fronterizas donde hice mis pinitos como joven policía y luego como agente encubierto para la Agencia Antidrogas.

Pero Colombia fue de repente distinto. Incluso antes de llegar, sabía que sería un hito en mi carrera en la policía. Como agente especial de la DEA destinado en Bogotá, en ese momento era una especie de diplomático. Mi oficina estaba situada en la embajada de Estados Unidos en la capital de Colombia y se esperaba que me vistiera para la ocasión todos los días cuando iba al trabajo.

Traje-y-corbata. Traje-y-corbata. Todos los días. Me dije a mí mismo que estaba bien, siempre y cuando pudiera seguir llevando mis botas vaqueras.

Pero no conseguí dominar el nudo antes de ocupar mi nuevo puesto. En mi casa de Texas, cada vez que me ponía delante del espejo decidido a dominar el nudo, siempre me devolvía la imagen como si se estuviera mofando de mi incapacidad para lograr esa tarea tan simple. Cuando miré mi reflejo después de luchar con la corbata, presté atención al fino trozo de seda alrededor del cuello. ¿Por qué no conseguía hacerlo bien? Siempre estaba torcido y desastroso.

Al principio, me ayudaba mi nueva novia. Empezamos a salir poco después de mi llegada a Bogotá, después de que terminara su relación con su novio del Departamento de Estado. Era una morena alta, delgada, de ojos cafés, y era una veterana de los puestos administrativos de la DEA en Europa. Era muy trabajadora; los fines de semana iba a la embajada a ponerse al día con el volumen de telegramas, y se quedaba hasta tarde la mayoría de las noches entre semana. Mantuvimos nuestra relación en secreto, pero al final todos se enteraron. Antes de unirse a la DEA, trabajaba en la sección de hombres de los grandes almacenes Saks Fifth Avenue, y anudó con profesionalidad mi pequeña colección de corbatas y luego colocó con ingenio cada una de ellas sobre un velcro. En mi armario en

Bogotá tenía varias corbatas con nudos inmaculados montadas sobre un velcro. Todo lo que tenía que hacer era enrollar un extremo de la corbata anudada alrededor del cuello de la camisa y sujetar las dos tiras de velcro.

Pero jamás imaginé que mi destino duraría tanto como fue. A mitad de mis seis años en el país, esas corbatas con velcro empezaron a estar gastadas. Los nudos corrían peligro de deshacerse y los colores empezaban a apagarse. Así que volví ante el espejo y practiqué con un juego de corbatas nuevo. Estaba más decidido que nunca a dominar el esquivo nudo.

Cosa extraña, mis habilidades con la corbata llegaron poco después de localizar y matar a Pablo Emilio Escobar Gaviria. Fueron nuestros colegas de la Policía Nacional de Colombia quienes en realidad apretaron el gatillo, pero, tras pasar cada minuto persiguiendo a esa escoria durante seis años, también era nuestra victoria.

Los agentes de la PNC estaban tan entusiasmados y aliviados por la muerte del famoso capo de la cocaína que parecían no poder esperar a honrar a cada uno de los policías que habían participado en la búsqueda, incluidos los agentes estadounidenses de la DEA que habían trabajado durante tanto tiempo a su lado.

Esos estadounidenses éramos mi compañero Steve Murphy y yo, ambos veteranos policías, que de alguna manera habíamos acabado lejos de casa persiguiendo al criminal más famoso del mundo.

Pero volvamos a la corbata. El día de mayor orgullo de mi carrera, pasé más tiempo del habitual delante del espejo con la corbata roja estampada que había elegido la noche anterior. Preparé una camisa blanca almidonada y me aseguré de que mi traje gris claro estuviera planchado. Me peiné y engominé el pelo, y cuando terminé, pensé que tal vez tenía buen aspecto. En realidad, ahora puedo admitirlo cuando miro las fotografías tomadas hace varios años: me veía incluso mejor. ¡Estaba estupendo!

Volví a mirarme en el espejo y me ajusté los lentes. El Gobierno colombiano estaba a punto de proclamarme un héroe, y quería estar lo mejor posible en la ceremonia de entrega de premios que había organizado el director de la PNC y a la que asistieron los hombres a los que más admiraba en Colombia, que habían sido nuestros compañeros en el país durante la búsqueda de Escobar.

Perdón, en realidad debería decir lo contrario: nosotros fuimos sus compañeros; ellos siempre estuvieron al mando y eran algunos de los hombres más valientes que he conocido jamás, dispuestos a salir día y noche sabiendo que había muchas posibilidades de que no regresaran nunca. Para mí, los miembros de élite de la PNC eran lo mejor de lo mejor. Y sabía que lo que los hacía tan buenos era entender que la lucha contra Escobar no tenía nada que ver con la droga o el dinero.

Era venganza, simple y llanamente. Venganza por todas las personas inocentes y los cientos de policías y agentes especiales a los que había asesinado Escobar. La lucha contra Escobar era algo personal para ellos, y después de haber perdido a fieles colegas en Colombia y haber vivido el peor terror de Escobar, la caza al narcotraficante más buscado del mundo también pasó a ser algo personal para mí.

Semanas antes de que la PNC nos entregara nuestros premios, Escobar había sido acribillado a tiros en Medellín, su cuerpo despatarrado entre las tejas de terracota rotas de la casa que resultó ser su último escondite. Su caza puso fin a años de una peligrosa labor de investigación tanto por parte de las autoridades colombianas como estadounidenses, que trabajamos juntos para simplemente deshacernos del mal en el mundo.

Escobar era la maldad en persona. No era ningún héroe. Podía haber empleado una pequeña parte de algunos de los miles de millones que ganó vendiendo cocaína en sanear los barrios bajos y construir un estadio de futbol, pero su brutalidad había llevado a Colombia al borde del desastre durante años.

La ceremonia fue muy formal, y me sorprendió ver trajeados y con atuendo policial formal a todos los hombres con los que había trabajado en las altas esferas de la policía colombiana. Durante las dos persecuciones a Escobar, habíamos pasado mucho tiempo viviendo juntos en la base Carlos Holguín de la PNC en Medellín, gran parte de nosotros con el uniforme de paisano del policía encubierto: jeans descoloridos y polos.

A diferencia de la policía de Estados Unidos, que prohíbe a los agentes federales acompañar a la policía local en las redadas, Steve y yo salimos con estos valerosos agentes a miles de operaciones fallidas y emboscadas en Medellín y los alrededores con el propósito de llevar a Escobar ante la justicia.

En ese momento ahí estábamos, con nuestro traje de domingo, mezclándonos y charlando entre vasos de whisky como dignatarios en una recepción. Era difícil no revivir los sucesos del 2 de diciembre de 1993, el día en que murió Escobar y el Cártel de Medellín dejó de ser una potencia en el tráfico de cocaína o una amenaza terrorista. Era difícil dar una cifra exacta de las decenas de miles de civiles inocentes que Escobar y su ejército de sicarios habían asesinado durante su reinado de terror, que comenzó cuando ordenó el golpe mortal a un fiscal general del Gobierno federal en 1984. Continuó con los asesinatos de jueces, un candidato a la presidencia, periodistas y cientos de agentes de los cuerpos de seguridad.

De pie en el gran salón del siglo XIX donde se estaba celebrando la ceremonia de entrega de premios, recordé los numerosos funerales de policías a los que había asistido en Medellín en la época en que Escobar estaba ofreciendo a sus asesinos adolescentes cien dólares por cada policía muerto.

Sabía que estaba aceptando mi galardón por esos agentes jóvenes y honestos que murieron en acto de servicio. Y me sentí orgulloso de estar junto a su valiente jefe, el coronel Hugo Martínez, el respetable militar que había arriesgado su propia vida como jefe del Bloque de Búsqueda y que había reunido a seiscientos agentes de élite de la policía para dar caza al principal narcoterrorista del mundo. Con un whisky en la mano, brindé de manera informal por Martínez y su hijo, el teniente que se llamaba igual que su padre, quien estaba radiante de orgullo. Hugo Martínez Jr. era tan valiente como su progenitor, dotado de una determinación inquebrantable.

El silencio se impuso en la ornamentada sala de techos altos, con sus óleos de los mayores héroes de la independencia de Colombia. Sabíamos que la muerte de Escobar era un hito en la historia del país, tan importante como sus guerras históricas con España. Con Simón Bolívar y el soldado y estadista Francisco José de Paula Santander Omaña mirándonos desde lo alto en sus elaborados uniformes militares, nos pusimos firmes: la entrega de premios estaba a punto de empezar. El general Octavio Vargas Silva de la PNC, vestido formalmente con un uniforme de ceremonia caqui y un sinfín de vistosas medallas colocadas con precisión militar sobre el bolsillo de pecho izquierdo de su traje de lana, carraspeó. Luego leyó una proclama del Gobierno colombiano antes de conceder los premios más prestigiosos del país a los cuerpos policiales. Vargas fue el artífice original del Bloque de Búsqueda y seleccionó cuidadosamente a cada uno de los agentes que formaban parte de ese equipo increíble, aunque al final no recibiera demasiado reconocimiento por ello. Para mí, era un gran dirigente y un ciudadano respetable. Después de recibir su gratificación del Gobierno colombiano por liderar con éxito la búsqueda de Escobar, donó el dinero a un fondo para las familias de los agentes muertos en acto de servicio a manos de los secuaces de Escobar.

Una agente de policía, también vestida de gala, siguió con paso solemne a Vargas mientras sostenía una caja forrada en cuero. Cada medalla iba unida a un lazo de seda con los colores rojo, azul y amarillo de la bandera colombiana y descansaba sobre una almohadilla de terciopelo dentro de las cajas. Cuando llegó mi turno, me puse firme mientras el general sacaba con cuidado la medalla de la caja y me la ponía en el lado izquierdo de mi traje, justo encima del corazón. Nos estrechamos la mano.

—Colombia le agradece su valentía, Javier —dijo Vargas, un fornido militar con el pelo negro canoso y las cejas gruesas y pobladas—. Es un héroe.

—Soy un gran amigo de la Policía Nacional —dije abrumado.

Siempre me sentí muy cercano a Vargas, en parte porque ambos empezamos al mismo tiempo a perseguir a Escobar. Siempre me llamaba por mi nombre de pila y siempre escuchó mis consejos sobre las estrategias de búsqueda, pese a que yo era tan solo un agente y él estaba al mando de la Policía Nacional de Colombia.

Después de ponerme el lazo en el saco, Vargas continuó a lo largo de la fila y otorgó el resto de los galardones.

En su momento me sentí, y aún hoy, muy honrado por toda la ceremonia. La medalla sigue colgada en mi refugio en casa. Los colombianos condecoraron a la DEA y a sus propios y valientes héroes en los cuerpos de seguridad, pese a que fueron ellos quienes hicieron el último sacrificio y perdieron a muchos agentes de policía mientras duró la caza a Escobar.

Durante los años que pasé persiguiendo a Escobar, quise abandonar muchas veces, indignado por las muertes de tantos colombianos entre los que se encontraban mis mejores amigos. Estaba el capitán Pedro Rojas, a quien mi antiguo colega Gary Sheridan y yo habíamos convencido para que fuera tras los miembros del cártel en Montería. Él y su chofer acabaron torturados y asesinados, sus cuerpos cortados en pequeños pedazos. En aquel momento estaba destrozado. Pero, en cierto modo, el sacrificio de agentes como Rojas, que dieron su vida de forma valiente e incuestionable en la batalla contra el mal, renovó mi espíritu y me dio la fuerza necesaria para seguir adelante y combatir.

Y aprendí mucho de ellos. Lo primero fue que jamás puedes retroceder, sobre todo mientras el resto de la humanidad te está observando para ver qué vas a hacer.

Somos los buenos y siempre venceremos.

Semanas después de la ceremonia de entrega de premios, repasé una y otra vez cada momento en mi mente, disfrutando del honor: el orgullo y la sensación de logro al haber tenido un papel en la historia.

El Gobierno colombiano reconoció nuestro valor y nuestra determinación.

Me aferré a ese valioso pensamiento durante mucho tiempo, en gran parte debido a que, en mi propio país, nuestra labor de rastreo del fugitivo más codiciado pasó casi desapercibida.

STEVE

No me metí en la policía para ganar premios ni hacemos nuestro trabajo para lograr un reconocimiento especial.

Al igual que Javier, me sentí muy honrado de que Colombia me reconociera con la Cruz por Servicios Distinguidos de la Policía Nacional, pero me sentí muy abatido cuando la muerte del hombre más buscado del mundo ni siquiera salió en la portada del *DEA World*, nuestra publicación interna bimestral, editada en Washington.

Publicaron un breve reportaje en la revista, y nuestro jefe

Joe Toft prometió que nos propondría para el Premio del Fiscal General por Servicio Distinguido, uno de los galardones más prestigiosos de la policía de Estados Unidos. Con nuestras aportaciones, escribió las recomendaciones mientras Javier y yo aún estábamos en Colombia, pero el papeleo se envió tarde y la Fiscalía General en Washington no lo aceptó. Por entonces, Javier y yo habíamos regresado a Estados Unidos y Toft ya estaba jubilado. Nuestros supervisores de primer y segundo nivel, que todavía estaban en Bogotá, nos prometieron que harían el seguimiento y que enviarían de nuevo la recomendación al año siguiente, en 1995. Al fin se envió el escrito al fiscal general, pero los nombres se habían cambiado y figuraban los de nuestros supervisores de primer y segundo nivel. Fue duro para nosotros saber que nos acababan de borrar de la historia.

En junio de 1995 la entonces fiscal general Janet Reno otorgó la segunda forma más alta de reconocimiento a un empleado del Departamento de Justicia para nuestro primer y segundo supervisor de la DEA.

—Por su dedicación y denodados esfuerzos en condiciones peligrosas y hostiles durante los dieciocho meses de investigación y nueva captura de Pablo Escobar Gaviria. Su supervisión diaria, agotadora emocional y físicamente, del caso al final condujo a la muerte de Escobar y de sus socios sanguinarios del Cártel de Medellín y puso fin a este grupo y al reino del terror en Colombia —dijo Reno.

Ambos hombres eran policías íntegros con muchísima experiencia. Uno de ellos había ayudado a preparar el caso del Gobierno estadounidense contra Carlos Lehder, el único miembro del Cártel de Medellín extraditado y condenado en Estados Unidos.

Pero apenas habían estado en Medellín. No vivieron el día a día en los barracones infestados de mosquitos de la PNC, donde se hallaba la base del Bloque de Búsqueda. Hicieron un buen trabajo en la embajada en Bogotá, pero Javier y yo fuimos los soldados en primera línea en la lucha de Estados Unidos contra el narcotráfico. Fuimos los gringos cuyas cabezas tenían un precio de trescientos mil dólares: los objetivos secretos del ejército de jóvenes sicarios de Escobar, a quienes les habría encantado matarnos.

Cuando regresamos a Estados Unidos, muchas personas nos preguntaron cómo logramos sobrevivir esos años en Colombia sometidos a tanta presión y con tanto miedo. Creo que conseguimos sobrevivir frente a tanto horror porque estábamos decididos a librar al mundo del malvado Escobar. Y debo decir que fue nuestra fe en Dios la que nos dio fuerza en nuestra batalla. Al igual que muchos caballeros de antaño, formábamos parte del ejército de Dios y, hasta cierto punto, creíamos que él tenía un plan para nosotros. Y en ese plan no estaba morir en Colombia.

También sabíamos que la DEA nos cubría las espaldas, sobre todo desde que nuestro antiguo colega de la DEA Enrique «Kiki» Camarena Salazar fuera torturado y asesinado en México en 1985. El Gobierno de Estados Unidos respondió a su muerte a manos de los secuaces del capo de la droga mexicano Miguel Ángel Félix Gallardo con una fuerza brutal e inmediata, y persiguió a los hombres que habían secuestrado salvajemente a Kiki y le habían inyectado anfetaminas para que permaneciera consciente durante más de treinta horas de tortura antes de que lo asesinaran. De alguna manera, Escobar debió darse cuenta de que, si iba de forma directa y deliberada por Javier y por mí, el Gobierno estadounidense impondría sanciones y restricciones que quizá podrían detener u obstaculizar de manera drástica sus operaciones de tráfico de drogas y el flujo de miles de millones de dólares en beneficios. En este caso, las ganancias eran seguramente mucho más importantes para Escobar que asesinar a dos agentes de la DEA.

Javier y yo también sabíamos que los miembros de élite de los cuerpos de seguridad colombianos —los hombres de la PNC y de la DIJIN, a los que llegamos a conocer tan bien— que trabajaban en la búsqueda de Escobar siempre nos cubrían las espaldas. Con estas personas compartimos información, vivíamos, comíamos y pasamos por las mismas situaciones peligrosas. Les confiamos nuestra vida. Cuando las balas empezaron a volar, sabíamos que estos hombres se quedarían y lucharían, no saldrían corriendo para ponerse a salvo. Pero, debido al respeto mutuo que nos profesábamos, sabían que nosotros estaríamos a su lado y también lucharíamos.

Tras la muerte de Escobar, Javier y yo seguimos caminos distintos. Javier pasó algún tiempo en Puerto Rico persiguiendo a otro grupo de narcos y al final regresó a Colombia para atacar al Cártel de Cali, que cobró importancia después de que Escobar estuviera fuera del mapa. En el verano de 1994 me marché de Colombia con mi joven familia y estuve destinado en Greensboro, Carolina del Norte, Atlanta y Washington D. C.

Durante años guardamos silencio sobre nuestras funciones en una de las mayores persecuciones del mundo. No hicimos ningún comentario, ni siquiera cuando un aluvión de noticias aparecidas en la prensa y en los libros atribuyeron erróneamente a otras personas la muerte de Escobar. Un autor incluso nos acusó de cooperar con los Pepes, los justicieros sanguinarios colombianos que fueron tras Pablo Escobar durante los últimos coletazos de la segunda persecución. Pese a que era sencillamente falso, permanecimos callados. Esa clase de contención es algo que aprendes cuando pasas gran parte de tu vida laboral como encubierto. No te involucras; tan solo haces tu trabajo.

Durante mucho tiempo nos limitamos a cumplir con nuestra labor, cuyo fin era librar al mundo del flagelo de los narcotraficantes.

Y luego, hace seis años, de repente nos encontramos en el punto de mira internacional cuando Netflix nos pidió nuestra ayuda para preparar *Narcos*. Nuestro trabajo en el caso Escobar por fin fue revelado al mundo, al margen de licencias poéticas por parte de los guionistas y productores, gracias a lo que se ha convertido en una serie muy popular.

Ambos todavía miramos hacia atrás a la caza de Escobar y no nos lo creemos. En realidad, éramos tan solo dos provincianos que tuvieron la oportunidad de trabajar en el caso de su vida: estar en primera línea en la mayor caza al hombre de la historia.

EPÍLOGO

STEVE

Nunca pensé que volvería a Medellín tras la muerte de Escobar, pero, pocos meses después, me vi metido en una rutina familiar, sentado en la parte trasera de un todoterreno de la PNC, con el estómago revuelto, mientras recorríamos las sinuosas carreteras que llevan hasta la ciudad. Esta vez, Connie estaba a mi lado. Íbamos a adoptar a nuestra hija, Mandy, en un orfanato de la ciudad. Estábamos expectantes y emocionados cuando salimos de nuestro departamento de Bogotá en medio de la niebla que precede al alba, aunque eso supusiera viajar a un lugar al que no tenía ningún deseo de regresar. Dejamos a Monica dormida con su niñera e iniciamos con alegría nuestro viaje.

Connie no abrió la boca en cuanto aterrizamos en Medellín, su primera vez en la ciudad. Noté que estaba nerviosa, seguramente al revivir todas las ocasiones en que yo había viajado a la ciudad en circunstancias mucho peores. Nunca hablamos de ello, pero el horror que había comportado mi trabajo en la caza a Pablo Escobar debía de haberla afectado de repente; ya empalideció visiblemente nada más desembarcar de nuestro vuelo de Avianca y ver en la pista del aeropuerto de Rionegro a un dispositivo de seguridad formado por

303

agentes fuertemente armados de la PNC que nos escoltarían hasta la ciudad. Todos eran miembros del Bloque de Búsqueda, y para mí era un encuentro feliz. Para Connie, más bien una película de terror.

Pretendían que subiéramos al helicóptero de combate Huey que nos esperaba en la pista de aterrizaje, pero Connie se detuvo en seco. Echó un vistazo al helicóptero y me apretó la mano, y luego, en un susurro apenas audible, se inclinó y me dijo:

—De ningún modo pienso subirme a eso.

Tal vez la seguridad era algo exagerada, pero casi ni lo noté. Me había acostumbrado a ser un objetivo gringo y, por lo que sabía, aún seguía siéndolo en Colombia, a pesar de que Escobar estaba muerto y el Cártel de Medellín, hecho trizas. Durante el último año y medio me había acostumbrado a mirar por encima del hombro y verme escoltado en todo momento por agentes de policía colombianos, con el mentón cuadrado y armados hasta los dientes. Y mientras Connie vivía en Bogotá durante el reino del terror de Escobar, Medellín era distinta. Durante años, había sido el epicentro de las guerras contra el narcotráfico, una ciudad constantemente en vilo, donde cada coche estacionado aún podía contener una bomba.

De hecho, tuve que conseguir un permiso especial de la embajada para poder regresar a Medellín a adoptar a Mandy. Tras la muerte de Escobar, Connie y yo sabíamos que disponíamos de muy poco tiempo en Colombia, que seguía siendo un destino no dependiente para agentes de la DEA. Teníamos que marcharnos con nuestra hija Monica, pero ansiábamos que tuviera una hermana. Alissa, que nos había atendido tan bien durante nuestra primera adopción, estaba dejando su trabajo en la agencia federal en Bogotá y ya no podía ayudarnos. Esta vez fui yo quien tomó la iniciativa cuando conocí a la subdirectora de la agencia de adopciones de Medellín. Estaba de visita en la embajada con un grupo de estadounidenses que acababan de adoptar niños a través de la agencia de Medellín, Casa de María y el Niño. Connie le pasó la información a Alissa, quien intercedió por nosotros antes de dejar su puesto en Bogotá. Semanas después de la muerte de Escobar, mantuvimos varias conversaciones por teléfono con la directora, una mujer entusiasta llamada María que hablaba un inglés excelente. Prometió que nos buscaría un niño, y, en abril de 1994, nos envió por correo una foto de Mandy. Claro está, era guapa; tenía prácticamente una mata de pelo oscuro y profundos hoyuelos. Le mostramos la foto pequeña a Monica, que parecía desconcertada ante la idea de conocer a su nueva hermanita, pero estábamos eufóricos y no podíamos esperar a tener a Mandy en nuestros brazos.

El propio embajador Busby autorizó nuestro viaje a Medellín para ultimar la adopción de Mandy, y había advertido con tiempo a Connie que necesitaríamos escoltas armados en todo momento mientras estuviéramos ahí. Además, solo se nos permitiría estar en la ciudad durante las horas diurnas. Quedarse a pasar la noche se consideraba demasiado peligroso. Si bien Escobar ya no era una amenaza, la situación seguía siendo tensa debido a los vestigios de las bandas de sicarios que pululaban por los barrios bajos del cerro.

Cuando Connie me llevó aparte en el aeropuerto de Medellín, me acerqué al teniente que había venido a recibirnos y, con la mayor gentileza posible, le dije que el helicóptero no nos servía, puesto que teníamos diversas citas en la ciudad. El teniente llamó por radio al coronel de la PNC que estaba al mando en Bogotá y que había organizado nuestra escolta y le explicó la situación. El coronel pidió al teniente que hiciera todo lo que necesitáramos y que se quedara con nosotros mientras estuviéramos en Medellín.

No estoy seguro de que a Connie le pareciera bien la alternativa, pues estuvimos escoltados en toda la ciudad por una caravana de todoterrenos de la PNC y acompañados de policías de paisano fuertemente armados.

Cuando salimos del aeropuerto nos llevaron hasta la ciudad por una sinuosa autopista a velocidad de vértigo.

Cabe mencionar que Connie me había oído contar antes historias sobre esta forma de conducir horrible, pero francamente no fue consciente de la situación hasta que la vivió en primera persona. Aunque ya no llevábamos pistola ni manteníamos los dedos sobre el gatillo, la conducción era igual de rápida y peligrosa. Connie estuvo aterrada todo el trayecto y se agarraba a todo lo que pudiera aferrarse. Mientras traqueteábamos por las traicioneras carreteras de montaña, estiré la mano hacia ella, pero estaba inmóvil, visiblemente horrorizada por esta locura de operación.

Casa de María y el Niño era la única residencia en una calle tranquila en las afueras de la ciudad. Un camino de entrada largo y sucio conducía hasta una reja de seguridad que rodeaba la propiedad. Cuando traspasamos la cerca, vimos a niños pequeños correr y jugar en las zonas que rodeaban el orfanato. Estaban emocionados con la llegada de los dos gringos que bajaron de la caravana policial, y algunos de los críos corrieron a saludarnos en cuanto salimos de nuestro jeep. Otros nos siguieron y nos agarraron de la mano al pasar por el jardín delantero hasta el edificio principal. Luego supimos que todos estaban esperando que hubiéramos ido para adoptarlos.

El edificio en el que se encontraba la agencia de adopción estaba limpio pero era sobrio. En las paredes había muchas fotografías de niños, y todas las personas que conocimos eran educadas y profesionales. Mientras cruzábamos los pasillos, pudimos oír a los niños cantar, jugar y reír. Nos impresionó mucho. No oímos a ningún crío gritar o llorar.

María, la directora con la que habíamos hablado muchas veces por teléfono, salió a recibirnos cuando llegamos. Era de mediana edad, bien vestida y sumamente educada. Hablaba muy bien inglés y nos dijo que había viajado en numerosas ocasiones a Estados Unidos. Llevaba un fajo de documentos, los cuales nos permitirían convertirnos temporalmente en padres de acogida hasta que hubiera finalizado la adopción. Tendríamos que regresar a Medellín otra vez para ultimar todo, pero podíamos llevarnos a Mandy en cuanto la viéramos.

Firmamos todo el papeleo en el despacho de María y observamos con rapidez la fecha de nacimiento de Mandy, su peso al nacer y el nombre de su madre. Tras las formalidades burocráticas, nos indicaron entonces una sala más grande donde un empleado nos trajo a Mandy. Su madre de acogida la había dejado esa misma mañana y le habían dado otro niño ese día.

Mandy, de cinco meses, nos sonrió en cuanto nos vio, sus pequeños hoyuelos en sus suaves mejillas. Tenía los ojos más bonitos y las pestañas más largas que jamás habíamos visto en un niño. No lloró ni se quejó ni una sola vez cuando la sostenían. María nos dejó cargarla y nos enamoramos de inmediato.

Nos preocupaba Monica, que tenía catorce meses. No sabíamos cómo se tomaría tener una hermana pequeña. La noche en que llegamos, Monica nos recibió en la puerta con Susan Jaquez, nuestra mejor amiga en Colombia y esposa de un compañero de la DEA. Susan había estado cuidando a Monica mientras nos encontrábamos en Medellín y nos había ayudado a prepararla para la llegada de Mandy, pese a que llevábamos semanas haciéndolo y le habíamos explicado que pronto tendría otra peque con la que jugar. Cuando entramos en el departamento, estaba muy entusiasmada y empezó de inmediato a hacer de hermana mayor.

Colocamos unas mantas en el suelo y nos agachamos, incluida Susan, para hacer las presentaciones de las niñas. Connie le presentó a Monica a Mandy y le explicó que era su nueva hermana. Enseguida Monica se acercó a Mandy y empezó a parlotear, le ofreció un biberón, le llevó sus pañuelos y una muñequita con la que jugar. Las observamos muy de cerca a las dos porque Monica no entendía del todo lo delicado que puede ser un bebé. Monica intentó darle juguetes y muñecas más grandes a Mandy, que era demasiado pequeña para poder agarrar físicamente la mayoría de ellos, así que Monica se limitó a soltarlos. Casi todos aterrizaron junto a Mandy, pero uno o dos lo hicieron sobre ella, por lo que teníamos que estar pendientes de eso. Pero, con todo, Monica y Mandy se convirtieron enseguida en hermanas y, desde aquel primer día, han tenido ese lazo fraternal especial.

Unas semanas después regresamos al orfanato para terminar la adopción de Mandy. Los miembros de la PNC nos recogieron en el aeropuerto de Rionegro y, en esa ocasión, no se habló de ir en el helicóptero de combate; nos limitamos a meternos en los todoterrenos que nos esperaban y nos llevaron rápidamente a la ciudad, donde firmaríamos los documentos legales que convertirían a Mandy de forma oficial en un miembro de nuestra familia.

Firmamos los papeles en la sobria oficina y nos dispusimos a marcharnos, ansiosos por volver a Bogotá con nuestras dos pequeñas.

Cuando concluyeron los trámites, María nos pidió si podía hablar con nosotros en privado antes de que regresáramos a la capital. Nos sentamos en unas sillas con el respaldo recto en su despacho, preocupados por si había habido algún problema con la adopción. Pero María nos tranquilizó diciéndonos que Mandy era nuestra a efectos legales y que nadie podía quitárnosla.

—Quiero saber en verdad quiénes son —dijo María con la mirada fija en mí.

Cuando le pregunté por qué nos hacía esa pregunta, María se disculpó por lo directo de la cuestión, pero, a modo de explicación, dijo que su agencia había ultimado adopciones con muchos estadounidenses, pero que nunca antes había visto a nadie como nosotros, con tantísima seguridad.

—Trabajo para el Departamento de Justicia —dije, tal vez de forma demasiado brusca.

En cualquier caso, esperaba dejar así las cosas. Sin embargo, ella sabía que había algo más en nuestra historia, algo que iba más allá de lo que habíamos incluido en nuestro papeleo oficial, donde nos habíamos identificado como empleados del Gobierno de Estados Unidos.

—Dígame, por favor, qué hace para el Departamento de Justicia —dijo—. No saldrá de esta habitación, pero necesito saberlo.

Fue entonces cuando le pregunté si sabía qué significaba DEA. María alzó las cejas y luego esbozó una gran sonrisa.

—Pensé que podría ser eso —dijo.

Entonces señaló la gran ventana de su oficina que daba a un bloque de departamentos de ocho pisos, situado en una colina por encima del orfanato. Me preguntó si sabía quién había vivido ahí antes. Le dije que era el edificio Mónaco, ahora abandonado, donde vivió Pablo Escobar con su familia, el mismo edificio que los Pepes habían atacado durante los últimos meses de su propia campaña sanguinaria contra el Cártel de Medellín.

Seguía mostrándome reticente sobre este tipo de preguntas y le dije si ese era el problema. María respondió de inmediato que no había ningún problema y que ella y todos los empleados del orfanato sentían un respeto inmenso por la Policía Nacional de Colombia y por lo que habían hecho los estadounidenses para intentar resolver los problemas con el narcotráfico y la violencia en su país.

Y entonces, con lágrimas en los ojos, nos contó la historia de su hijo adolescente, que había finalizado el instituto y estaba trabajando con ahínco para entrar en la universidad. Un día se encontró en el lugar equivocado en el momento equivocado y pasó ante un grupo de narcotraficantes que estaban en medio de una acalorada discusión. Antes de que su hijo y sus amigos pudieran marcharse de la zona, los narcos empezaron a dispararse entre ellos y su hijo se encontró atrapado en medio del fuego cruzado; murió al instante por una bala perdida.

No puedo imaginar lo terrible que era para María y su familia, pero sabía que era la historia de todos los colombianos bajo la maldad representada por Pablo Escobar. Había miles de historias parecidas de personas inocentes —niños— que habían pagado el precio más alto.

En ese momento sentí que debía decirle la verdad a María y le expliqué que mi compañero Javier y yo éramos los dos gringos que habíamos pasado casi dos años viviendo en la cercana base Holguín, trabajando con el Bloque de Búsqueda para atrapar a Escobar.

María estaba abrumada y empezó a llorar. Rodeó su mesa y nos abrazó a Connie y a mí.

—Gracias —dijo entre lágrimas mientras me abrazaba con fuerza—. Gracias por adoptar a esta criatura adorable. Y gracias por todo lo que ha hecho por Colombia.

Luego María nos acompañó hasta el convoy de la policía que nos esperaba delante del edificio y nos saludó con la mano.

AGRADECIMIENTOS

Hay un viejo refrán que dice: «Elige un trabajo que te guste y no tendrás que trabajar ni un solo día en tu vida».

Javier y yo tuvimos la suerte de encontrar ese empleo al trabajar como agentes especiales de la DEA.

Queremos agradecer a la DEA que nos proporcionara los recursos y el respaldo durante la búsqueda de Pablo Escobar. En particular, a nuestro jefe Joe Toft, que destaca por su liderazgo tenaz y su coraje.

Mientras que Javier y yo fuimos las «botas sobre el terreno» en Medellín, agradecemos a los hombres y las mujeres de la DEA que se sacrificaron a diario durante las operaciones de Escobar, aunque jamás recibieron el reconocimiento que merecen. Participaron agentes, analistas, investigadores y personal de apoyo, y cada persona desempeñó un papel especial directa o indirectamente en ayudarnos a concluir satisfactoriamente este caso.

La Policía Nacional de Colombia merece un reconocimiento especial, así como llevarse la mayor parte del mérito en la búsqueda de Escobar. Fue un honor para Javier y para mí que nos invitaran a participar en la investigación que dirigían. Miles de agentes de la PNC fueron asesinados o resultaron heridos durante la caza al principal narcoterrorista del mundo, pero eso jamás hizo tambalear su convicción de luchar contra el mal. Su mando triunfó porque tuvieron la valentía de sacar a su país del abismo.

Nuestras familias también merecen nuestro más sincero agradecimiento. Mi mujer, Connie, abandonó su carrera como enfermera una y otra vez para seguirme a los nuevos destinos y cometidos. Pasó muchísimas noches sola mientras yo estaba de viaje, sin saber si me encontraba a salvo, herido o muerto. Se necesita una persona especial para ser capaz de vivir con semejante estrés. Connie me mantuvo centrado en mi misión y también con los pies en el suelo.

Ser agente de la DEA no es solo un trabajo, es un modo de vida. Las exigencias de una vida así nos obligaron a Javier y a mí a perdernos muchos actos familiares. En mi caso, supuso no estar presente en importantes acontecimientos escolares y días especiales con mis hijos. Agradecemos a todos nuestros familiares su paciencia y comprensión durante nuestras prolongadas ausencias.

Cuando nos metimos en este proyecto de libro, no sabíamos nada del mundo de la escritura y la edición, pero, por suerte, nos presentaron a un grupo de profesionales que poseían los conocimientos y la experiencia para hacer de *Caza al hombre* una realidad, un grupo que ahora se ha convertido en nuestros amigos. Nuestro más sincero agradecimiento a nuestra autora, Isabel Vincent, que tomó nuestras historias, descabelladas y fragmentarias, y las convirtió en una obra de arte; a nuestro agente literario, Luke Janklow, y a Claire Dippel, de Janklow & Nesbit, que se tomaron la molestia de llevarnos de la mano durante todo el proceso y siguen haciéndolo todavía hoy; al creador y productor ejecutivo de *Narcos*, Eric Newman, que se interesó por nuestra historia y nos presentó a su amigo de siempre, Luke Janklow, y a Marc Resnick, Hannah O'Grady, Michelle Cashman y a todo el equipo de St. Martin's Press, que dieron la oportunidad a dos ancianos de sacar a la luz la verdad y dejar las cosas claras. ¡Gracias por su apoyo y sabiduría!

Por último, queremos dar las gracias a Dios por su protección y orden divina. Cuando la gente nos pregunta cómo sobrevivimos, se nos ocurren muchos y diversos motivos, pero el primero siempre es alabar y glorificar a Dios por mantenernos con vida en las circunstancias más difíciles que hemos vivido jamás. Creemos que Dios tiene un plan para cada uno de nosotros, y, en nuestro caso, entre sus planes no estaba que muriéramos durante lo que a menudo fue una búsqueda angustiosa y mortífera del criminal más despiadado del mundo.

b